T0225188

Erfolgskonzepte Zahnarztpraxis & Management

Alexandra Köhler
Mirko Gründer

Online-Marketing für die erfolgreiche Zahnarztpraxis

Website, SEO, Social Media, Werberecht

2., vollständig überarbeitete und aktualisierte Auflage

Mit 15 Abbildungen

 Springer

Alexandra Köhler
Hamburg, Deutschland

Mirko Gründer
Kiel, Deutschland

ISBN 978-3-662-48572-9   ISBN 978-3-662-48573-6 (eBook)
DOI 10.1007/978-3-662-48573-6

Die Deutsche Nationalbibliothek verzeichnet diese Publikation in der Deutschen Nationalbibliografie; detaillierte bibliografische Daten sind im Internet über http://dnb.d-nb.de abrufbar.

Umschlaggestaltung: deblik Berlin
Fotonachweis Umschlag: © thinkstockphotos.de

Gedruckt auf säurefreiem und chlorfrei gebleichtem Papier

Springer-Verlag GmbH Berlin Heidelberg ist Teil der Fachverlagsgruppe Springer Science+Business Media
(www.springer.com)

Vorwort zur 2. Auflage

82 Prozent aller Deutschen ab 14 Jahren sind online, so ein Umfrageergebnis des Bundesverbands Informationswirtschaft, Telekommunikation und neue Medien e. V. (BITKOM). Und das nicht nur am Computer bei der Arbeit oder von zu Hause. Das mobile Surfen über Smartphones, Tablets, Net- und Notebooks hat sich längst etabliert. Diese Zahl zeigt, wie wichtig es ist, dass Unternehmen und Dienstleister im Internet präsent sind und Online-Marketing betreiben. Dies gilt ebenfalls für den Gesundheitssektor, also auch für Ihre Zahnarztpraxis.

Das bedeutet nicht, dass Sie Ihre bisherigen klassischen Marketing-Maßnahmen, wie Visitenkarten, Praxis-Flyer und Patienten-Broschüren, zum Altpapier bringen sollen. Nach wie vor wünschen sich Patienten, von ihrem Zahnarzt Informationen an die Hand zu bekommen, um diese in Ruhe zu Hause durchzulesen. Ebenso sind das klassische Empfehlungsmarketing, die Mund-zu-Mund-Propaganda unter Nachbarn oder der Tipp unter Freunden, nicht außer Acht zu lassen. Jedoch hat sich das private Schwätzchen am Gartenzaun in die Öffentlichkeit verlagert und ist gewissermaßen gewachsen: durch Links, Bilder und Videos, die über E-Mails, Portale oder Soziale Netzwerke verschickt oder gepostet werden. Zudem ist Interaktivität entstanden: Auch fremde Personen wollen ihre Meinung teilen, einen guten Tipp abgeben oder aber neue Patienten auf mögliche böse Überraschungen vorbereiten. Es zählt, aktiv mitzureden, dabei zu sein und sich in der Online-Community integriert zu fühlen. Marketing muss dort stattfinden, wo sich Menschen treffen und kommunizieren – und das ist heute zunehmend online der Fall.

Was heißt das nun konkret für Sie? Weitläufige Internetpräsenz, möglichst viele Freunde und Follower im Sozialen Netz gewinnen, kontinuierlich spannende Nachrichten zwitschern und posten und am besten jederzeit kommunikationsbereit sein? Und das mal eben zwischen zwei Zahnbehandlungen im ohnehin schon hektischen Praxis-Betrieb? Das wird kaum ein Zahnarzt schaffen – und schon gar nicht ohne Unterstützung des Praxis-Teams oder von Experten. Probieren Sie ein oder zwei der in diesem Handbuch vorgestellten Maßnahmen aus, zu denen Sie wirklich Lust haben und für die Sie sich die Zeit nehmen können. Denn Kommunikation kostet Zeit. Ebenfalls dauert es, bis sich messbare Erfolge einstellen – dessen sollten Sie sich bewusst sein. Doch wer den Anforderungen der heutigen Zeit und den Erwartungen der Patienten gerecht werden will, kommt an den neuen Online-Kommunikationsformen nicht vorbei. Trauen auch Sie sich, neue Wege im Online-Marketing zu gehen. Schritt für Schritt. Positionieren Sie sich im Internet, verleiht Ihnen das ein zeitgemäßes Image und bringt Ihnen Austausch, Anregungen, Abwechslung, viele neue Kontakte – mit Patienten, zahnärztlichen Kollegen und Partnern – und vielleicht auch Spaß und Freude.

Dieses Buch wird Ihnen einen Überblick über die Welt des Online-Marketings verschaffen und Ihnen konkrete Anleitungen und Tipps für die Umsetzung in Ihrer Praxis an die Hand geben. Inhaltlich erwartet Sie Folgendes: Die Marketing-Grundlagen führen Sie ins Thema ein. Wie Sie die klassischen Marketing-Maßnahmen, beispielsweise Presse-Arbeit, mit dem Internet verknüpfen können, lesen Sie in ▶ Kap. 2. Das Wichtigste zur Praxis-Website, die zentrale Anlaufstelle im Internet und damit ein Muss für das Online-Marketing, lesen Sie im dritten Kapitel. Jeder Zahnarzt will mit seiner Praxis weit oben in der Trefferliste von Google gefunden werden – wie das funktioniert, steht in ▶ Kap. 4. Hintergründe und Tipps zum Social-Media-Marketing mit Facebook und Co. erfahren Sie in ▶ Kap. 5. Wer sich für einen eigenen Blog interessiert, findet in ▶ Kap. 6 Aufklärung und Tipps zur Umsetzung. Anschließend, in ▶ Kap. 7, klären die Autoren über die besonderen Rechtsvorschriften für Zahnärzte beim Werben auf, gehen auf das Berufsrecht, das Heilmittelwerbegesetz sowie auf das Wettbewerbsrecht und Datenschutzgesetz ein. Abgerundet wird das Werk mit Basics zur IT-Sicherheit, mit denen Sie beim Online-Marketing immer in Berührung kommen.

Nun wünsche ich Ihnen durch die Lektüre dieses Praxis-Handbuchs viele neue und hilfreiche Erkenntnisse, viel Freude beim Umsetzen ausgewählter Online-Marketing-Maßnahmen und noch mehr Erfolg für Ihre Praxis. Frohes Kommunizieren!

Alexandra Köhler
Hamburg, im Frühjahr 2016

Die Autoren

Alexandra Köhler (geb. Schramm)

ist Gesundheits-Journalistin, Buchautorin, Fachwirtin im Sozial- und Gesundheitswesen und gelernte Fremdsprachenkorrespondentin.

Seit Dezember 2014 gehört sie zum Vorstand der gemeinnützigen Stiftung Gesundheit, Hamburg. Als Journalistin arbeitete sie bei verschiedenen TV- und Hörfunksendern sowie in Printverlagen. Seit 2004 leitete sie das Medienbüro Medizin – Der Ratgeberverlag GmbH und hat dort von 2008 bis 2014 die Geschäftsführung übernommen. Zu ihren journalistischen Schwerpunkten gehören Gesundheitsthemen, Gesundheitswirtschaft sowie neue Marketing- und Internettrends.

Ein vielschichtiges Branchennetzwerk pflegt Alexandra Köhler bundesweit auf Gesundheitswirtschaft- und -kommunikationskongressen. Von 2010 bis 2014 war sie zudem als Vorstand im Medizin-Management-Verband – Vereinigung der Führungskräfte im Gesundheitswesen aktiv. Im Ehrenamt ist sie Vorstandsvorsitzende eines Buchverlags für Nachwuchsautoren.

▶ www.alexandra-schramm.de

Xing-Profil: ▶ www.xing.com/profile/Alexandra_Koehler34?sc_o=mxb_p

Mirko Gründer

studierte Philosophie, Geschichte und Englisch in Greifswald und Bamberg und lebt heute in Kiel. Nach einem Volontariat ist er als freier Journalist mit den Schwerpunkten Medizin-Journalismus und Online-PR tätig. Für das Medienbüro Medizin (MbMed) in Hamburg leitet er den Service Medizin-SEO, der Suchmaschinenoptimierung mit Spezialisierung auf den Gesundheitsmarkt anbietet. Er ist auf das Texten für das Internet spezialisiert und berät bei der Konzeption, Erstellung und Optimierung von Internetpräsenzen und Social Media Aktionen. Darüber hinaus ist er als Referent zu den Themen Internet-Kommunikation und SEO unterwegs.

Die Interviewpartner

▶ **Kapitel 1: Marketing-Grundlagen**

Interview mit Prof. Dr. Günter Neubauer, Direktor des IfG (Institut für Gesundheitsökonomik) und Vorstand von Health Care Bayern e. V.

▶ **Kapitel 2: Klassisches Marketing mit dem Internet verknüpfen**

Interview mit Dr. Eva Baumann, Institut für Journalistik und Kommunikationsforschung, Hochschule für Musik, Theater und Medien Hannover

▶ **Kapitel 3: Die Praxis-Website**

Interview mit Prof. Dr. Uwe Sander, Studiendekan Abteilung Information und Kommunikation der Fachhochschule Hannover

▶ **Kapitel 4: Suchmaschinenoptimierung (SEO): Bei Google gefunden werden**

Interview mit Jonas Weber, selbstständiger SEO-Berater, München

▶ **Kapitel 5: Social-Media-Marketing**

Interview mit Dr. Peter Müller, Vorstandsvorsitzender der Stiftung Gesundheit, Hamburg

▶ Kapitel 6: Ein Blog für die Zahnarzt-Praxis

Interview mit Dr. Hans-Dieter John, Zahnarzt aus Düsseldorf, der
▶ www.zahnarztblog-duesseldorf.de betreibt

▶ Kapitel 7: Rechtsvorschriften für Zahnärzte

Interview mit Christoph von Drachenfels, Rechtsanwalt und Fachanwalt für
Medizinrecht der Kanzlei Drachenfels, Mülheim an der Ruhr

▶ Kapitel 8: IT-Sicherheit in der Zahnarzt-Praxis

Interview mit Stefan Winter, Vorstand der VCmed AG – IT-Leistungen für das
Gesundheitswesen, Hamburg

Abkürzungsverzeichnis

AEDL	Aktivitäten und existentielle Erfahrungen des Lebens
AES	Advanced Encryption Standard
AG	Aktiengesellschaft
Agfis	Aktionsforum Gesundheitsinformationssystem
App	Applikation
Az.	Aktenzeichen
B2B	Business-to-Business
B2C	Business-to-Consumer
Bcc-Mail	Blind-Carbon-Copy-Mail
BDSG	Bundesdatenschutzgesetz
BGG	Gesetz zur Gleichstellung behinderter Menschen
BGH	Bundesgerichtshof
BITKOM	Bundesverband Informationswirtschaft, Telekommunikation und neue Medien
Blog	Weblog
BVDW	Bundesverband Digitale Wirtschaft
CB	Corporate Behaviour
CC	Corporate Communication
CC-Lizenzen	Creative Commons-Lizenzen
Cc-Mail	Carbon-Copy-Mail
CD	Corporate Design
CF	Corporate Fashion
CI	Corporate Identity
CMS	Content-Management-System
CpC	Cost-per-Click
CpM	Cost-per-Thousand-Impressions
DMOZ	Open Directory Project
DVD	Digital Versatile Disc
EU	Europäische Union
e.V.	eingetragener Verein
FAQ	Frequently Asked Questions
GEMA	Gesellschaft für musikalische Aufführungs- und mechanische Vervielfältigungsrechte
GEZ	Gebühreneinzugszentrale
GGMA	Gesellschaft für Gesundheitsmarktanalyse mbH
GIF	Graphics Interchange Format
GKV	Gesetzliche Krankenversicherung
GmbH	Gesellschaft mit beschränkter Haftung
GPS	Global Positioning System
HD	High Definition
HON	Health on the Net Foundation

HTML	Hypertext Markup Language
HTTP	HyperText Transfer Protocol
HTTPS	HyperText Transfer Protocol Secure
HWG	Heilmittelwerbegesetz
IGeL	Individuelle Gesundheitsleistungen
IP	Internetprotokoll
iPad	Namenszusammensetzung: Apple-typisches ▶ kleines „i" und „Pad" – englisch für Polster, Kissen, Unterlage, (Notiz-)Block
IT	Informationstechnik
KB	Kilobyte
KG	Kommanditgesellschaft
KSK	Künstlersozialkasse
KV	Kassenärztliche Vereinigung
(Z)MFA	(Zahn-)Medizinische Fachangestellte
MB	Megabyte
MVZ	Medizinische Versorgungszentren
NGO	Non-Governmental Organization
OCR	Optical Character Recognition
OTV	Online-Terminvereinbarung
PC	Personal Computer
PDF	Portable Document Format
PR	Public Relations
QM	Qualitätsmanagement
RKI	Robert Koch-Institut
RLV	Regelleistungsordnung
RSS	Really Simple Syndication
SEM	Search Engine Marketing (Suchmaschinenmarketing)
SEO	Search Engine Optimization (Suchmaschinenoptimierung)
SGB	Sozialgesetzbuch
SLA	Service Level Agreement
SMS	Short Message Service
SSL	Secure Sockets Layer
TDDSG	Teledienstedatenschutzgesetz
TMG	Telemediengesetz
URL	Uniform Resource Locator
U.S.	United States
USB	Universal Serial Bus
USP	Unique Selling Point

UWG	Gesetz gegen den unlauteren Wettbewerb
VZ	Verzeichnis
W-LAN	Wireless Local Area Network
WPA	Wi-Fi Protected Access
WWW	World Wide Web
XML	Extensible Markup Language

Inhaltsverzeichnis

Marketing-Grundlagen

Alexandra Köhler

A. Köhler, M. Gründer, *Online-Marketing für die erfolgreiche Zahnarztpraxis*,
Erfolgskonzepte Zahnarztpraxis & Management,
DOI 10.1007/978-3-662-48573-6_1, © Springer-Verlag Berlin Heidelberg 2016

Gute Markenführung ist ein wichtiges Erfolgskriterium großer, etablierter Unternehmen. Marken wie McDonalds, Adidas oder Pepsi geben Millionen für Werbung aus. Doch Marketing ist nicht nur für internationale Big-Player relevant, sondern auch für den Mittelstand. Um sich von der Konkurrenz abzusetzen, müssen auch Zahnärzte verstärkt Marketing betreiben. Das Zeitalter der Online-Medien eröffnet hierfür neue Möglichkeiten: Die Kommunikation ist schneller und verbreitet sich über mehrere Kanäle. In diesem Kapitel wird gezeigt, welche Chancen im Online-Marketing für Zahnärzte stecken und wie sie es für sich nutzen können. Doch genauso wie bei klassischen Maßnahmen gilt auch online: jeden Schritt sorgfältig planen. Denn hinter jedem erfolgreichen Projekt steht ein gutes Konzept.

Deswegen wird Ihnen hier das Werkzeug für Ihr Marketing-Vorhaben an die Hand gegeben, mit dem Sie Ihre Ideen entwickeln und mit Bedacht umsetzen können. Damit Ihr Unternehmen Zahnarztpraxis sich auch als Marke in den Köpfen der Patienten etablieren kann, kreieren Sie eine Corporate Identity – Ihr persönliches Praxis-Leitbild. Wie Sie das schaffen und was dabei zu beachten ist, damit schließt dieses Kapitel ab.

1.1 Einführung: Zahnärzte als Unternehmer

Werbung und der Arztberuf – das sind in den Köpfen vieler noch immer zwei Dinge, die nicht zusammengehen. Die Skepsis gegenüber Marketing mag zum einen daran liegen, dass viele Zahnärzte nicht genau wissen, in welchem Rahmen ihnen Werbung erlaubt ist. Rund die Hälfte der befragten Ärzte, Zahnärzte und Psychologischen Psychotherapeuten (50,3 Prozent) finden es undurchsichtig, welche Marketing-Maßnahmen in der Praxis erlaubt sind und welche nicht. Das hat die Studie „Ärzte im Zukunftsmarkt Gesundheit 2010" der Stiftung Gesundheit ergeben. Darüber hinaus empfindet knapp die Hälfte der Studienteilnehmer, dass die Zulassung von Marketing den Praxis-Alltag verkompliziere. Andererseits sehen 45 Prozent durch die Zulassung von Marketing eine Belebung des Marktes. Über 40 Prozent meinen, dass sie selbst ihre Marketing-Möglichkeiten noch nicht konsequent ausschöpfen (◨ Abb. 1.1).

Für Zahnärzte steht der Umgang mit Patienten an oberster Stelle ihres Berufsbilds und macht den wichtigsten Teil ihrer Arbeit aus. Doch auch Zahnärzte müssen unternehmerisch denken, um wirtschaftlich erfolgreich zu sein. Sie sind nicht nur Heiler, sondern auch Unternehmer, die ihre Leistungen auf dem Markt verkaufen müssen. Der Gesundheitsmarkt unterliegt dabei in besonderem Maße dem Wandel und bringt immer neue Herausforderungen mit sich, denen sich Zahnärzte stellen müssen. Demnach ist Marketing für Zahnärzte bedeutsam. Die folgende Tabelle aus der oben genannten Studie zeigt einen Vergleich der Wichtigkeit von Marketing zwischen 2006 und 2015 (◨ Abb. 1.2).

1.1.1 Strukturelle Veränderungen

Eine der größten Herausforderungen für das Gesundheitssystem ist der demographische Wandel: Unsere Gesellschaft veraltet. Nach Schätzungen des Statistischen Bundesamtes wird in 20 Jahren ein knappes Drittel der Bevölkerung 65 Jahre und älter sein. Die Geburtenrate in Deutschland sinkt, die Lebenserwartung steigt und mit ihr auch die Prävalenz chronischer Krankheiten. Menschen in der Altersgruppe von 65 bis 85 Jahren haben nach Angaben der Gesundheitsberichterstattung des Bundes im Jahr 2008 rund 97 Millionen Euro Krankheitskosten verursacht. Allein diese Altersgruppe trägt damit einen Anteil von knapp 40 Prozent an den Gesamtkosten. Für das Gesundheitssystem, gestützt auf die Gesetzliche Krankenversicherung (GKV), sind diese Entwicklungen verheerend: Immer weniger Beitragszahler müssen immer mehr Menschen bei steigenden Versorgungskosten immer länger finanzieren. Die starken Belastungen, die auf der GKV lasten, haben zur Folge, dass immer weniger Leistungen – auch im zahnärztlichen Bereich – von den Kassen bezahlt werden.

Zwar können Zahnärzte mit Selbstzahlerleistungen und Mehrkostenvereinbarungen gut verdienen, jedoch bedeutet diese Entwicklung auch, dass sie die Patienten zunehmend dafür sensibilisieren und Erklärungsarbeit leisten müssen, für welche Kosten Patienten selbst aufkommen müssen – nicht nur gesetzlich Versicherte, auch privat Versicherte müssen Leistungen vermehrt selbst tragen, sofern keine

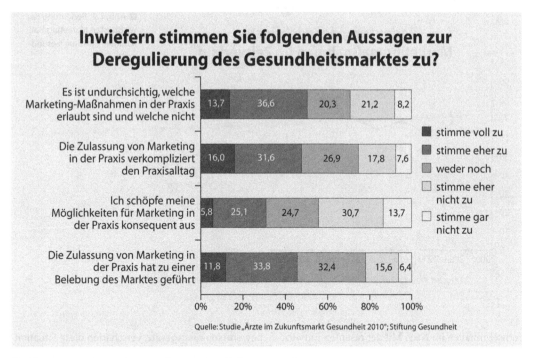

Inwiefern stimmen Sie folgenden Aussagen zur Deregulierung des Gesundheitsmarktes zu?

Es ist undurchsichtig, welche Marketing-Maßnahmen in der Praxis erlaubt sind und welche nicht: 13,7 | 36,6 | 20,3 | 21,2 | 8,2

Die Zulassung von Marketing in der Praxis verkompliziert den Praxisalltag: 16,0 | 31,6 | 26,9 | 17,8 | 7,6

Ich schöpfe meine Möglichkeiten für Marketing in der Praxis konsequent aus: 5,8 | 25,1 | 24,7 | 30,7 | 13,7

Die Zulassung von Marketing in der Praxis hat zu einer Belebung des Marktes geführt: 11,8 | 33,8 | 32,4 | 15,6 | 6,4

Legende: ■ stimme voll zu ■ stimme eher zu ■ weder noch □ stimme eher nicht zu □ stimme gar nicht zu

Quelle: Studie „Ärzte im Zukunftsmarkt Gesundheit 2010"; Stiftung Gesundheit

Abb. 1.1 Deregulierung des Gesundheitsmarktes. (Stiftung Gesundheit)

Zahnzusatzversicherung besteht. Die Patienten erhalten das Gefühl, dass alles immer teurer wird und sie immer häufiger zur Kasse gebeten werden. Und die erste Anlaufstelle, diesen Unmut loszuwerden, ist meistens der behandelnde Zahnarzt.

1.1.2 Ansprüche der Patienten und steigendes Gesundheitsbewusstsein

Nicht nur die strukturellen Bedingungen verändern sich, auch auf Seiten der Patienten vollzieht sich ein Wandel. Die Menschen im 21. Jahrhundert suchen Zahnärzte nicht mehr nur im Krankheitsfall auf. Die Themen Gesundheit und Medizin spielen das ganze Jahr eine Rolle. Gesundheitsbewusstsein und Prävention haben heute einen so hohen Stellenwert in der Gesellschaft wie nie zuvor. Nach dem Aerobic-Boom in den 80er-Jahren des vergangenen Jahrhunderts ist die Zahl der Fitnessstudios deutlich gestiegen. Das Bewusstsein für Bewegung wächst ebenso wie das für Lebensmittel: Viele Menschen wählen ihre Nahrungsmittel gezielter aus, sie legen Wert auf biologisch angebaute Produkte und verzichten weitgehend auf Fleisch und sogar auf Milchprodukte. Um diesem gesunden Lebensstil gerecht zu werden, suchen sie sich Dienstleister nach ihren individuellen Bedürfnissen aus: Heilpraktiker, Ernährungsberater, Wellness-Coaches und natürlich Zahnärzte mit Spezialisierungen, die zu ihren Vorstellungen passen.

1.1.3 Mündige Patienten

Zu den wachsenden Ansprüchen der Patienten kommt, dass sie zunehmend emanzipiert sind. Patienten verlassen sich nicht mehr allein auf ihren Zahnarzt als einzige Informationsquelle. Im digitalen Zeitalter nutzen viele Menschen das Internet, um sich über Krankheiten und Behandlungsmöglichkeiten zu informieren. Laut der ARD/ZDF-Onlinestudie 2014 sind mittlerweile 79,1 Prozent der Deutschen online – im Jahr 2000 waren es nur 28,6 Prozent. Jeder zweite Onliner greift inzwischen auch unterwegs auf Netzinhalte zu. Treiber der mobilen Nutzung sind mobile Endgeräte und die steigende Nachfrage nach

◨ Abb. 1.2 Bedeutung der wichtigsten Marketingmaßnahmen. (Stiftung Gesundheit)

Fernsehinhalten im Netz. Mit der rasanten Entwicklung des zusätzlichen mobilen Internets steigen auch die Informationsangebote: Patienten haben Zugriff auf aktuelle Gesundheitsinformationen, wie Nachrichten, Forschungsergebnisse oder Behandlungsoptionen. Auch bei der Auswahl der Zahnärzte und Gesundheitsdienstleister greifen viele Patienten auf das Internet zurück. In Arzt-Bewertungsportalen (▶ Kap. 5) können sie sich über die Leistungen und den Service verschiedener Zahnärzte informieren, sie miteinander vergleichen und selbst Zahnärzte empfehlen und bewerten. Der offene und oftmals anonyme Austausch zwischen Patienten beeinflusst die Entscheidung für oder gegen einen bestimmten Zahnarzt. Nicht zuletzt dieser Trend führt dazu, dass Patienten als selbstbewusste Kunden auftreten, die hohe Erwartungen an Medizin- und Gesundheitsleistungen stellen. Damit schwindet auch das Bild der Halbgötter in Weiß aus der Patientenperspektive: Patienten hinterfragen die Kompetenz der Zahnärzte und beurteilen sie kritisch.

Fazit

Der ambulante Gesundheitsmarkt wird in Zukunft noch mehr von Konkurrenz geprägt sein. Da die Gesetzlichen Krankenkassen weniger zahlen, wird vor allem der Wettbewerb um Selbstzahler-Patienten zunehmen. Politische Reformen, wie das GKV-Wett-

bewerbsstärkungsgesetz, verschärfen diese Situation zusätzlich. Zudem hat sich die Rolle der Patienten gewandelt: Sie sind selbstbewusster, emanzipiert und informiert. Um in der Zukunft wirtschaftlich erfolgreich zu sein, müssen sich Zahnärzte diesen veränderten Marktbedingungen anpassen. Das bedeutet, dass sie ihre Leistungen mehr denn je an den Bedürfnissen der Patienten orientieren müssen. Zahnärzte müssen ihre Patienten als Kunden begreifen. Je anspruchsvoller die Kunden werden, desto größer wird der Druck auf die Zahnärzte, ihr Unternehmen Zahnarztpraxis auf dem Markt zu positionieren (◨ Tab. 1.1).

1.2   Klassisches Marketing versus Online-Marketing

„Wozu Online-Marketing?" Das fragen sich viele Zahnärzte. Die meisten Mediziner haben sicher ein deutlich lesbares Praxis-Schild, Visitenkarten ausgelegt und eine gut sortierte Auswahl an aktuellen Zeitschriften im Wartezimmer, sie sind im Telefonbuch verzeichnet und schalten vielleicht sogar eine monatliche Anzeige in der Samstagsausgabe der Lokalzeitung. Wozu also noch Online-Marketing betreiben? Dieses Kapitel zeigt auf, welche Vorteile Online-Marketing gegenüber klassischen Marketing-Maßnahmen bietet.

Das erste Argument für Online-Marketing beruht nicht auf einem Unterschied, sondern auf dem, was klassische Marketing-Maßnahmen mit Internet-Marketing gemeinsam haben: ihren Zweck. Im Gegensatz zur allgemeinen Auffassung umschreibt Marketing nicht nur alle Kommunikationsaspekte eines Unternehmens und ist viel mehr als lediglich Werbung. Der Grundgedanke des Marketings ist die konsequente Ausrichtung des gesamten Unternehmens an den Bedürfnissen des Marktes. Für die Zahnarztpraxis bedeutet dies, dass Marketing alle Praxis-Aktivitäten umfasst, die sich an den Wünschen und Bedürfnissen der Kunden, das heißt der Patienten, orientiert. Die Zielrichtung von Online-Marketing-Maßnahmen ist die gleiche wie beim klassischen Marketing: Es geht darum, die Bedürfnisse der Kunden zu befriedigen.

Und die Bedürfnisse ändern sich. So gebrauchen immer mehr Patienten das Internet und nutzen die Vorzüge des World Wide Web, um sich über Medizin- und Gesundheitsthemen zu informieren: Sie suchen Zahnärzte in Arzt-Suchverzeichnissen oder schauen sich Bewertungen anderer Patienten an, sehen die Praxis-Öffnungszeiten der Leistungserbringer auf deren Website nach und vereinbaren einen Termin anhand der Kontaktdaten, die sie dort finden, oder gar anhand von Services, wie einem Online-Terminkalender. Es ist daher wichtig, dass Zahnärzte auch in diesem Medium vertreten sind: So holen sie einen Teil ihrer Patienten gleich da ab, wo sie nach ihnen suchen (siehe Grafik „Bedeutung der wichtigsten Marketing-Maßnahmen im Zeitverlauf" aus der Studie Ärzte im Zukunftsmarkt Gesundheit 2007–2015).

1.2.1 Vorteile des Marketing-Instruments Internet

Eine gezielte Ansprache ist im Marketing von besonders großer Bedeutung. Je besser die Zielgruppe selektiert ist, desto größer ist der Kommunikationserfolg. Denn Werbung wird am besten akzeptiert, wenn die Empfänger sie nützlich finden. Aus psychologischer Perspektive ist der Nutzen mit der Relevanz des Inhalts verknüpft. Zeitungsanzeigen in bekannten Lokalblättern oder Werbeplakate haben zwar eine relativ große Reichweite, werden also von vielen potentiellen neuen Patienten gesehen, allerdings sind die Streuverluste oft groß: Hier sprechen Sie viele Menschen an, die nicht zu den potentiellen neuen Patienten Ihrer Praxis gehören. Es ist beinahe unmöglich, eine bestimmte Zielgruppe gezielt und individuell anzusprechen.

Beim Online-Marketing hingegen haben Sie viel mehr die Möglichkeit, durch geschickte Maßnahmen die Zielgruppe zu fokussieren. Wobei es mittlerweile nicht mehr den typischen Internet-Junkie gibt. Dieser war laut einer Erhebung von BITKOM aus Juni 2011 tendenziell jung und männlich und er verbrachte jeden Tag mehr als drei Stunden im Web. Einer von zehn Usern in dieser Altersgruppe ist Vielsurfer und surft sogar zwischen fünf und zehn Stunden online. Die ausgedehnte Internetnutzung ist aber kein reines Jugendphänomen. Bei den 30- bis 49-Jährigen gehören ebenfalls fast 10 Prozent der Gruppe der Vielsurfer an. Und auch die über 50-Jährigen sind fast eineinhalb Stunden im Netz aktiv. Auch die Zahlen der ARD/ZDF-Onlinestudie 2014 bestätigen dies: Denn die höchsten Zuwachsraten gehen von den Über-60-Jährigen aus, von denen inzwischen fast jeder Zweite das Internet nutzt (45 Prozent). Bei den 60- bis 69-Jährigen stieg der Anteil der Onliner von 59 Prozent auf 65 Prozent. Durchschnittlich ist ein Internetnutzer in Deutschland an 5,9 Tagen wöchentlich online und verbringt täglich 166 Minuten im Netz. Zur Einwahl ins Netz stehen jedem Onliner im Schnitt 2,8 Endgeräte zur Verfügung. Beliebtester Zugangsweg ist 2014 erstmals der Laptop (69 Prozent) vor Smartphone und Handy (60 Prozent) und dem stationären PC (59 Prozent).

Zahnärzte können neue Patienten genau dort ansprechen, wo diese nach Ihnen suchen: etwa auf Arzt-Bewertungsportalen oder Gesundheitsplattformen. In Foren zu Gesundheitsthemen treten Sie mit den Nutzern in Kontakt und können sich austauschen. Ihre Gesprächspartner zeigen hier bereits Interesse an Gesundheits- oder Medizinthemen oder sind vielleicht sogar konkret auf der Suche nach einem neuen Zahnarzt.

Ein weiterer Marketing-Vorteil des Internets ist, dass dieses Medium mit dem klassischen „Sender-Botschaft-Empfänger"-Modell bricht. Ein Zahnarzt, der eine Zeitungsanzeige schaltet, ist der klassische Sender einer Botschaft. Er benutzt das Medium Zei-

1

□ **Tab. 1.1** Onlineanwendungen 2014 nach Geschlecht und Alter, mindestens einmal wöchentlich genutzt, in %. (Aus: ARD/ZDF-Onlinestudie)

	Gesamt	Frauen	Männer	14–29 J	30–49 J	50–69 J	Ab 70 J
Informationen suchen	82	79	85	92	85	73	66
Suchmaschinen nutzen	82	80	83	93	85	72	55
Senden/empfangen von E-Mails	79	77	81	79	83	76	67
Wetterinformationen abrufen	51	49	54	64	51	44	28
Aktuelle Nachrichten nutzen	49	41	46	60	52	38	28
Apps auf Mobilgeräten nutzen	44	42	45	72	45	25	5
Online-Nachschlagewerke nutzen	41	37	44	56	40	31	24
Onlinecommunitys nutzen	39	39	39	74	37	17	5
Videoportale	34	27	42	70	29	17	4
Chatten	32	31	33	65	29	12	6
Sportinformationen abrufen	25	13	36	30	25	21	17
Ortungsdienste für ortsbezogene Informationen nutzen	25	21	28	31	27	18	11
Onlinespiele	21	17	26	31	21	16	5
Onlinemediatheken nutzen	18	14	22	30	17	10	7
Onlineshopping	16	16	16	18	19	12	9
Audios im Internet herunterladen/anhören	14	9	20	36	10	4	3
An Internetforen teilnehmen	14	11	17	26	13	7	3
Fernsehsendungen/Videos zeitversetzt	14	11	17	26	12	7	7
Musikdaten aus dem Internet	13	11	15	34	7	4	3
Digitale Landkarten/Stadtpläne nutzen	13	12	14	19	10	11	14
Live im Internet Radio hören	12	8	15	16	14	7	1
RSS-Feeds oder Newsfeeds	11	10	12	22	11	5	1
Verkehrsinformationen abrufen	11	9	13	15	12	8	4
Mediatheken der Fernsehsender nutzen	9	8	11	17	8	7	3
Live im Internet fernsehen	8	6	9	13	5	6	8
Audio-Streamingdienste nutzen	6	4	8	18	4	1	0
Fotocommunitys nutzen	6	8	4	19	2	1	0
Videopodcasts	6	3	8	16	3	1	1
Blogs nutzen	5	4	6	10	4	3	1

Basis: Deutsch sprechender Onlinenutzer ab 14 Jahren (n = 1434)

Tab. 1.1 *(Fortsetzung)*

	Gesamt	Frauen	Männer	14–29 J	30–49 J	50–69 J	Ab 70 J
Microbloggingdienste/Twitter nutzen	5	4	5	12	3	1	0
Videostreamingdienste oder Kino auf Abruf	4	3	6	11	2	2	0
Andere Adiodateien aus dem Internet	4	2	6	10	2	2	2
Audiopodcasts	4	2	6	10	3	0	0
Musikportale	3	1	4	9	1	0	0
Radiosendungen zeitversetzt	3	2	3	4	3	1	2

Basis: Deutsch sprechender Onlinenutzer ab 14 Jahren (n = 1434)

tung, um diese Botschaft den Empfängern, also den Lesern, zu übermitteln. Dieses „Sender-Botschaft-Empfänger"-Modell ist typisch für die klassischen Massenmedien. Die Kommunikation findet nur in eine Richtung statt. Im Internet ist dies anders: Beinahe jeder, der über einen Internetanschluss verfügt, kann eine Botschaft übermitteln und sich mit anderen austauschen. Das bedeutet, dass hier die Empfänger von Marketing-Botschaften ihrerseits Botschaften senden können und umgekehrt. So informieren beispielsweise Zahnärzte ihre Patienten über ihre Website, die Patienten diskutieren dies in Foren, Sozialen Netzwerken und Online-Communities und tragen ihre Ansichten wiederum weiter an die Zahnärzte. Zwar könnte ein Leser, der die Anzeige eines Zahnarztes in der Zeitung gelesen hat, als Reaktion darauf einen Leserbrief schreiben, jedoch obliegt es zum einen der Redaktion, diesen zu veröffentlichen, und zum anderen müsste er sich hierfür wiederum eines anderen Mediums (Brief, E-Mail) bedienen. Denn Zeitungen sind, ebenso wie das Fernsehen oder Radio, relativ geschlossene Systeme: Einige wenige – Redakteure und Verleger – bestimmen den Inhalt. Im Internet ist ein viel schnellerer, offenerer und wechselseitiger Kommunikationsfluss gegeben. Das verändert die Kommunikation grundlegend.

Die Interaktivität, die im Netz stattfindet, bewirkt, dass sich die Nutzer verstärkt mit dem Inhalt auseinandersetzen. Studien zum Lernverhalten haben gezeigt, dass Menschen wesentlich mehr von dem in Erinnerung behalten, worüber sie sprechen, als von dem, worüber sie lediglich lesen. Über Bewertungsportale haben Zahnärzte also die Möglichkeit, einen nachhaltigen, positiven Eindruck zu hinterlassen. Ein weiterer Vorteil: Im Internet können die Botschaften von anderen Nutzern weitergetragen werden. Ratsuchende, die einen guten Tipp bekommen haben, leiten diesen weiter. Patienten empfehlen Zahnärzte, mit denen sie zufrieden sind, und Interessierte posten Links und Hinweise von Websites, die ihnen gefallen haben. So können sich Zahnärzte bekannt machen, indem Nutzer die Informationen selbstständig an andere Nutzer weitergeben und somit multiplizieren.

Aber ebenso können Sie auch ganz klassische Marketing-Instrumente, wie zum Beispiel einen Praxis-Newsletter, in Ihr Online-Marketing integrieren und diesen dann statt per Post per E-Mail versenden, sofern das Einverständnis Ihrer Patienten vorliegt. (Mehr dazu finden Sie in ▶ Kap. 2.)

1.3 Das Marketing-Konzept

Marketing bedeutet, Produkte oder Dienstleistungen auf dem Markt zu platzieren, sodass sie relevant und attraktiv für die jeweiligen Zielgruppen sind. Dies ist der Ausgangspunkt. Die Werbung ist dabei das Mittel, um dies zu erreichen. Sie ist insofern nur zweitrangig, denn am Anfang muss immer eine perfekt ausgerichtete Leistung stehen. Nur so ist Marketing erfolgreich. Um Zeit, Geld und Ressourcen nicht in ziellose Werbemaßnahmen zu investieren, ist es wichtig, das Projekt Online-Marketing strukturiert zu verfolgen. Das Marketing-Konzept ist dabei das Grundgerüst.

In diesem Kapitelabschnitt wird erläutert, was Sie beim Erstellen eines Marketing-Konzepts beachten müssen. Folgende Fragen führen Sie durch die einzelnen Abschnitte dieses Kapitels hin zu Ihrem individuellen Marketing-Konzept.

Grundfragen für die Erstellung eines Marketing-Konzepts

- Wo stehe ich jetzt? → Die Ist-Analyse
- Wo möchte ich hin? → Zielbestimmung
- Wie komme ich zum Ziel? → Marketing-Strategie
- Mit welchen Mitteln erreiche ich mein Ziel? → Marketing-Maßnahmen
- Bin ich wirklich dort angekommen, wo ich hin wollte? → Marketing-Controlling

---

1.3.1 Die Ist-Analyse

Der Ausgangspunkt und damit der erste Schritt bei der Erstellung eines Marketing-Konzepts ist eine Bestandsaufnahme der aktuellen Situation. Wenn ein Patient in Ihre Praxis kommt, erfolgen zunächst Anamnese und Untersuchung. Sie finden heraus, wie der Zustand des Patienten ist, in welchem Umfeld er lebt und welche Ursachen die Krankheit haben könnte. Erst dann können Sie geeignete Therapiemaßnahmen ergreifen. Genauso verhält es sich, wenn der Patient die eigene Praxis ist. Die Ist-Analyse der Praxis-Situation verrät Ihnen, wie Ihre Praxis auf dem Markt positioniert ist, welche Probleme vorliegen und wo noch Potential für Verbesserungen besteht. Listen Sie die einzelnen Punkte Schritt für Schritt auf, um einen umfassenden Überblick zu erhalten. Eine systematische Bestandsaufnahme berücksichtigt sowohl externe als auch interne Faktoren.

Externe Faktoren

Die Aufnahme der externen Faktoren wird als Chancen-Risiken-Analyse bezeichnet. Die Bezeichnung impliziert bereits, dass es sich hierbei um Fak-

toren handelt, die generell von Unternehmern nicht zu steuern sind.

Hierzu gehören zum einen rechtliche Rahmenbedingungen. Gesetze, wie beispielsweise das Heilmittelwerbegesetz (HWG), aber auch andere Regelungen zum Medizin-, Arzt- oder Wettbewerbsrecht, geben den Handlungsrahmen für die ärztliche Tätigkeit und damit auch Marketing-Bestrebungen vor (▶ Kap. 7). Ebenso beeinflussen politische Entscheidungen und Reformen die Situation, wie zum Beispiel die Gesundheitsreform. Auch gesellschaftliche Normen regulieren den Handlungsspielraum von Zahnärzten: Etwas, das zwar rechtlich in Ordnung ist, aber dem guten Geschmack widerspricht, wird nicht in die Tat umsetzbar sein. Solche Dinge können kulturell und regional bedingt sehr unterschiedlich sein. Ein Beispiel hierfür ist, dass es in Deutschland als normal empfunden wird, wenn ein Zahnarzt eine Frau untersucht – auch ohne dass ihr Ehemann im Raum ist. In einigen arabischen Ländern wäre das anstößig und daher unvorstellbar.

Neben dem gesetzlichen Rahmen ist auch die Marktsituation ein Faktor, der die aktuelle Lage der Praxis beeinflusst. Hierzu zählen Dinge wie die gesamtwirtschaftliche Situation, die Konjunktur und Kaufkraft, aber auch die Arbeitslosenquote. Fragen zu diesem Punkt richten sich etwa danach, inwieweit marktwirtschaftliche Faktoren es begünstigen, dass Patienten oder Krankenkassen Geld für ärztliche Dienstleistungen ausgeben können. Analysieren Sie auch, wie der Markt aufgeteilt ist, welche Leistungen bereits im Überschuss angeboten werden und wo vielleicht sogar Defizite im Angebot bestimmter Leistungen bestehen.

Ein Blick auf die Konkurrenz in Ihrem Einzugsbereich gehört ebenfalls zur Bestandsaufnahme der externen Faktoren. Zahnärzte sollten herausfinden, wie sich der Markt verteilt. Wie intensiv wird der Wettbewerb bestritten, und welche Machtverhältnisse bestehen? Schauen Sie, welche Konkurrenz für Ihre Praxis besteht und was diese den Patienten bietet. Berücksichtigen Sie Schwerpunkte, Vorzüge und Schwachstellen des Konkurrenzangebots. Manchmal können auch Gespräche sinnvoll sein, denn eventuell gibt es Anknüpfungspunkte für eine Kooperation.

Da es hier um Online-Marketing geht, sollten Sie auf Folgendes besonders schauen:

Konkurrenzanalyse der Online-Marketing-Maßnahmen
- Welche Online-Marketing-Maßnahmen betreibt die Konkurrenz?
- Wie professionell finden Sie den Internetauftritt der konkurrierenden Praxis?
- Wie weit sind Sie im Internet vertreten? (In Arzt-Suchverzeichnissen, Bewertungsportalen etc.)
- Wie weit oben sind Sie bei Google zu finden? (▶ Kap. 5)

Interne Faktoren

Handelt es sich bei den externen Faktoren um Variablen, die Sie in der Regel kaum beeinflussen können, so sind die internen Faktoren grundsätzlich veränderbar. Deswegen nennt man die Aufnahme der internen Faktoren auch die Stärken-Schwächen-Analyse. Dieser Teil ist der wichtigste der Ist-Analyse. Denn hier geht es darum, die eigenen Stärken und Schwächen auszumachen und sie später effektiv zu nutzen bzw. zu eliminieren.

Das Praxis-Angebot

Um sich über Ihr eigenes Leistungsspektrum bewusst zu werden und Ihren USP (Unique Selling Proposition = Verkaufsargument, das Sie einzigartig macht) zu ermitteln, schreiben Sie auf, was Sie Ihren Patienten zurzeit in der Praxis bieten. Dabei kann Sie im ersten Schritt eine Zahnmedizinische Fachassistentin (ZFA) unterstützen. Über welche technische Ausstattung verfügen Sie? Listen Sie alle Geräte auf, zum Beispiel Röntgen-Geräte oder Labor-Instrumente. Prüfen Sie, ob die Geräte auf dem neuesten Stand und voll funktionstüchtig sind. Listen Sie auch auf, welche Therapie- und Behandlungsmethoden Sie anbieten, etwa Craniomandibuläre Dysfunktionen (CMD) oder Augmentation, und wo Ihre Schwerpunkte liegen, beispielsweise ganzheitliche Zahnmedizin oder Gesamtsanierung. Bieten Sie ansonsten besondere Verfahren an oder hochwertige Füllungsmaterialien? Notieren Sie alles, was Ihnen einfällt, um Ihre USP herauszufinden.

Ebenso wichtig ist der Service außerhalb der Behandlungsangebote: Führen Sie auf, wie Patienten zu Ihnen Kontakt aufnehmen können. Können

Termine nur telefonisch abgemacht werden, oder besteht auch die Möglichkeit der Online-Terminvereinbarung (OTV)? Vielleicht haben Sie einen Überblick darüber, wie lange Patienten auf einen Termin bei Ihnen warten müssen oder ob viele Termine kurzfristig abgesagt oder – ohne dass es notwendig wäre – lange im Voraus geplant werden. Dies könnte ein Hinweis sein, dass die Sprechzeiten nicht so gut mit den Bedürfnissen der Patienten harmonieren. Schauen Sie, ob es häufig leere Blöcke in der Terminplanung gibt, und notieren Sie, ob Sie Abend- oder Wochenendsprechstunden anbieten.

Wie sieht es mit der Praxis-Einrichtung aus? Sind die Praxis-Räume rollstuhlgerecht und die Eingänge barrierefrei zugänglich? Sind die Sitzgelegenheiten bequem, und besteht ausreichend Platz zwischen den Stühlen? Auch die Kapazitäten der Wartezimmer sollten Sie mit in die Analyse aufnehmen. Schauen Sie nicht nur, wie lange Patienten – mit und ohne Termin – durchschnittlich warten, sondern prüfen Sie auch, ob der Platz bzw. die Anzahl der Sitzgelegenheiten ausreicht.

Und nicht zuletzt: Überlegen Sie, welche Dinge dafür sorgen, dass Sie sich in der Praxis wohlfühlen. Dies können eine gute Auswahl an Zeitschriften sein, aber auch ein Getränkeangebot sowie das Bereitstellen von Zahnputzutensilien für Menschen, die zum Beispiel direkt von der Arbeit in Ihre Praxis kommen müssen. Beachten Sie aber auch Dinge, die den Praxis-Aufenthalt weniger angenehm machen, wie zum Beispiel Lärm oder schlechte Gerüche sowie zu grelles oder dunkles Licht. Ändern Sie dies umgehend. Schauen Sie bei all Ihren Überlegungen auch immer auf die Konkurrenz: Was bieten andere Praxen, was Sie nicht haben? Wo haben Sie vielleicht anderen etwas voraus?

Die Patientenstruktur

Mittelpunkt aller Marketing-Maßnahmen sind die Kunden – in Ihrem Fall die Patienten. Deswegen sollten Sie ihnen auch einen bedeutsamen Platz in der Bestandsaufnahme reservieren. Wer sind eigentlich Ihre Patienten? Hier gilt es zunächst zu unterscheiden zwischen den Patienten, die bereits in Ihre Praxis kommen, und denen, die den Weg zu Ihnen (noch) nicht gefunden haben.

Beginnen Sie mit den bestehenden Patienten. Listen Sie auf, wie sich Ihre Patientenschaft zusam-

1

mensetzt, und erstellen Sie eine Statistik. Folgende Punkte sollten Sie aufnehmen:

Wie sieht Ihre Patientenschaft aus?

- Ermitteln Sie, welche Altersgruppen Ihre Praxis besuchen. Achten Sie hierbei auch auf ungewöhnliche Verteilungen: Für welche Zielgruppe sind Sie besonders attraktiv?
- Schauen Sie auch, wie sich Ihre Patientenschaft nach Geschlechtern aufteilt. Grundsätzlich sind Frauen und Männer in beinahe gleichen Teilen in der Gesellschaft vertreten und müssten daher ebenso in Ihrer Patientenklientel verteilt sein. Bedenken Sie jedoch, dass – wenn Sie besonders viele Hochbetagte unter Ihren Patienten haben – ein Frauenüberschuss auch daher kommen könnte, dass Frauen statistisch eine höhere Lebenserwartung haben als Männer.
- Finden Sie heraus, wie die Patienten auf Ihre Praxis aufmerksam geworden sind und warum sie gerade zu Ihnen kommen. Was ist Ihr Alleinstellungsmerkmal? Ihre bestehenden Vorzüge können Sie ausbauen und entsprechend nach außen kommunizieren.

Werfen Sie ebenfalls einen Blick auf die soziale, berufliche und familiäre Situation Ihrer Patienten. Hier erfahren Sie nicht nur, wie einkommensstark Ihre Patientenklientel ist, sondern können anhand ihrer Lebensumstände auch ihre Bedürfnisse ablesen.

Soziale, berufliche und familiäre Situation der Patienten

- Kommen viele Menschen mit kleinen Kindern in Ihre Praxis, bietet sich eine Spielecke an.
- Wie hoch ist der Anteil an Privatpatienten in Ihrer Praxis? Listen Sie auf, wie viele Ihrer Patienten gesetzlich und wie viele privat versichert sind. Außerdem wichtig: Wie häufig werden Selbstzahlerleistungen genutzt?

- Und für Sie besonders wichtig ist es, auch die Bedürfnisse, Gewohnheiten und Einstellungen der Patienten zu erfahren. Fragen Sie sie, wie wichtig Ihnen das Thema Zahngesundheit ist und ob Sie zufrieden mit den bisherigen Angeboten sind oder gar etwas vermissen. Da Sie ja den Bereich des Online-Marketings erschließen wollen, ist es für Sie auch wichtig zu wissen, welche Online-Medien Ihre Patienten nutzen und über welche Kanäle Sie sich zum Thema Medizin und Zahngesundheit informieren. Erfragen Sie in diesem Zusammenhang nochmal die aktuelle E-Mail-Adresse sowie das Einverständnis für elektronischen Informationsversand.

Viele dieser Informationen können Sie den Aufnahme-Formularen entnehmen, die die Patienten bei ihrem ersten Besuch in der Praxis ausgefüllt haben. Umfangreiche Patientendaten über den Aufnahme-Bogen zu erheben ist jedoch knifflig: Da die Bögen direkt einem Namen zugeordnet werden können, werden die Patienten Fragen etwa zu ihrem Einkommen oder ihrer Zufriedenheit nicht unbefangen und offen beantworten. Besser ist es, solche Dinge im Rahmen einer anonymisierten Patientenbefragung in Erfahrung zu bringen. Einen Musterfragebogen finden Sie in ◘ Abb. 1.3.

Wenn Sie wissen, wer in Ihre Praxis kommt, können Sie auch Rückschlüsse darauf ziehen, wer nicht zu Ihnen kommt. Prüfen Sie kritisch, ob die demographische Verteilung Ihrer Patienten typisch für den Einzugsbereich Ihrer Praxis ist. Stellen Sie heraus, welche Gruppen besonders häufig in Ihre Praxis kommen und welche nicht. Woran könnte das liegen? Wenn Ihre Praxis beispielsweise in einem Stadtteil liegt, in dem viele junge Familien wohnen und dennoch der größte Teil Ihrer Patienten über 50 Jahre alt ist, dann könnte es sein, dass Sie für bestimmte Patientengruppen attraktiver sind als für andere. Diese Überlegungen sind der Ausgangspunkt für Ihre Absichten, neue Patienten oder sogar ganze Patientengruppen für die Praxis zu gewinnen.

Patienten-Fragebogen: Wie zufrieden sind Sie mit uns?

Wie wurden Sie auf unsere Praxis aufmerksam?

❏ bin überwiesen worden von _____ ❏ von Bekannten empfohlen
❏ über meine Krankenkasse ❏ Telefon-/Branchenbuch
❏ Praxisschild ❏ Zeitungsbericht
❏ Arzt-Suchdienst, und zwar _____
❏ Internet, und zwar _____
❏ andere, und zwar _____

Bitte bewerten Sie nach dem Schulnoten-System (1 = sehr gut, 2 = gut,
3 = befriedigend, 4 = ausreichend, 5 = mangelhaft, 6 = ungenügend):
Wie beurteilen Sie die **Sprechzeiten** unserer Praxis?
❏ 1 ❏ 2 ❏ 3 ❏ 4 ❏ 5 ❏ 6
Wie beurteilen Sie die **Wartezeiten** in unserer Praxis?
  Wartezeit auf einen Termin
❏ 1 ❏ 2 ❏ 3 ❏ 4 ❏ 5 ❏ 6

  Wartezeit im Wartezimmer
❏ 1 ❏ 2 ❏ 3 ❏ 4 ❏ 5 ❏ 6
Wie gefällt Ihnen das **äußere Erscheinungsbild** unserer Praxis?
❏ 1 ❏ 2 ❏ 3 ❏ 4 ❏ 5 ❏ 6

Wie empfanden Sie **Freundlichkeit und Engagement...**
... des Arztes / der Ärztin?
❏ 1 ❏ 2 ❏ 3 ❏ 4 ❏ 5 ❏ 6
  ... des Praxispersonals?
❏ 1 ❏ 2 ❏ 3 ❏ 4 ❏ 5 ❏ 6
Was war das **Anliegen** Ihres letzten Besuches bei uns?
_____ (freiwillige Angabe)

Wie beurteilen Sie persönlich Ihren letzten **Behandlungserfolg?**
❏ 1 ❏ 2 ❏ 3 ❏ 4 ❏ 5 ❏ 6
❏ ich habe keine Behandlung durchführen lassen

Was gefällt Ihnen an unserer Praxis gut?
_____

Was gefällt Ihnen nicht?
_____

Welche Verbesserungsvorschläge und Anregungen haben Sie für uns?
_____
_____

... und zum Schluss noch ein paar kurze Fragen zu Ihrer Person:
Geschlecht
❏ männlich ❏ weiblich
Alter
❏ bis 30 Jahre ❏ 31 bis 50 Jahre ❏ 51 bis 60 Jahre ❏ > 60 Jahre
Versicherung
❏ gesetzlich ❏ privat
Was machen Sie beruflich?
_____

Welche Printmedien nutzen Sie regelmäßig?
❏ Tageszeitung ❏ Zeitschriften ❏ Gratiszeitungen/Anzeigenblätter
Welche Online-Services nutzen Sie regelmäßig?
❏ E-Mail ❏ Soziale Netzwerke, und zwar _____
❏ Weblogs ❏ andere, und zwar _____
Wie wichtig ist Ihnen das Thema Gesundheitsvorsorge?
❏ sehr wichtig ❏ wichtig ❏ weniger wichtig ❏ unwichtig

Ihr Name_____ (freiwillige Angabe)

❏ Ich möchte anonym bleiben.

Vielen Dank für Ihre Mithilfe!

❏ Abb. 1.3 Musterfragebogen für eine Patientenbefragung

Online-Patientenbefragung

Um möglichst genaue und umfangreiche Informationen zu Ihren Patienten, deren Wünschen, Bedürfnissen und der Zufriedenheit mit dem Praxis-Angebot zu bekommen, können Sie eine Online-Patientenbefragung durchführen. Bei einer Online-Befragung erhalten Patienten meist per E-Mail einen individualisierten Link zu einem Fragebogen, der auf einem Server bereit steht. Es ist zu empfehlen, dass der Fragebogen dabei ein SSL-Zertifikat trägt, was bedeutet, dass die Seite besonders abgesichert ist. So sind Sicherheit und Anonymität gewährleistet. Jeder E-Mail-Empfänger bekommt einen anderen Link, den er auch nur einmal benutzen kann. So wird verhindert, dass ein Patient den Fragebogen mehrmals ausfüllt.

Inhaltlich können Sie den Fragebogen nach Ihren Wünschen gestalten: Neben demographischen Angaben (Alter, Beruf, Einkommen, Geschlecht) sollte er auch Fragen zur Zufriedenheit der Patienten mit der Praxis abdecken. Mögliche Fragen, um die Patientenzufriedenheit zu messen, sind zum Beispiel: „Wie zufrieden sind Sie mit …“:

- dem Zahnarzt/der Zahnärztin,
- der Freundlichkeit des Praxis-Teams,
- der Ausstattung der Praxis-Räume,
- den Wartezeiten,
- der Transparenz der Preise (bei Selbstzahlerleistungen),
- den Sprechzeiten.

Antworten können die Patienten meist dem Schulnotenprinzip entsprechend (1–6, wobei 1 die beste Note und 6 die schlechteste ist), oder sie bewerten die Aussagen auf einer Skala. Es könnte eine Skala mit folgenden Auswahlmöglichkeiten sein: „voll und ganz zufrieden“, „sehr zufrieden“, „zufrieden“, „nicht zufrieden“. Bei der Auswahl in Form einer Skala von „gut“ bis „schlecht“ empfiehlt es sich, immer eine gerade Anzahl an Antwortmöglichkeiten vorzugeben. Denn Menschen neigen dazu, immer den Mittelwert („weder noch“) anzuwählen, und damit bekämen Sie keine brauchbare Aussage.

Der Vorteil von Online-Patientenbefragungen ist, dass die Patienten offen und ehrlich antworten können, da die Fragebögen – im Gegensatz zu den Aufnahmebögen in der Praxis – anonymisiert sind.

1

Außerdem ist es so möglich, auch Patienten zu befragen, die entweder nicht regelmäßig kommen oder einmal da waren und dann nie wieder. Diese können Sie dann nach den Gründen hierfür fragen.

Es gibt verschiedene Dienstleister, die Online-Patientenbefragungen speziell für Zahnarztpraxen anbieten. Häufig halten sie auch vorgefertigte Fragebögen bereit. Standard-Fragebögen können eine gute Grundlage sein. Sie sollten diese jedoch nicht eins zu eins zu übernehmen und besser Fragen zu stellen, die für Ihre Praxis relevant sind: Nur so bekommen Sie ein verwertbares Ergebnis.

Praxis-Organisation und Ressourcen

Hier erheben Sie die Bedingungen, unter denen Ihr Marketing-Projekt startet, und können sehen, welche organisatorischen Ressourcen Ihnen zur Verfügung stehen. Gehen Sie einmal die Organisations- und Bürokratiestrukturen durch. Schauen Sie, an welchen Stellen die Abläufe sehr gut funktionieren und wo eventuell Schwachstellen sind. Wie gut geschult ist Ihr Personal, und wie lange verweilen Mitarbeiter in Ihrem Betrieb? Eine hohe Fluktuation verkompliziert den Praxis-Alltag. Wenn immer wieder neue Mitarbeiter eingearbeitet werden müssen, schluckt dies im erheblichen Maße Arbeitszeit und kann die Praxis-Abläufe stören. Außerdem lassen sich umfangreiche und auf einen längeren Zeitraum angelegte Marketing-Projekte besser umsetzen, wenn der Personalstamm konstant bleibt. Nehmen Sie auf, über welche besonderen Kenntnisse Ihre Mitarbeiter, aber auch Sie selbst verfügen. Welche Fortbildungen oder Seminare haben Sie und Ihr Praxis-Team absolviert? Dies kann Ihnen Aufschluss darüber geben, wo vielleicht ungenutzte Ressourcen liegen, die für Ihr Marketing-Projekt genutzt werden können, oder wo noch Nachholbedarf besteht. Auch die Zusammenarbeit mit externen Dienstleistern, wie zum Beispiel Lieferanten, Schulungsleitern oder Computerfachmännern, sollten Sie evaluieren. Welche Geschäftsbeziehungen pflegen Sie? Wie verläuft die Zusammenarbeit? Überlegen Sie, wie Sie bestehende Kontakte noch für andere Projekte nutzen können.

Kommunikation und Marketing

Nehmen Sie auch Ihre Kommunikationskanäle unter die Lupe: Welche Möglichkeiten haben Patienten, sich über die Leistungen Ihrer Praxis zu informieren. Es ist grundsätzlich besser, wenn sich interessierte Patienten die Informationen nicht erst beschaffen müssen, sondern wenn die Praxis sie unaufgefordert liefert. Prüfen Sie, welche Flyer und Broschüren im Wartezimmer ausliegen, welche Informationen diese – und die auf Ihrer Website – beinhalten und ob Sie die Möglichkeit nutzen, Patienten telefonisch oder per Brief an Termine oder Vorsorge-Untersuchungen zu erinnern.

Listen Sie alle Marketing-Maßnahmen auf, die Sie bisher umgesetzt haben, und bewerten Sie diese:

> **Überprüfung der eigenen Marketing-Maßnahmen**
> ▬ Haben Sie ein ansprechendes Praxis-Schild?
> ▬ Betreiben Sie Presse-Arbeit? Verschicken Sie z. B. Presse-Informationen oder Newsletter?
> ▬ Informieren Sie über Veranstaltungen? Schalten Sie dafür Anzeigen in lokalen Medien?
> ▬ Welche Online-Marketing-Maßnahmen haben Sie bereits realisiert?
> ▬ Haben Sie eine starke Präsenz im Internet und werden weit oben bei Google gefunden?
> ▬ Erörtern Sie, welche Stärken und Schwachstellen Ihre Internetpräsenz aufweist. Auch hier lohnt sich ein Blick auf die Konkurrenz: Wie sind andere Praxen und MVZ in Ihrer Nähe im Internet vertreten?

Durchforsten Sie noch einmal gedanklich alle Wege, auf denen Sie mit Ihren Patienten kommunizieren. Beachten Sie auch, dass persönliche Gespräche ein sehr wichtiger Kommunikationsfaktor sind.

Weitere Tipps und Anregungen finden Sie in den nachfolgenden Kapiteln.

Finanzieller Rahmen und Budget

Nachdem Sie Ihre Patientenschaft kennengelernt und Faktoren der Organisation, Kommunikation und des Praxis-Angebots festgehalten haben, sollten Sie sich nun die betriebswirtschaftlichen Faktoren ansehen. Entnehmen Sie Ihrer Buchführung die relevanten Informationen: Umsatz, Gewinn, Arbeitseinsatz, laufende Kosten und weitere finan-

■ Abb. 1.4 Ziele der Marketing-Maßnahmen. (Stiftung Gesundheit)

Welche Ziele verfolgen Sie mit den Marketing-Maßnahmen in Ihrer Praxis?

Ich möchte meine Patienten ganz allgemein informieren — 38,6%
Ich möchte Patienten konkret über mein besonderes Leistungsspektrum informieren — 61,9%
Ich möchte mich von anderen Leistungsanbietern abgrenzen — 30,6%
Ich möchte neue Patienten hinzugewinnen — 43,2%
Ich möchte auch den Kollegen meine Kompetenzen vermitteln — 18,0%
Ich habe das Gefühl, so etwas wird heute von den Patienten erwartet — 22,0%
Ich habe keine konkreten Zielvorstellungen — 8,2%
Andere Ziele — 5,6%

Quelle: Studie „Ärzte im Zukunftsmarkt Gesundheit 2010"; Stiftung Gesundheit

zielle Verpflichtungen. Vergleichen Sie verschiedene Geschäftsjahre miteinander, und schauen Sie, welche Monate besonders umsatzstark sind und welche weniger. Ein Blick auf die Kapitalverhältnisse gibt Aufschluss darüber, wie viel Geld und Zeit Sie in Marketing investieren können. Es ist ratsam, in jedem Fall vorher das Marketing-Budget festzulegen, damit es keine bösen Überraschungen gibt. Eine feste Regel, wie viel Sie in Ihr Marketing-Projekt investieren müssen, gibt es nicht. Häufig wird ein Mindest-Marketing-Budget von 3 bis 5 Prozent des Umsatzes empfohlen. Um nicht in einer Kostenspirale zu versinken, informieren Sie sich über die Kosten verschiedener Maßnahmen und stellen Sie eine Prioritätenliste auf.

Am Ende der Ist-Analyse haben Sie eine umfangreiche Auflistung der Stärken und Schwächen Ihrer Praxis sowie der Chancen und Risiken, die der Markt für Sie bereit hält.

1.3.2 Zielbestimmung

Wenn Sie das IST ermittelt haben, legen Sie als nächstes das SOLL fest. Auf Basis der Zustands-Analyse können Sie die Ziele ableiten, auf die Ihre Marketing-Maßnahmen hinauslaufen sollen. Laut der Studie „Ärzte im Zukunftsmarkt Gesundheit 2015" verfolgen Zahnärzte als wichtigstes Marketing-Ziel, Patienten konkret über das besondere Leistungsspektrum zu informieren (53,6 Prozent). 40,4 Prozent möchten durch Marketing neue Patienten gewinnen, 38,2 Prozent wollen sich durch die Maßnahmen von anderen Kollegen abgrenzen. 15,5 Prozent haben den Wunsch, Kollegen die eigene Kompetenz zu vermitteln. Der Anteil der Ärzte ohne konkrete Zielvorstellungen liegt bei 12,5 Prozent (■ Abb. 1.4).

Grundsätzlich lassen sich zwei Formen von Marketing-Zielen unterscheiden (Bruhn 2011):
- ökonomische Marketing-Ziele,
- psychologische Marketing-Ziele.

Ökonomische Marketing-Ziele

Ökonomische Marketing-Ziele sind solche, die sich in betriebswirtschaftlichen Kategorien ausdrücken lassen, wie Umsatz, Marktanteil, Gewinn oder Rendite (Gewinn in Relation zum eingesetzten Kapital oder Umsatz). Ein ökonomisches Marketing-Ziel wäre zum Beispiel, den Praxis-Umsatz zu erhöhen oder den Anteil der Privatpatienten zu vergrößern. Es könnte ebenso sein, dass Sie den Absatz an Selbstzahlerleistungen, wie bestimmte Reiseimpfungen oder sportmedizinische Beratung, steigern wollen. Die ökonomischen Marketing-Ziele sind durch betriebswirtschaftliche Analysen, Vorher-Nachher-Vergleiche oder einen gezielten Blick in die Buchführung sehr gut und je nach Untersuchungszeitraum auch sehr schnell messbar.

Psychologische Marketing-Ziele

Schwieriger zu erfassen sind die psychologischen Marketing-Ziele. Sie orientieren sich an dem Bewusstsein der Patienten und sind nicht direkt zu beobachten. Für den langfristigen Erfolg des Unternehmens Zahnarztpraxis sind sie ebenso wichtig wie die ökonomischen Ziele. Ein psychologisches Marketing-Ziel ist es zum Beispiel, den Bekanntheitsgrad der Praxis, des Zahnarztes und der angebotenen Dienstleistungen zu steigern. Sie können auch einen Imagewandel mit Ihren Marketing-Maßnahmen fokussieren: Wenn Sie eine jüngere Zielgruppe ansprechen wollen, dann können Sie zum Beispiel die subjektiven Meinungen der Patienten prägen, dass Sie eine moderne, kompetente Praxis haben. Auch die Verbesserung von Kundenfaktoren gehört in diese Kategorie. Die Kundenzufriedenheit zu verbessern bedeutet die Differenz zwischen erwarteter und tatsächlicher Leistung zu verringern, sodass die Patienten möglichst genau das bekommen, was sie erwarten – und die Leistungen sollten natürlich positiv sein. Auch die Kaufpräferenzen zu steuern kann ein psychologisches Marketing-Ziel darstellen. Hierbei sollen die Patienten bestimmte Dienstleistungen besonders gerne annehmen. Die Bindung der bestehenden Patienten ist ebenfalls ein sehr wichtiges Marketing-Ziel. Dadurch will man erreichen, dass sie gerne wieder die Leistungen der Praxis in Anspruch nehmen.

Ganz so hart trennen kann man psychologische und ökonomische Marketing-Ziele sicher nicht. Denn auch psychologische Faktoren, wie der Bekanntheitsgrad der Praxis, sollen sich natürlich mittel- oder langfristig auf die betriebswirtschaftlichen Faktoren wie Gewinn und Umsatz niederschlagen.

Marketing-Ziele umsetzen

Welche Marketing-Ziele Priorität haben, dass müssen Zahnärzte auf Basis der Ist-Analyse individuell entscheiden. Um das Erreichen der Marketing-Ziele so gut wie möglich messbar zu machen, sollten Sie sie schriftlich festhalten:

> **Fragen zur Ermittlung der Marketing-Ziele**
> - Was soll erreicht werden? (z.B. höherer Umsatz, neue Patientengruppen)
> - Welche Zielgruppe soll angesprochen werden? (z.B. mehr Privatpatienten, junge Berufstätige)
> - Wie soll die Zielgruppe reagieren? (z.B. mehr Selbstzahlerleistungen in Anspruch nehmen, einen modernen Eindruck von der Praxis haben)
> - In welchem Zeitraum sollen die Ziele erreicht werden? (z.B. innerhalb eines Jahres oder bis zu den Sommerferien)

Je präziser Sie ihre Marketing-Ziele formulieren, desto besser sind die Ergebnisse später messbar. Legen Sie möglichst konkret fest, um wie viel Prozent etwa der Umsatz steigen soll, wie viele neue Patienten in die Praxis kommen sollen oder wie hoch der Privatpatienten-Anteil zukünftig sein soll. Wenn Sie eine Imageveränderung in Ihr Marketing-Konzept einbeziehen, dann legen Sie auch die Attribute fest, mit denen die Patienten Ihre Praxis verbinden sollen: beispielsweise „modern", „professionell" oder „gediegen".

Wichtig ist, dass Sie realistische Ziele setzen. Besonders bei der Zeitplanung sollten Sie großzügig sein, denn Marketing ist Arbeit, die Ihre Zeit beansprucht. Es wird dauern, die Marketing-Strategie umzusetzen, und noch eine Weile – bis zu einem Jahr –, bis sich der gewünschte Effekt schließlich bei den Patienten und in der Praxis-Kasse einstellt. Setzen Sie also die Ziele zwar ehrgeizig, aber realisierbar. So schützen Sie sich und Ihr Team vor Frustrationen.

1.3.3   Die Marketing-Strategie

Wenn Sie Ihre Ziele definiert und notiert haben, dann ist es an der Zeit, die Marketing-Strategie festzusetzen. Planen Sie, wie die Ziele erreicht werden sollen. Die Marketing-Strategie ist ein langfristiger Gesamtplan, nach dem alle konkreten Marketing-Maßnahmen ausgerichtet werden. Sie beinhaltet alle Entscheidungen zur Marktwahl und Marktbearbeitung sowie Entwicklungspläne für strategische Geschäftseinheiten. Damit stellt die Marketing-Strategie gewissermaßen das Bindeglied zwischen den

Marketing-Zielen und den Marketing-Maßnahmen dar.

Die Strategie spezifiziert noch einmal die festgelegten Ziele. Sie beschreibt zum Beispiel, inwieweit Wachstum erreicht werden soll: Möchten Sie expandieren oder sich auf Ihr Kerngeschäft konzentrieren? Hieraus ergeben sich auch Prioritäten. Legen Sie fest, wofür die zur Verfügung stehenden Ressourcen genutzt werden sollen. Prüfen Sie, in welche Bereiche investiert werden soll und aus welchen Segmenten vielleicht Mittel abgezogen werden können. Hier entscheiden Sie auch, ob das Therapieangebot der Praxis so beibehalten werden soll. Vielleicht möchten Sie zusätzliche Leistungen anbieten, wie spezielle Naturheilverfahren, die Ihr Portfolio ergänzen. Prüfen Sie auch, welche Anschaffungen Sie tätigen oder Qualifikationen Sie erreichen müssen, um dies zu tun.

Marketing-Strategien können auch auf den Wettbewerb ausgerichtet sein. Legen Sie fest, inwieweit Sie sich von der Konkurrenz abgrenzen wollen und wie Sie das erreichen können. Eine Strategie könnte auf Angriff ausgelegt sein, das heißt, Sie möchten Patienten der Konkurrenz gewinnen. Es kann auch sein, dass Sie eine Verteidigungsstrategie brauchen: wenn nämlich eine andere Praxis versucht, Ihnen Patienten abzuwerben. Berücksichtigen Sie an dieser Stelle auch immer die Konsequenzen, die die Verwirklichung Ihrer Pläne haben wird: auf die Wettbewerbssituation, auf die Praxis-Organisation, die Kommunikation und Personalplanung.

Auch das Praxis-Leitbild wird im hohen Maße in der Marketing-Strategie definiert. Überlegen Sie, wie die Patienten Sie wahrnehmen und welche Besonderheiten und spezielle Kompetenzen sie mit Ihrer Praxis verbinden sollten. In all Ihren Unternehmungen sollte sich dieses (neue) Selbstverständnis Ihrer Praxis widerspiegeln. Dieses Leitbild prägt das Unternehmensimage Ihrer Praxis und hilft Ihnen, sich auf dem Markt zu positionieren und von der Konkurrenz abzugrenzen. (Mehr zum Praxis-Leitbild erfahren Sie im ▶ Abschn. 1.4.)

Damit grenzen Sie im Rahmen der Marketing-Strategie auch Ihre Zielgruppe noch enger ein. Entscheiden Sie, ob Sie mit Ihrem Angebot in Zukunft zum Beispiel hauptsächlich Privatpatienten oder Senioren oder junge Patienten ansprechen wollen. Inwieweit bedeutet die Fokussierung einer Zielgruppe eine Veränderung der Praxis? Kein Unternehmen kann jeden Markt bedienen, daher müssen Sie Grenzen ziehen. Bei Zahnärzten ist dies eine besondere Situation, da sie in der Regel einen sehr gemischten Patientenstamm haben und auch niemanden abweisen wollen/können. Ihre Patienten haben ganz unterschiedliche Bedürfnisse, die teilweise sogar einen starken Widerspruch erzeugen: Ältere Patienten beispielsweise erwarten häufig, dass sich der Zahnarzt Zeit für sie nimmt, und bringen auch das Bedürfnis mit in die Praxis, sich mit jemandem zu unterhalten. Junge, berufstätige Patienten hingegen sind oft sehr stark anderweitig angebunden und haben einen engen Terminplan. Was sie von ihrem Zahnarztbesuch erwarten, ist, dass er termingetreu, kurz und ohne lange Wartezeiten stattfindet. Diese konträren Bedürfnisse zu befriedigen ist sicher nicht leicht. Es ist eine hohe Kunst, eine Zielgruppe verstärkt anzusprechen, ohne die andere vollkommen zu vernachlässigen. Online-Marketing-Maßnahmen richten sich tendenziell an eine jüngere Zielgruppe, doch auch diese wird irgendwann einmal alt sein.

1.3.4 Marketing-Maßnahmen

Nachdem die Ziele und die Marketing-Strategie festgelegt sind, ist der nächste Schritt, die konkreten Marketing-Maßnahmen anzuvisieren. Die Maßnahmen oder auch Marketing-Instrumente sind die eigentlichen Werkzeuge, mit denen Sie auf den Markt einwirken. Diese Instrumente stammen aus dem Marketing klassischer Konsumgüter und können modifiziert auf dem Medizinmarkt angewendet werden. Die „Vier Ps des operative Marketings" sind:

- Product (Produkt),
- Price (Preis),
- Placement (Vertrieb/Distribution),
- Promotion (Kommunikation).

Product Der Bereich „Product" (Produkt) umfasst alle Entscheidungen über das Leistungsprogramm. Hier muss der klassische Produktbegriff auch auf den Bereich der Dienstleistungen ausgeweitet werden. Konkrete Marketing-Maßnahmen in der

Zahnarztpraxis sind in diesem Sinne Innovationen, Verbesserungen und Veränderungen des Therapieangebots, die auf die Bedürfnisse der Zielgruppe zugeschnitten sind. Bestehende Lücken im Angebot zu füllen und die Praxis damit attraktiver für neue Patienten zu machen gehört ebenso dazu. Das Behandlungsportfolio zu verändern bzw. zu erweitern ist ein Ziel; zu den Marketing-Instrumenten im Bereich „Product" gehören aber auch die nichtmedizinischen Angebote: Die Terminvergabe, Erinnerung an Prophylaxe-Behandlungen, Patienteninformationen und andere Serviceleistungen tragen entschieden zur Aufwertung Ihres Produkts „Praxis-Leistungen" bei und müssen in dieser Kategorie bedacht werden.

Price Die Kategorie „Price" (Preis) zielt auf die Preispolitik eines Unternehmens ab, also auf die Konditionen, zu denen die Produkte bzw. Dienstleistungen den Kunden angeboten werden. Der ambulante Gesundheitsmarkt ist diesbezüglich gewissermaßen ein Sonderfall, da niedergelassene Zahnärzte die Preise für Leistungen der Krankenkassen nicht individuell bestimmen können. Die Grundlage dafür bildet der Bewertungsmaßstab zahnärztlicher Leistungen (BEMA 2004). Nur bei Privatversicherten und bei Selbstzahlerleistungen können Zahnärzte im Rahmen der GOZ (Gebührenordnung für Zahnärzte) nach § 2 die Preise selbst gestalten. Einerseits müssen Zahnärzte dabei die Rentabilität einer Leistung beachten und andererseits bedenken, welchen Wert diese Leistung für die Patienten hat und was diese dafür auszugeben bereit sind.

Anders als bei Behandlungen beim Allgemeinmediziner beispielsweise unterscheiden sich Dienstleistungen, wie Zahnärzte sie erbringen, in dem Punkt, dass Patienten im Nachhinein oft positive Veränderungen spüren, indem etwa der Zahnschmerz weg ist oder diese Veränderungen gar gesehen werden können, beispielsweise nach einer Zahnreinigung oder einem Bleaching. Daher wird zahnärztlichen Leistungen schon mehr Wert zugeschrieben als anderen ärztlichen Leistungen.

Übrigens: Nicht nur die Preisgestaltung gehört zu den Marketing-Instrumenten in dem Segment „Price", sondern auch die Zahlungsbedingungen. Die Möglichkeit, auf Raten bzw. per EC- oder Kreditkarte zu zahlen, kann für Patienten ein wichtiger Pluspunkt im Praxis-Marketing sein.

Placement Dieser Bereich fokussiert auf die Vertriebs- und Distributionskanäle eines Unternehmens. Es geht also um alle Maßnahmen, die nötig sind, um die Auslieferung der Leistung an die Patienten zu gewährleisten. In Zahnarztpraxen ist das in der Regel kein besonders kompliziertes Schema: Die Patienten kommen in die Praxis, und dort wird die Leistung erbracht. Organisatorische Abweichungen sind zum Beispiel die Kooperation mit einem Zahnlabor, oder wenn eine Leistung etwa nicht von einem Zahnarzt, sondern der Zahnmedizinischen Fachangestellten erbracht wird.

Promotion Die Kategorie „Promotion" beinhaltet die gesamte Kommunikation zwischen der Praxis und bestehenden sowie potentiellen Patienten. Es ist die Aufgabe der Kommunikation, Patienten über die Praxis-Leistungen zu informieren und sie dazu zu bewegen, sie in Anspruch zu nehmen. „Promotion" umfasst eine Reihe von Maßnahmen und Kommunikationsmittel, die Sie sorgfältig danach auswählen sollten, wie Sie welche Zielgruppe ansprechen möchten.

Eine Möglichkeit ist die klassische Schaltung von Anzeigen in Medien. Der Vorteil bei dieser Kommunikationsform ist, dass Sie viele Menschen auf einmal erreichen. Bei lokalen Medien vermeiden Sie Streuverluste, da nur diejenigen das Medium konsumieren, die in Ihrem Einzugsgebiet leben und daher auch potentielle Patienten sind. Der Nachteil hierbei ist, dass Sie sich an eine große, anonyme Masse richten, wobei sich die Patienten nicht persönlich angesprochen fühlen. Anders ist das zum Beispiel beim Direktmarketing. Hierbei können Sie in Form von Briefen oder E-Mails Ihre Patienten personalisiert ansprechen (▶ Kap. 2). Eine Steigerung hiervon ist natürlich die direkte Kommunikation im persönlichen Gespräch. Durch die vertrauliche Atmosphäre wirken Image-Botschaften noch authentischer und verfestigen sich durch die Interaktionsmöglichkeit im Bewusstsein der Patienten. Der gemeinsame Nachteil von Direktmarketing und persönlichen Patientengesprächen ist, dass Sie nur diejenigen erreichen, die bereits in Ihre Praxis kommen bzw. von denen Sie eine E-Mail-Adresse haben.

Um breite Aufmerksamkeit zu erhalten, ist Öffentlichkeitsarbeit (PR) ein wirksames Mittel. Suchen Sie den Weg über Multiplikatoren, zum Beispiel Journalisten, die Ihre Werbebotschaft verbreiten. Mit Presse-Mitteilungen zu interessanten Themen oder Einladungen zu eigenen Veranstaltungen (▶ Kap. 2). Auch Sponsoring, beispielsweise von lokalen Sportveranstaltung oder Gesundheitstagen, ist eine Möglichkeit, um sich bekannt zu machen.

❯❯ Auch der Umgang und die Kommunikation mit Mitarbeitern, Lieferanten, externen Dienstleistern, Nachbarn etc. zählen zu Marketing-Instrumenten. Sie bzw. ihre Angehörigen sind potentielle Patienten. Nutzen Sie also auch hier die Möglichkeit, das Praxis-Image und Ihre Besonderheiten zu transportieren.

Die Auswahl der Marketing-Instrumente richtet sich vor allem nach den Ergebnissen der Ist-Analyse sowie der Marketing-Strategie: Welche Bereiche müssen Sie verbessern, um für die Zielgruppe attraktiv zu sein? Welche Werte möchten Sie bevorzugt kommunizieren? Besonders im Bereich der Kommunikation entscheidet die präferierte Zielgruppe über die Auswahl der Werbemittel. Wenn Sie Werbung in Online-Medien betreiben, dann erreichen Sie eher eine jüngere Patientengruppe. Wenn Sie Ihre Marketing-Maßnahmen planen, sollten Sie auch im Kopf behalten, wie das Budget auf die unterschiedlichen Instrumente aufgeteilt werden soll. Auch hier arbeiten Sie wieder mit Prioritäten: Sondieren Sie, welche Maßnahmen für Ihre Ziele am erfolgversprechendsten sind, und wägen Sie dann Kosten und Nutzen ab.

1.3.5 Marketing-Controlling

Ein wichtiger Schritt bei allen Marketing-Projekten ist das Marketing-Controlling. Hier geht es darum zu kontrollieren, ob die Maßnahmen den gewünschten Erfolg gebracht haben. Überprüfen Sie am Ende des eingeplanten Zeitraums, ob sich Ihre Ziele verwirklicht haben. Schauen Sie, ob sich der Anteil der Privatpatienten erhöht hat, der Umsatz gestiegen ist und wie viele neue Patienten Sie gewinnen konnten. Werfen Sie ebenso einen Blick darauf, wie sich die

Situation in Bezug auf Ihre Mittbewerber verändert hat. Überprüfen Sie zudem Imagefaktoren: Hat sich das neue Praxis-Leitbild in den Köpfen der Patienten festgesetzt? Einstellungen und Eindrücke der Patienten können Sie durch eine kleine Umfrage am Ende Ihres Kontrollzeitraumes erheben. Wenn Sie vor der Umsetzung der Marketing-Maßnahmen eine Patientenbefragung durchgeführt haben, können Sie die gleichen Fragen am Ende noch einmal stellen: Hat sich das Image Ihrer Praxis im Bewusstsein Ihrer Patienten verändert? Sind Patienten zufriedener? Auf diese Weise finden Sie nicht nur heraus, inwieweit sich Ihre Marketing-Ziele erfüllt haben, sondern gewinnen unter Umständen gleich ein paar Ansatzpunkte für zukünftige Projekte.

❯❯ Ein Freitextfeld im Patientenfragebogen lohnt sich. Hier erfahren Sie Dinge, die Sie bei der Erstellung des Konzepts vielleicht gar nicht bedacht hatten. Auch können Sie Lob, positive Bestätigung sowie berechtigte Kritik einfangen und an das Praxis-Team weitergeben – das motiviert alle Beteiligten.

Das Controlling ist jedoch mehr als eine Vorher-Nachher-Analyse der betriebswirtschaftlichen Zahlen: Es ist ein kontinuierlicher Prozess, der alle Marketing-Maßnahmen des Unternehmens begleitet. Wenn Sie also beispielsweise eine Zeitplanung von einem Jahr für Ihr Marketing-Projekt angelegt haben, dann beginnen Sie frühzeitig mit dem Controlling und schauen Sie einmal im Quartal auf den Zwischenstand. Überwachen Sie, ob alle Maßnahmen termingerecht umgesetzt werden, und haben Sie auch ein Auge darauf, ob sie den gewünschten Effekt erzielen. Falls Projekte nicht so laufen wie geplant, können Sie durch frühzeitiges Umdenken und -lenken Zeit und Kosten sparen. Denn auch die sollten Sie stets im Blick behalten. Nicht selten kommt es vor, dass Projekte mehr kosten als anfangs geplant und auf einmal das Budget sprengen.

Grundsätzlich haben Sie Ihr Marketing-Konzept mit Bedacht angefertigt und sollten es nach Möglichkeit auch genauso einhalten. Dennoch gilt es, das Konzept zwischenzeitlich immer mal wieder zu überprüfen. Es könnten nicht nur unvorhergesehene Kosten auftreten, die es zu überdenken gibt, sondern auch andere Dinge, die vorher nicht abzuschätzen waren. Vielleicht lassen sich einige Maßnahmen nicht realisieren, oder es stellt sich heraus, dass der Zeitrahmen nicht realistisch eingeschätzt wurde. Außerdem können sich die politischen und rechtlichen Rahmenbedingungen ändern, die starken Einfluss auf die Marktsituation und Ihren Handlungsspielraum ausüben. Auch innerbetriebliche Veränderungen können Einfluss auf Ihren Marketing-Plan nehmen: Wenn Personalressourcen wegbrechen, können gleichzeitig benötigte Zeit und Know-how verloren gehen. Sollten solche Dinge eintreten, modifizieren Sie Ihr Konzept und passen Sie es den veränderten Gegebenheiten an. Halten Sie jedoch schriftlich fest, dass und vor allem aus welchen Gründen Sie das Konzept verändert haben, damit Sie aus Fehleinschätzungen lernen können.

Hinweise zur Umsetzung des Marketing-Konzepts

Verfolgen Sie Ihr Ziel, aber bleiben Sie flexibel. Zielvorstellungen und Konzept festzusetzen ist wichtig, aber begreifen Sie das Marketing-Konzept nicht als starres Korsett. Wenn Maßnahmen nicht funktionieren, sie nicht den gewünschten Effekt erzielen oder Ihnen neue, gute Möglichkeiten begegnen, dann planen Sie um. Es wäre schade um nicht genutzte Ressourcen oder fehlinvestiertes Geld. Behalten Sie aber auch im Hinterkopf, dass sich Änderungen nicht von heute auf morgen einstellen und es einige Zeit dauern kann, bis Ihr Konzept Früchte trägt.

Als Praxis-Inhaber sind Sie der Chef. Das bedeutet jedoch nicht, dass Sie das gesamte Marketing selbst steuern und umsetzen müssen. Vielleicht hat eine Ihrer Praxis-Assistentinnen besondere Qualifikationen, gute Kommunikationsfähigkeiten oder ein organisatorisches Talent. Dann können Sie sie damit beauftragen, die Marketing-Aktivitäten zu koordinieren und den Erfolg zu kontrollieren. Unterstützen Sie dies mit entsprechenden Fort- und Weiterbildungen. Geben Sie jedoch das Marketing nicht komplett aus Ihren Händen. Lassen Sie sich regelmäßig auf dem Laufenden halten, was Ihre Praxis-Mitarbeiter nach außen kommunizieren. Es wäre doch unangenehm, wenn einer Ihrer Patienten Sie auf den tollen Artikel im praxiseigenen

Weblog anspricht und Sie nicht wissen, worum es geht.

Beziehen Sie das gesamte Team in Ihr Praxis-Marketing ein. Erinnern Sie sich an die Definition von Marketing, die eingangs erwähnt wurde (▶ Abschn. 1.2): Demnach umfasst Marketing alle Praxis-Aktivitäten, die sich an den Wünschen und Bedürfnissen der Patienten orientieren. Das bedeutet, dass alle Teammitglieder, die mit den Patienten in Kontakt stehen, das Praxis-Leitbild und damit die Marketing-Botschaft transportieren. Es genügt daher nicht, sie nur darüber zu informieren, welche Aktionen die Praxis gerade betreibt. Sie müssen das Praxis-Leitbild verinnerlichen und richtig weitervermitteln.

Begreifen Sie Marketing als Chance – und nicht als Verpflichtung. Gelder, die Sie für Marketing-Maßnahmen ausgeben, sind keine verschwendeten Mittel, sondern eine sinnvolle Investition, die die Zukunft Ihrer Praxis sichern kann. Mit einer eigenen positiven Einstellung zu Marketing prägen Sie das gesamte Betriebsklima. Dies ist wichtig, denn je freundlicher und positiver der Umgang unter den Mitarbeitern ist, desto größer wird auch der persönliche Einsatz der Praxis-Angestellten sein, wenn es um die Umsetzung der Marketing-Maßnahmen geht. Und: Wenn die Atmosphäre zwischen Ihnen und dem Personal stimmt, dann färbt sich das auch auf die Patienten ab.

1.4   Corporate Identity

Um sich auf dem Markt zu profilieren, ist es wichtig, einzigartig zu sein. Patienten sollen einen guten Grund haben, in ihre Praxis zu kommen und nicht einen anderen Kollegen auszuwählen. Dies schaffen Sie nicht nur durch ein professionelles Angebot und einen guten Service. Um nicht in der Masse der Anbieter unterzugehen, müssen Sie einen Wiedererkennungswert haben, etwas, zu dem sich die Patienten hingezogen fühlen: Ihre Corporate Identity. Die Corporate Identity (CI) ist die einzigartige Identität eines Unternehmens und der Gesamteindruck, der bei den Kunden bzw. Patienten hinterlassen wird. Die CI betont die Werte, Normen und Visionen Ihrer Praxis. Sie sind besonders wichtig, da Kaufentscheidungen von Kunden grundsätzlich auf Wertvorstellungen basieren. Es gilt also, Ihre Praxis mit Werten zu belegen, die mit denen Ihrer Zielgruppe übereinstimmen – und sie entsprechend zu transportieren.

Zur Entwicklung Ihrer Corporate Identity halten Sie sich an die **VIVA**-Formel nach Weinberg:
- Vision,
- Identität,
- Verhalten,
- Auftritt.

Vision Die Vision Ihrer Praxis zielt auf die Fragen ab: Was wollen Sie in die Welt bzw. auf den Markt bringen? Was möchten Sie verändern? Was treibt Sie an? Hier formulieren Sie die unternehmerische Leitidee: Welchen Nutzen hat Ihre Arbeit für die Gesellschaft? Als Zahnarzt ist es natürlich Ihre Leitidee, Menschen mit Zahn- oder Zahnfleischproblemen zu heilen oder den Kauapparat funktionsfähig und ansehnlich zu erhalten. Versuchen Sie dennoch, Ihre Vision zu konkretisieren: Zum Beispiel wollen Sie Ihren Patienten zu einem strahlenden Lächeln verhelfen – auf möglichst schmerzfreie Weise.

Identität Die Identität ist bestimmt durch die Werte, die Ihre Praxis leiten. Hier geht es um die innere Haltung, Einstellungen und Leitsätze. Formulieren Sie Leitsätze, nach denen Sie Ihr Praxis-Leitbild ausrichten. Diese Leitsätze sind Statements, die bestimmen, wie Sie zum Beispiel mit Mitarbeitern, Kunden, Hierarchien, Innovationen, Rechnungen oder Beschwerden umgehen wollen. Als Beispiel können Sie Ihre Einstellung zu Marketing als Glaubenssatz definieren: „Wir sehen in Marketing eine Chance, die Zukunft der Praxis zu sichern."

Verhalten Das Verhalten beschreibt die Art und Weise, wie Sie in oder mit der Praxis agieren wollen. Hierzu gehören die konkreten Taten: Wie verhält sich die Praxis bezüglich Preisfestlegung, Mitarbeiterführung, Organisation etc.? Sie entscheiden, ob Sie eher an bürokratischen Strukturen festhalten oder flache Hierarchien etablieren wollen. Wenn hochwertige Qualitätsware zu Ihrem Leitbild gehört, dann muss sich das auch in Ihrem Verhalten und bei der Preisfindung widerspiegeln.

Auftritt Wenn Sie Vision, Identität und Verhalten etabliert haben, dann müssen Sie für einen Außenauftritt sorgen, der zu Ihrer Praxis passt. Die Außendarstellung ist ein wichtiger Punkt. Denn hier geht es darum, Interesse zu wecken, Ihren Patienten die Corporate Identity nahe zu bringen und Vertrauen aufzubauen. So passen beispielsweise eine sterile Atmosphäre und eine edle Möblierung nicht zu einer Kinder-Zahnarztpraxis.

Anhand der VIVA-Formel können Sie leichter Unternehmensentscheidungen treffen. Sie können überprüfen, ob eine Entscheidung unter diesen vier Gesichtspunkten mit der CI Ihrer Praxis einhergeht. Wichtig ist dabei, dass alles in sich stimmig und einheitlich ist. So darf also kein Außenauftritt mit Unternehmensleitsätzen, dem Verhalten oder der Praxis-Vision im Widerspruch stehen. Wenn zum Beispiel „Kinderfreundlichkeit" zu Ihren Leitsätzen gehört, dann müssen Sie natürlich freundlich zu Kindern sein, eine Spielecke und einen Wickelraum anbieten. Um ein rundum stimmiges Bild abzugeben, gehört es in diesem Fall aber auch dazu, beispielsweise familienfreundliche Arbeitszeiten einzurichten.

Vielleicht ahnen Sie es schon: Corporate Identity ist kein Gemälde, das einmal gemalt wird und dann aufgehängt werden kann. CI ist ein stetiger Prozess, der nie abgeschlossen ist. Die Unternehmensidentität wird immer wieder auf die Probe gestellt und muss sich neu erfinden. Doch wie ein Gemälde aus verschiedenen Farben besteht, setzt sich das Konzept Corporate Identity aus verschiedenen Elementen zusammen, die das Praxis-Leitbild nach außen tragen. Die wichtigsten sind im Folgenden aufgeführt.

1.4.1 Corporate Design

Ein besonders signifikantes CI-Element ist das Corporate Design (CD). Häufig wird CD sogar mit der Corporate Identity gleichgesetzt, weil es das Element ist, das den stärksten Wiedererkennungswert hat. Das Corporate Design vertritt alle visuellen Botschaften, die ein Unternehmen aussendet, und sorgt für einen einheitlichen graphischen Außenauftritt. Ziel des CD ist es, die Unternehmenswerte auf Zeichen, Farben und Schriftzüge zu übertragen.

1

Das Praxis-Logo ist sicher das wichtigste Element des Corporate Designs. Denken Sie an die Logos von bekannten Marken, wie der Haken von Nike oder die Welle im Schriftzug von Coca-Cola. Sie haben einen sehr starken internationalen Wiedererkennungswert. Aber auch im Gesundheitsbereich werden starke Symbole benutzt, beispielsweise der Asklepios-Stab in einem Kreis und Dreieck, wie bei den Asklepios-Kliniken, oder das Sechseck im Logo von Roche. Das Praxis-Logo ist ein bedeutender Schritt zur Markenbildung. Es lohnt sich also, einen Teil des Budgets in die professionelle Gestaltung des Logos zu investieren. Welche Eigenschaften ein gutes Logo haben sollte, sehen Sie in der folgenden Übersicht. Durch optische Symbole, wie das Praxis-Logo, können Sie die Persönlichkeit Ihrer Praxis visuell darstellen und sich damit gleichzeitig deutlich von Ihren Mitbewerbern abgrenzen. Überlegen Sie, mit welchen Eigenschaften Sie sich profilieren möchten: beispielsweise klassisch/seriös, jung/frisch oder modern/innovativ.

Ein besonderer Eyecatcher ist auch die Hausfarbe. Als Hausfarbe wird die unternehmenstypische Farbe bezeichnet, die im besonderen Maße dazu geeignet ist, einen Wiedererkennungswert zu schaffen. Bekannte Beispiele sind das Gelb der Deutschen Post oder das Magenta der Telekom. Einen solchen Effekt zu erzielen erfordert natürlich, dass sich die Marke schon sehr stark etabliert hat. Außerdem läuft man immer Gefahr, dass man mit einem ähnlichen Farbton nicht Assoziationen an die eigene Praxis, sondern an das Fremdunternehmen hervorruft.

Farben sind im besonderen Maße dazu geeignet, Werte zu transportieren. Farbpsychologische Untersuchungen zeigen, dass zum Beispiel transparente Farbtöne Vertrauen, Offenheit und Ehrlichkeit vermitteln. Es gibt noch weitere Assoziationen: Gold steht allgemein für Exklusivität, wohingegen Silber eher technisch und modern wirkt. Grün wirkt erfrischend und regenerierend, Blau kühl und klar. Rot gilt als aktiv und dynamisch, Orange als strahlend und Violett als geheimnisvoll. Besonders im medizinischen Bereich wird die Farbe Weiß mit hygienisch und rein assoziiert und ist daher immer ein wichtiger Grundton.

Die Hausfarbe und das Praxis-Logo sind wichtige graphische Merkmale, die sich auch auf Ihren Kommunikationsmaterialien widerspiegeln sollten: Briefpapier, Terminzettel, Praxis-Schild, Visitenkarten, aber natürlich auch auf Ihrer Praxis-Website. Setzen Sie ebenfalls bei der Inneneinrichtung mit den Praxis-Farben geschickte Akzente.

1.4.2 Corporate Fashion

Ein einheitlicher Kleidungsstil des Praxis-Teams ist ein zusätzliches Zeichen des gemeinsamen Auftritts. Die markenkonforme Gestaltung der Arbeitskleidung wird als Corporate Fashion (CF) bezeichnet. In Zahnarztpraxen ist es zwar üblich, Weiß zu tragen, jedoch können Sie auch hier mit einigen gezielten Akzenten die Corporate Identity über die Kleidung vermitteln: zum Beispiel, indem Sie das Praxis-Logo auf die Kittel aufdrucken oder verschiedene Accessoires wie Halstücher in Ihrer Praxis-Farbe tragen. Namensschilder an der Kleidung der Mitarbeiter – oder sogar farblich in der Praxis-Farbe samt Logo eingestickt – wirken sehr persönlich. Zusätzliche Funktionsbeschreibungen bzw. Zuständigkeitsbereiche, wie Empfang oder Labor, dienen Patienten zur Orientierung und sind daher zu empfehlen. Jedoch sollten Ihre Mitarbeiter nicht wie Zinnsoldaten wirken, sondern jeweils eine individuelle Note in ihrem Kleidungsstil präsentieren können. Bieten Sie daher verschiedene Kleidungsstücke zur Auswahl, etwa Bluse oder Polo-Shirt, die mit eigenen Hosen oder Röcken kombiniert werden können. So kann jeder nach seinen persönlichen Vorlieben auswählen. Die Mitarbeiter fühlen sich wohl und wirken damit authentisch.

1.4.3 Corporate Behaviour

Beim Corporate Behaviour geht es um das Verhalten von Ihnen und Ihren Mitarbeitern im Praxis-Alltag. Es beinhaltet das gesamte Auftreten Ihrer Praxis – nach innen und nach außen – und manifestiert sich in Verhaltensregeln. Ein einheitliches Auftreten bedeutet, dass Sie schlüssig, widerspruchslos und in Einklang mit dem Praxis-Leitbild handeln. Elemente von Corporate Behaviour sind

nach Schmidt (2005) das Handeln des Unternehmens gegenüber

- Mitarbeitern,
- Marktpartnern,
- Kapitalgebern,
- Öffentlichkeit.

Mitarbeiter Corporate Behaviour bezieht sich im Zusammenhang mit Mitarbeitern beispielsweise auf den Führungsstil, auf die Chancen zu Weiterbildung, Lohnzahlungen, den Umgangston, grundsätzliche Kompromissbereitschaft oder Motivation. Der Umgang mit den Mitarbeitern zählt zu dem internen Bereich des Corporate Behaviours, also zu dem, was innerhalb des Unternehmens geschieht. Für eine erfolgreiche Praxis-Führung ist es wichtig, dass das interne CB mit dem nach außen getragenen CB übereinstimmt. Ein Bruch zwischen innen und außen liegt vor, wenn eine Lücke entsteht zwischen dem, was nach außen kommuniziert wird, und dem tatsächlichen Verhalten. Ein Beispiel: Einer Praxis-Mitarbeiterin wird beim Bewerbungsgespräch vermittelt, dass die Praxis ein familienfreundliches Unternehmen ist. Tatsächlich wird ihr aber keine Möglichkeit gegeben, in Teilzeit zu arbeiten oder Schichten zu tauschen.

Marktpartner Zu dem Verhalten gegenüber Marktpartnern zählt zum Beispiel, wie Sie sich gegenüber Kunden verhalten, wie Sie Angebote unterbreiten, Preispolitik betreiben, aber auch das Verhalten im persönlichen Kontakt oder am Telefon. Auch hier gilt: Halten Sie, was Sie versprechen. Wollen Sie als serviceorientiert gelten, dann müssen Sie sich besonders hilfsbereit verhalten oder beispielsweise Abendsprechzeiten anbieten und dürfen nicht alle Ihre Leistungen nur an die Abgabe des Versicherungskärtchens koppeln.

Kapitalgeber Das Verhalten gegenüber Kapitalgebern bezieht sich in der Regel auf den Umgang mit Aktionären. Für Zahnarztpraxen, die in der Regel nicht als AG geführt werden, ist dieser Teil des Modells daher weniger relevant.

Öffentlichkeit Hierzu gehört beispielsweise das Verhalten gegenüber Medien. Seien Sie auskunftsfreudig, offen und kooperativ, und halten Sie auch

1

hier, was Sie versprechen. (Tipps zum Umgang mit Journalisten finden Sie in ▶ Kap. 2.)

1.4.4 Corporate Communication

Corporate Communication (CC) umfasst sämtliche kommunikativen Maßnahmen und Instrumente, die die Praxis und das Praxis-Leitbild nach außen präsentieren. Das bezieht sich sowohl auf den schriftlichen Verkehr als auch auf den persönlichen Kontakt. Ein wesentlicher Faktor bei der CC ist die Corporate Language, die Unternehmenssprache. Sie bietet der Praxis eine Möglichkeit, sich gezielt von anderen abzuheben und die persönliche Note zu unterstreichen. Ihre Corporate Language sollte in erster Linie klar und verständlich sein und möglichst wenige Fachwörter verwenden, damit Sie den Patienten auf Augenhöhe begegnen können. Außerdem braucht die Unternehmenssprache einen einheitlichen, individuellen Ton. Auch hier richten Sie sich nach den Bedürfnissen der Zielgruppe: Was erwarten die Patienten von Ihnen? Überlegen Sie, ob Ihre Sprache eher sachlich, nüchtern oder emotional sein sollte. Bedenken Sie: Nur die wenigsten Menschen gehen wirklich gerne zum Zahnarzt. Denn viele assoziieren mit der Umgebung unheilvolle Geräusche, unangenehme und schmerzvolle Behandlungen. Umso wichtiger ist es, dass Sie eine Umgebung schaffen, in der sich die Patienten wohlfühlen. Eine warme, verständnisvolle Sprache ist daher zu empfehlen.

Halten Sie außerdem in einer Liste „gute Wörter" und „schlechte Wörter" fest. Ein Beispiel: Denken Sie jetzt auf keinen Fall an einen rosa Elefanten. Welches Bild hatten Sie gerade im Kopf? Sicher das eines rosa Elefanten. Das menschliche Gehirn neigt dazu, Sprache in Bilder umzuwandeln – auch wenn dieses Bild negiert wird. Wenn Sie also eine Behandlung als schmerzarm deklarieren, dann hören die Patienten trotzdem das unangenehme Wort Schmerz. Eine Behandlung, die sanft ist, bezeichnet inhaltlich das Gleiche, klingt aber eben sanfter.

Je einheitlicher Sie und Ihr Praxis-Team kommunizieren, desto besser können Sie Ihr Unternehmensleitbild transportieren. Legen Sie also fest, wie Patienten in Ihrer Praxis angesprochen werden und auch, wie sich Ihre Mitarbeiter am Telefon melden.

Sie können hierfür einen Gesprächsleitfaden mit Textbausteinen entwickeln. Der sollte allerdings nicht statisch eingehalten werden, weil die Gespräche sonst künstlich wirken.

Behalten Sie auch in Ihren schriftlichen Korrespondenzen Ihren Kommunikationsstil bei: in Werbematerialien, Broschüren sowie bei der weiteren Öffentlichkeitsarbeit. Das Praxis-Leitbild transportieren Sie nur authentisch, wenn es einheitlich kommuniziert wird. Wenn Sie also eine warme, lockere Praxis-Sprache gewählt haben, dann formulieren Sie auch Patientenbriefe nicht kühl und distanziert. Für Ihr Online-Marketing befolgen Sie die Richtlinien Ihrer Corporate Communication auch im Internet: Sprechen Sie online mit Ihren Patienten genau so, als würden Sie Ihnen persönlich gegenüberstehen. Beachten Sie aber, dass die Sprache in Sozialen Netzwerken, wie Facebook, grundsätzlich lockerer ist als in formalen Briefen.

Sowohl bei der CC als auch bei allen anderen Faktoren der Corporate Identity gilt: Das Wichtigste ist die Einheitlichkeit. Nur wenn alle Faktoren stimmig sind und zueinander passen, kann ein überzeugendes, harmonisches Praxis-Bild entstehen, dem die Patienten vertrauen.

Interview mit Prof. Dr. Günter Neubauer, Direktor des IfG (Institut für Gesundheitsökonomik) und Vorstand von Health Care Bayern e. V.

Wie hat sich die Marktsituation für niedergelassene Ärzte verändert?

„Die niedergelassenen Ärzte sind im Klammergriff von einerseits eines zunehmenden, demographiebedingten Behandlungsbedarfs und andererseits einer staatlich regulierten, zentralisierten Vergütungsbürokratie. Dies macht die ärztliche Berufsausübung, nicht aber das Medizinstudium selbst zunehmend unattraktiv. Die Konkurrenzsituation im ambulanten Sektor weist ein deutliches Stadt-Land-Gefälle auf. In den Großstädten konzentrieren sich die Fachärzte in den Praxen und in den Krankenhäusern. Die zunehmende Ambulantisierung von Krankenhausleistungen verstärkt einerseits die Marktposition der niedergelassenen Fachärzte, erhöht aber andererseits auch den Druck der Krankenhäuser in die ambulante Versorgung."

Welche Zielgruppe wird in Zukunft für Ärzte eine wichtige Rolle spielen?

„Unter den heutigen Bedingungen sind für alle Vertragsärzte vor allem die Privatpatienten eine betriebswirtschaftlich wichtige Zielgruppe. Aufgrund der besseren Vergütung geben Privatpatienten der Arztpraxis eine höhere betriebswirtschaftliche Sicherheit. Sie geben ihr aber auch ein gewisses Prestige, das sich auch auf die Attraktivität gegenüber Kassenpatienten positiv auswirken kann."

Warum müssen Zahnärzte verstärkt Marketing betreiben?

„Verstärktes Marketing ist für alle Zahnärzte erforderlich, die in einem wettbewerbsintensiven regionalen Versorgungsgebiet tätig sind. In Ballungsräumen geht es darum, sich generell um einen Patientenstamm zu bemühen, der eine langfristige Auslastung der Praxis gewährleistet."

Welche Möglichkeiten bietet das Internet als Marketing-Instrument für Zahnärzte?

„Die allgemeine Digitalisierung der Kommunikationswege macht auch vor den Zahnarztpraxen nicht halt. So wie wir heute in der Wirtschaft schon beobachten können, dass immer mehr Unternehmen ihre Marketing- und Kommunikationsstrategie über das Internet intensivieren, kommt dieser Trend – wenn auch zeitverzögert – auch bei den Zahnärzten an. Es gilt, dass für den Landzahnarzt mit vornehmlich älteren Patienten das internetbasierte Marketing eine geringere Rolle spielt als für die Kollegen in Ballungsgebieten, die um jüngere Patienten werben wollen. In jedem Fall ist es für alle Zahnärzte wichtig, diese Entwicklung zu beobachten, um nicht den Umstieg bzw. den richtigen Mix ihrer Marketing-Aktivitäten zu versäumen."

Was erwarten Patienten heute von ihren Zahnärzten?

„Patienten stellen in Deutschland generell ihren Ärzten ein hervorragendes Zeugnis aus, obwohl sie von der Gesundheitsversorgung im Ganzen eine weniger positive Meinung haben. Das bedeutet aber, dass insbesondere jüngere und mobile Patienten von ihrem Zahnarzt erwarten, dass er ihnen genügend Informationen und Leistungen anbietet, die dieses hohe Vertrauen rechtfertigen. Hierzu zählen Informationen über die Fachausstattung, die Spezialisierung sowie die Zusammenarbeit mit Fachkollegen. Bei den Leistungen selbst erwarten Patienten, dass der Zahnarzt sich persönlich Zeit nimmt, um so dem Patienten das Gefühl zu vermitteln, dass er als Mensch und nicht als Abrechnungsziffer wahrgenommen wird. Zahnärzte, denen dies gelingt, werden sich auch in wettbewerbsintensiven Regionen durchsetzen."

Welche Erwartungen werden Patienten in Zukunft an Zahnärzte stellen?

„Patienten werden sich in Zukunft vermehrt bei der Suche nach einem Arzt über das Internet vorab informieren wollen. Das gilt wahrscheinlich noch stärker für Zahnärzte, da sich hier Patienten eher eine eigene Beurteilung zutrauen als bei anderen Fachgebieten. Zahnbehandlung ist aus Sicht der Patienten eine Erfahrungsleistung, während die Behandlung von akuten Erkrankungen vor allen Dingen eine Vertrauensleistung ist.

Patienten werden sich außerdem vermehrt in Sozialen Netzwerken über ihre Erfahrungen mit einzelnen Zahnärzten austauschen. So werden in einem viel größeren Umfang als heute über Zahnärzte bestimmte Meinungen kursieren, die es aus Sicht der Zahnärzte zu ,controllen' gilt. Controlling unterscheidet sich von Kontrolle dadurch, dass das Augenmerk auf Steuern und weniger auf Kontrollieren gerichtet ist. Patienten erwarten, dass Zahnärzte bereit sind, in solchen Sozialen Netzwerken mitzuwirken und auf mittlere Sicht digitale Diagnose- und Therapieempfehlungen an ihre Patienten zu vermitteln."

Klassisches Marketing und das Internet

Alexandra Köhler

A. Köhler, M. Gründer, *Online-Marketing für die erfolgreiche Zahnarztpraxis*,
Erfolgskonzepte Zahnarztpraxis & Management,
DOI 10.1007/978-3-662-48573-6_2, © Springer-Verlag Berlin Heidelberg 2016

Es gibt verschiedene Mittel, um auf seine Praxis und die entsprechenden Schwerpunkte und Leistungen aufmerksam zu machen. Das gängigste ist die Praxis-Website. Das bestätigt auch die Studienreihe „Ärzte im Zukunftsmarkt Gesundheit 2015": Die Internetpräsenz – dazu zählen die Website, aber auch die Teilnahme an Online-Suchverzeichnissen – ist für die befragten Ärzte mit 68 Prozent die wichtigste Marketing-Maßnahme. Was eine gute Praxis-Website an Inhalt, Gestaltung und Usability mitbringen muss und wie man Suchmaschinenoptimierung erfolgreich nutzt, um von neuen Patienten gefunden zu werden, erfahren Sie in den nachfolgenden Kapiteln. Nun geht es erst einmal um klassische Marketing-Instrumente: um die Basics, und wie sie sich ebenfalls ins Internet integrieren und mit den neuen Social-Media-Marketing-Maßnahmen kombinieren lassen – vom Eintrag in Arzt-Suchverzeichnisse über Presse-Informationen, die per E-Mail, Twitter und Facebook verbreitet werden, bis hin zum Praxis-Imagefilm bei YouTube.

2.1   Patientennavigation über Arzt-Suchverzeichnisse

Branchenbücher verstauben immer mehr in den privaten Bücherregalen. Bereits im Jahr 2008 stellte das Marktforschungsunternehmen GfK das schleichende Versinken des klassischen Telefonbuchs in die Bedeutungslosigkeit fest. Denn zwei Drittel der Befragten bevorzugen das Internet für die Arztsuche. Demnach ist es durchaus sinnvoll, sich in den führenden Online-Verzeichnissen einzutragen. Das kostet wenig Aufwand – es kann in Abstimmung mit Ihnen eine ZFA übernehmen – und für einen Grundeintrag mit Kontaktdaten in der Regel kein Geld. Auch für detailliertere, praxisspezifische Angaben mit Fotos sind die Preise im Vergleich zu Anzeigen in manchen Branchenbüchern oder in lokalen Zeitungen gering.

Grundeintrag – Der Begriff „Grundeintrag" stammt aus dem ärztlichen Berufsrecht und meint Titel, Name, Fachdisziplin und Adresse. Ursprünglich war vorgeschrieben, dass der Grundeintrag – insbesondere in klassischen Telefon-/Branchenbüchern – jedem Arzt kostenlos offenstehen muss.

Standardeintrag – Im Gegensatz dazu ist der „Standardeintrag" eine Erfindung der Anbieterseite ohne feste Definition. Hierbei wird oftmals erst in den Angeboten oder sogar im Kleingedruckten ein kostenmäßiger Unterschied erklärt.

Lesen Sie daher Angebote ganz genau durch. Wer steckt hinter dem Angebot? Was ist gratis, und welche Leistung kostet wie viel? Wird Ihnen bei einem Verzeichniseintrag über den Grundeintrag hinaus ein deutlicher Mehrwert geboten, wie zum Beispiel die Angabe der Spezialisierung oder die Möglichkeit, Praxis-Bilder hochzuladen, ist eine Gebühr in Ordnung. Ansonsten nehmen Sie lieber Abstand vom Angebot (▶ „Checkliste: Wie seriös ist das Angebot?").

Indem Sie über Ihre Kontaktdaten hinaus Therapieschwerpunkte, Zusatzbezeichnungen und weitere Praxis-Besonderheiten und Services angeben, unterscheiden Sie sich von Ihren Kollegen in der näheren Umgebung. Das kann der ausschlaggebende Grund sein, warum sich ein neuer Patient für Sie entscheidet. In jedem Fall sollten Sie Basis-Informationen, wie Öffnungszeiten und eine Anfahrtsbeschreibung benennen. Schließlich wollen Patienten wissen, ob Ihre Praxis gut mit öffentlichen Verkehrsmitteln zu erreichen ist, ob Parkplätze vorhanden sind oder ob auch Rollstuhlfahrer problemlos zu Ihnen kommen können. Wenn Sie oder ein Mitarbeiter auch Gebärden- oder eine Fremdsprache beherrschen, geben Sie das unbedingt mit an. Mittlerweile können Mediziner auch Fotos der Praxis-Räume, der Mitarbeiter oder von ihnen selbst sowie komplette Imagefilme in das Suchportal einstellen (▶ Abschn. 2.2). Patienten haben so die Möglichkeit, sich schon vor dem ersten Besuch ein Bild zu machen.

Womit können Sie noch trumpfen? Bieten Sie zum Beispiel einen besonderen Patientenservice an, wie etwa Abend- oder Wochenendsprechstunden, Hausbesuche oder Services im Wartezimmer, beispielsweise Getränke, eine Kinderspielecke oder Wartezimmer-TV? Garantieren Sie vielleicht Wartezeiten bis 15 oder 30 Minuten? Gibt es die Möglichkeit, Termine unabhängig von Ihren Sprechzeiten online zu vereinbaren oder erinnern Sie per SMS an Vorsorge- und bestehende Termine? Welche Individuellen Gesundheitsleistungen (Selbstzahler) haben Sie im Angebot? Welches Qualitätsmanagementsystem ist implementiert? Solange es Ihnen sinnvoll erscheint, nutzen Sie die gesamte Angebotspalette von

Checkliste: Wie seriös ist das Angebot?

- Ist das Verzeichnis tatsächlich verfügbar?
- Wenn der Firmensitz im Ausland liegt, beispielsweise auf den Seychellen oder in Rumänien, sollten Sie hellhörig werden!
- Ist ein korrektes Impressum vorhanden? (▶ Kap. 3)
- Hat es ausreichend viele Inhalte bzw. stimmt die Anzahl mit der Angabe der Betreiber in etwa überein?
- Wie weit ist das Verzeichnis verbreitet? Positiv zu werten ist es, wenn andere Portale und beispielsweise Kranken-versicherungen für dieses Verzeichnis zur Nutzung entschieden haben.
- Hat das Angebot seriöse Partner?
- Spricht das Verzeichnis die gewünschte Patientenschaft an?
- Sind Artikel und Werbung im Umfeld des Verzeichnisses seriös oder boulevardesk?
- Führt das Angebot im Internet womöglich in wenigen Klicks zu zweifelhaften Angeboten?
- Sind Patienten dienliche Informationen enthalten (Therapieschwerpunkte, Telefon, Fax, E-Mail, Sprechzeiten, Anfahrt sowie Angaben zur Barrierefreiheit der Praxis)?
- Datenschutz: Sind die Adressdaten im Netz gegen automatisiertes Abgreifen von Spammern usw. geschützt?
- Wirbt der Verzeichnisbetreiber womöglich sogar eine Seite weiter mit dem Verkauf Ihrer Adresse (Adress-Broking)?
- Sind kostenlose und kostenpflichtige Bestandteile klar gekennzeichnet?
- Bei kostenpflichtigem Angebot: Ist das Preis-Leistungs-Verhältnis plausibel?
- Wie lang ist die Vertragsbindung bzw. Kündigungsfrist?

möglichen Angaben, die Sie machen können, voll aus – umso besser werden Sie von neuen Patienten oder gar Patientengruppen gefunden.

Übersicht Arzt-Suchverzeichnisse

- ▶ www.abfragen.de
- ▶ www.aerzte-im-netz.de
- ▶ www.aok-arztnavi.de
- ▶ www.arzt-atlas.de
- ▶ www.arzt-auskunft.de
- ▶ www.arztdatei.de
- ▶ www.deutsche-medizinerauskunft.de
- ▶ www.d-medico.de
- ▶ www.docinsider.de
- ▶ www.esando.de
- ▶ www.imedo.de
- ▶ www.jameda.de
- ▶ www.medfuehrer.de
- ▶ www.med-kolleg.de
- ▶ www.praxisportal.de
- ▶ www.qaulimedic.de
- ▶ www.sanego.de
- ▶ www.vdek-arztlotse.de
- ▶ www.weisse-liste.de

Neben privaten Betreibern bieten auch die Kassen-zahnärztlichen Vereinigungen (KZVen) regionale Arztsuchen im Internet an. Jede KV eines Bundes-landes hat dabei ihre eigene Arztsuche. Der Nach-teil: Wer in Zwickau einen Zahnarzt auf der Web-site der KZV Sachsen sucht, bekommt mögliche Treffer aus Gera nicht angezeigt. Das ist zwar nahe gelegen, aber eben in Thüringen. Um die Ärzte aus Gera einzusehen, müssen Patienten auf der Seite der KZV Thüringen suchen.

Die Fülle an Angeboten erschwert Ihnen zu-nächst einmal die Entscheidung, in welches Such-verzeichnis Sie sich überhaupt eintragen sollen. Nicht jeder Anbieter hält, was er verspricht – entwe-der stimmt die Qualität und Aktualität der Einträge nicht, oftmals auch nicht die Angabe der Anzahl der aufgelisteten Adressen. Ein Gütekriterium für das Verzeichnis ist der Grad der Verbreitung: Finden Sie das Verzeichnis beispielsweise mehrfach im Internet, wie etwa eingebunden in führenden Ge-sundheitsportalen (▶ Kap. 5), oder nutzen es Kran-kenkassen auf ihrer Website oder sogar ebenfalls deren medizinische Call-Center-Agents für die Pa-tientennavigation, wie es zum Beispiel bei der Arzt-Auskunft und Arzt-Auskunft Professional der Stif-tung Gesundheit der Fall ist? Die Vorab-Recherche kann gut eine Ihrer ZFA übernehmen. Entscheiden Sie sich dann für zwei, drei Verzeichnisse, in die Sie sich mit den gewünschten Kriterien eintragen lassen können und die Ihren Vorstellungen von Güte und Usability entsprechen.

Für Patienten ist es neben den vielfältigen Informationen zu Zahnarzt und Praxis wichtig, dass sie sich schnell und einfach auf der Portalseite zurechtfinden. Dabei sollte die graphische Gestaltung ansprechend und übersichtlich sein, die inhaltliche Substanz klar strukturiert und laiengerecht sowie bundesweit verfügbar. Positiv ist es auch, wenn das Portal unabhängig von Interessen einzelner Firmen oder Verbänden ist.

2.1.1 Dubiose Eintragsofferten

Zu allererst sei gesagt: Falls Sie ungerechtfertigte Rechnungen für nicht-zuordenbare Verzeichniseinträge erhalten, sollten Sie auf keinen Fall bezahlen. Machen Sie darauf auch Ihre Mitarbeiter aufmerksam. Über Rechnungen hinaus werden hin und wieder – manchmal auch als richtige Welle – dubiose Angebote per Brief, Fax oder E-Mail an Ärzte verschickt, sich in Adress-Verzeichnisse einzutragen – bei E-Mails etwa mit einem dubiosen Angebot und der falschen Behauptung, der Empfänger hätte bereits per Opt-In zugestimmt, das heißt, der Zahnarzt hätte zuvor den E-Mail-Versand gestattet.

Manchmal lehnen sich offenbar unseriöse Anbieter in der Aufmachung an etablierte Marken an, etwa durch die Kombination bestehender Internet-Adressen mit der Endung „.net" oder Zusätze wie „-online", „-Deutsche-" usw. Vorliegende Angebote enthalten manchmal auch keine sinnhafte Leistung, und die oft hohen Entgelte stecken im Kleingedruckten.

Bei einer neueren Masche machen Unternehmen mit Sitz im Ausland Zahnärzten unseriöse Offerten mit Einträgen in vermeintlichen Suchportalen. Die Anschreiben erwecken den Eindruck, es bestünde bereits eine Geschäftsbeziehung. In den Vereinbarungen ist festgeschrieben, dass ausländisches Recht gelte. Damit werden die Betrugsopfer in Unsicherheit versetzt, ob ein eventueller Zahlungsanspruch nach diesem fremden Recht in Deutschland durchzusetzen ist. Vorsicht ist besser als Nachsicht: Prüfen Sie Angebote genau und unterschreiben Sie nicht leichtfertig. Sollte das dennoch passiert sein, empfiehlt der Verein „Medizinrechtsanwälte e. V." auch bei „Auslandsbeteiligung" nicht zu bezahlen und gegebenenfalls Anzeige zu

erstatten. Gerade im EU-Ausland gelten ähnliche Rechtsgrundsätze wie in Deutschland. Hier gebe es klare Kriterien, wann ein Angebot als betrügerisch gilt. Steht der Preis erst im Kleingedruckten und vermittelt das Angebot den falschen Eindruck, es bestünde bereits eine Geschäftsbeziehung, kommt kein Vertrag zustande. Das Geld zurückzuerhalten ist eher beschwerlich.

Eye Catcher

Die gemeinnützige Stiftung Gesundheit aus Hamburg hat mit dem Verein der Medizinrechtsanwälte, Lübeck, in der Vergangenheit die Versender unseriöser Eintrags-Offerten erfolgreich verklagt und zugunsten von rund 500 Ärzten die Erstattung von unrechtmäßig erhobenen Gebühren gerichtlich durchgesetzt.

2.2 Visuelle Marketing-Maßnahmen

Der Mensch ist ein visuelles Wesen. Sobald wir Bilder sehen, bilden wir uns eine Meinung und verbinden meistens Gefühle mit dem Gesehenen. Schauen wir uns beispielsweise ein Foto vom Meer an, verknüpfen das Viele mit Erholung, Strand und Urlaub – außer wenn man wasserscheu ist. Auch etliche Entscheidungen werden über das Auge getroffen: beim Einkaufen von Kleidung, bei der Auswahl von Essen oder bei der Suche nach einem Urlaubshotel. Sprechen die Bilder uns an, entscheiden wir uns dafür, im umgekehrten Fall dagegen.

2.2.1 Praxis-Bilder

Ähnlich funktioniert das bei Patienten, die auf der Suche nach einem neuem Zahnarzt sind. Wenn Patienten die Möglichkeit haben, sich vorher ein Bild von Ihnen und Ihrer Praxis über die Website oder einen Flyer anzusehen, tun sie es. Laut einer Umfrage unter 2300 Besuchern einiger ärztlicher Gesundheitsseiten informieren sich 63 Prozent vor einem Arztbesuch über die Praxis und finden eine Praxis-Website dementsprechend bedeutsam. Für Patienten sind Angaben zu Praxis-Schwerpunkten

Checkliste: Wie sehen gute Praxis-Fotos aus?

- Verwenden Sie keine privaten Urlaubsbilder – Sie wollen schließlich professionell wirken.
- Das Bild braucht eine gute Qualität. Investieren Sie lieber in einen Fotografen, bevor Sie selbst versuchen, Ihre Praxis in ein Fotostudio umzuwandeln. Zudem sind eine professionelle Kamera sowie eine gute Belichtung notwendig.
- Das Bild sollte möglichst klare Konturen und wenig Motivelemente aufweisen – weniger ist oftmals mehr.
- Lassen Sie Einzelbilder von sich und Ihren Mitarbeitern sowie ein Gruppenfoto machen. Benennen Sie die abgebildeten Personen mit vollem Namen und Funktion.
- Fotografieren Sie zudem den Eingangsbereich, das Wartezimmer und Behandlungsräume. Dafür sollten Sie vorher natürlich Stühle geraderücken, Zeitschriften ordentlich stapeln und für etwas Farbe im Bild eine Vase mit einem frischen Blumenstrauß hinstellen.
- Unbedingt müssen die Bildrechte geklärt sein, damit es im Nachhinein nicht zu teuren Geldforderungen kommt: Hat der Fotograf der Veröffentlichung zugestimmt? Und sind die Personen auf den Fotos, also Ihre Praxis-Mitarbeiter oder Patienten, die sich als Statisten im Wartezimmer haben fotografieren lassen, mit der Publikation einverstanden?

Hinweis: Da es sich hier um Imagewerbung für den Zahnarzt handelt, ist dies mit dem Heilmittelwerbegesetz (HWG) vereinbar, und Zahnärzte dürfen sich in ihrer Berufskleidung (sprich: im weißen Kittel) fotografieren lassen. Für Produktwerbung ist das nicht gestattet. Dennoch kann es bei Bildern in Berufskleidung zu Abmahnungen kommen. Sie können dies umgehen, indem Sie auf den Fotos beispielsweise ein weißes Oberhemd bzw. eine weiße Bluse statt eines weißen Kittels tragen. Der Eindruck ist gleich, aber Sie vermeiden unnötige Auseinandersetzungen.

und Leistungsspektrum (jeweils 72 Prozent) wichtig sowie ein Porträt des Arztes (53 Prozent). Informationen zum Praxis-Team wünschen sich 39 Prozent und zu den Räumlichkeiten 24 Prozent. Nutzen Sie also die Chance, mit guten Fotos sich, Ihre Praxis und das Team ins rechte Licht zu rücken und damit neue Patienten zu gewinnen.

Zahnärzte müssen Patienten sympathisch sein, damit überhaupt ein Vertrauensverhältnis aufgebaut werden kann und Patienten sich öffnen können. Ob Sie nun einem neuen Patienten gefallen, wird er zunächst einmal entscheiden, sobald er ein Foto von Ihnen gesehen hat. Natürlich kann sich diese Meinung nach dem ersten persönlichen Treffen auch wieder ändern. Aber vergeben Sie die Chance nicht schon vorher, indem Sie auf dem Foto grimmig blicken oder weil Ihre Praxis aufgrund schlechter Ausleuchtung beim Fotografieren eher dunkel und somit schmuddelig wirkt. Beherzigen Sie daher einige Tipps (▶ „Checkliste: Wie sehen gute Praxis-Fotos aus?").

2.2.2 Praxis-Imagefilm

Noch mehr als ein Foto wirkt das bewegte Bild auf den Betrachter. Vor allem, wenn dabei Menschen im Blickpunkt stehen und lebendig und authentisch eine Botschaft vermitteln. Hinzu kommt beim Film noch der Ton: das gesprochene Wort, aber auch passend unterlegte Musik. Laut dem Digitalverband Bitkom schauen sich Verbraucher Videos im Internet an – 40 Millionen Deutsche tun das per Stream. Dagegen speichert nur gut jeder vierte Internetnutzer (27 Prozent) Videos zunächst per Download, um sie anschließend anzuschauen. Vor allem Videoportale sind bei Internetnutzern beliebt. Gut jeder Zweite (53 Prozent) schaut Videos über Portale, wie Youtube, Clipfish oder Vimeo. Fast die Hälfte der Nutzer (46 Prozent) ruft bereits gesendete Beiträge und Sendungen in Online-Mediatheken von Fernsehsendern ab. Gut jeder Dritte (37 Prozent) sieht zumindest hin und wieder das aktuelle Fernsehprogramm als Livestream über eine Internetverbindung. Jeder Fünfte (19 Prozent) nutzt On-Demand-Portale für Serien und Spielfilme, wie Watchever, Maxdome oder Amazon Prime Instant Video. Viele Streaming-Nutzer schauen regelmäßig Videos im Netz. Zwei von fünf (40 Prozent) machen dies mindestens mehrmals pro Woche, jeder Siebte (14 Prozent) sogar täglich. Dabei bevorzugen Streaming-Nutzer kostenlose Videodienste (78 Prozent). Dennoch zahlt bereits fast jeder Sechste (17 Prozent) für kostenpflichtige Angebote.

Die Nachfrage ist also vorhanden. Wie schon bei den Fotos sollten Sie sich auch hier professi-

2

onelle Hilfe hinzuziehen, damit Sie ein überzeugendes Ergebnis bekommen. Investieren Sie daher auch lieber einmalig etwas mehr Geld, anstatt ein zweitklassiges Resultat in Kauf zu nehmen. Die Kosten für die Skripterstellung, den Drehtag sowie anschließend eine ordentliche technische Aufbereitung, das heißt gute Schnitttechnik und Tonqualität, beginnen bei ca. 1500 Euro und gehen bis hin zu 5000 Euro. Holen Sie sich mindestens ein weiteres Vergleichsangebot ein! Bevor Sie den Auftrag erteilen, setzen Sie sich mit dem gesamten Team für ein Brainstorming zusammen und überlegen Sie, was die Ziele des Videos sein sollen, wie die Kernbotschaften lauten sollen, was Ihre USP sind usw. Anschließend sollte noch ein ausführliches Beratungsgespräch mit der Produktionsfirma stattfinden.

Folgende Punkte sollten Sie für eine Produktion beachten:
- Bevor das Dreh-Skript geschrieben wird, überlegen Sie sich, welche Zielgruppe Sie mit diesem Video erreichen möchten und was Ihre Botschaft ist. Das Resultat muss ein stimmiges Bild ergeben.
- Ihr Imagefilm sollte nicht länger als drei Minuten sein. Drehen Sie ansonsten lieber mehrere kurze Filme – vor allem in einer Gemeinschaftspraxis. Eine Studie hat ergeben, dass gut 10 Prozent der Betrachter von Online-Filmen nach 10 Sekunden bereits das Video wegklicken, wenn es sie nicht interessiert. Rund 34 Prozent steigen innerhalb von 30 Sekunden aus. Doch knapp 50 Prozent sind immer noch nach einer Minute dabei.
- Halten Sie das HWG ein! Sie dürfen etwa nicht von Krankengeschichten berichten, bei denen die Behandlung erfolgreich war.
- Planen Sie mindestens einen Drehtag ein. Instruieren Sie dafür das Praxis-Team, damit es nicht zu Unterbrechungen kommt (Telefon, Türklingel etc.). Idealerweise legen Sie den Termin auf einen Samstag.
- Holen Sie bereits vorher schriftliche Genehmigungen für die Bildrechte von Patienten und Mitarbeitern ein, sofern diese gefilmt werden.

- Sichern Sie sich von der Filmagentur die Rechte und den Quellcode zur Weiterverwendung. Weisen Sie die Filmagentur darauf hin, dass sie GEMA-freie Musik für die musikalische Unterlegung verwenden soll. Ansonsten müssen Sie an die Gesellschaft für musikalische Aufführungs- und mechanische Vervielfältigungsrechte Gebühren zahlen.
- Die Videos sollten in HD-Qualität produziert werden. Sie müssen zudem auch auf kleinen Monitoren wirken, etwa von Smartphones.
- Vermeiden Sie eine glänzende Stirn und lassen Sie sich ausnahmsweise pudern. Auffällige Muster von Hemd, Bluse oder Pullover können flimmern.
- (Weitere Tipps zum Verhalten vor der Kamera finden Sie im ▶ Abschn. 2.3.)

Erklärungsfilme für Patienten

Neben einem Imagefilm eignen sich Videos besonders gut für Erklärungen, zum Beispiel dazu, wie eine Behandlungsmethode funktioniert, wie die Einsetzung eines Implantats oder einer Brücke funktioniert, was eine richtige Zahnpflege ist usw. Dies kann Patienten ebenfalls etwas die Angst vor Behandlungen nehmen. Zudem sind die Patienten besser informiert, was Ihnen Zeit bei der Aufklärung einbringen kann.

Stellen Sie diese Videos auf Ihre Website – das ist auch für das Ranking in Suchmaschinen dienlich –, aber auch bei entsprechenden Portalen ein, wie YouTube, myvideo, dailymotion oder sevenload. Hier fallen keine weiteren Kosten für die uneingeschränkte Verbreitung an, anders als zum Beispiel für Fernsehwerbung. Der Verbreitungsgrad ist beachtlich und der Nutzwert für User hoch, dadurch steigt Ihr Bekanntheitsgrad und Sie erlangen Kompetenzgewinn – ein gut gemachter Imagefilm sowie Aufklärungsfilme zu Indikationen und Therapien gehören also zu den Online-Marketing-Maßnahmen dazu.

> **Tipp**
>
> Besonders vertrauenserweckend ist es für Patienten, wenn Sie Ihre Aufklärungsfilme von unabhängiger Stelle prüfen, zertifizieren und dies mit entsprechendem Siegel auszeichnen lassen. Diese externe Prüfung ist auch eine gute Kontrolle für Sie selbst – so sind Sie auf der sicheren Seite, dass Sie keine Werbefilme produziert und das HWG beachtet haben.

Laut Bitkom hat sich bereits mehr als ein Drittel der Internetnutzer (37 Prozent) ab 14 Jahren Video-Anleitungen im Internet, auch „Tutorials" genannt, angesehen. Das entspricht etwa 20 Millionen Nutzern. Tutorials sind bei allen Altersgruppen ähnlich beliebt. Dabei geht's um ganz alltägliche Hinweise, wie einen Rotweinfleck entfernen oder die Waschmaschine anschließen, aber auch bei speziellen Fragen – ebenfalls aus dem medizinischen Bereich.

2.2.3 Banner- und Video-Werbung

Viele Portale finanzieren sich u. a. über Werbeeinnahmen, wenn nicht ein anderer Geldgeber, etwa ein Pharmaunternehmen, hinter dem Angebot steckt, und bieten Online-Werbeformen in verschiedenen Formaten und Größen, statisch oder animiert an, um mehr Aufmerksamkeit zu erregen (z. B. Full Banner, Skyscraper oder Flash Layer). Als GIF- oder Flash-Datei werden diese dann in die jeweilige Website eingebunden. Klickt der Besucher auf das Banner, führt ihn das automatisch auf die Website des Werbenden. Nach Häufigkeit des Anklickens (Cost-per-Click/CpC-Modell) oder aber des Einblendens (**Cost-per-Thousand-Impressions**/CPM-Modell) entstehen für den Werbenden Kosten. Zahnärzte können Banner- oder Videowerbung zum Beispiel bei Gesundheitsportalen buchen, wo Indikationen und Behandlungsmethoden vorgestellt werden. Es gibt auch eine Kombination aus beidem: das In-Banner-Video. Hier werden im Banner Videoelemente integriert, die vom Nutzer auf Klick abgespielt werden können.

Jedoch hat sich eine Vielzahl der User bereits an klassische Bannerwerbung gewöhnt und ig-noriert diese. Selbst aufmerksamkeitserregende, aufploppende Banner werden schnell und eher genervt weggeklickt statt genauer angeschaut. Während also die Bannerwerbung rückläufig ist, boomt die Videowerbung aufgrund der stark im Web 2.0 und in Social Media verankerten Entwicklung von Online-Videos. Dank Smartphones, schneller Verbindungstechnik und Internetflatrates zu stetig sinkenden Tarifen ist das Internet jederzeit verfügbar und in den Alltag integriert (▶ Abschn. 2.7). Mit Videowerbung in Gesundheitsportalen (▶ Kap. 5), die entsprechende zahnärztliche Themenschwerpunkte behandeln, wird eine direkte Zielgruppenansprache im Netz (Online Targeting) erreicht, und damit gibt es weniger Streuverluste als beispielsweise bei Fernsehwerbung. Zudem ist die Akzeptanz seitens der User entsprechend hoch: 66 Prozent der befragten Nutzer einer Studie zum Thema Online Video Viewing der Online Publishers Association gaben an, schon einmal Online-Video-Werbung im Internet gesehen zu haben. Jedoch ist auch die Länge eines Spots entscheidend: 46 Prozent akzeptieren eine Videolänge bis 20 Sekunden, optimal ist eine Länge von 10 Sekunden. Immerhin: 17 Prozent finden jeweils auch 46–60 und auch mehr als 60 Sekunden in Ordnung. Falls Sie in diesem Segment Werbepotential für Ihre Praxis sehen, lassen Sie sich von einer Mediaagentur beraten und holen Sie sich auch zur Umsetzung professionelle Hilfe.

2.2.4 Wartezimmer-TV

Warten gehört zu den meisten Zahnarztbesuchen dazu. Denn auch ohne Notfälle können Zahnärzte nicht stets auf die Minute genau für jeden Patienten parat stehen. Nicht wissend, wie lange es noch dauern wird, scheint für Patienten oftmals die Zeit im Wartezimmer still zu stehen. Mit Service, wie einer bunten Auswahl an Zeitschriften und Getränken, aber auch mit Broschüren zu zahnmedizinischen Krankheitsbildern, Therapiemaßnahmen, Prävention und Selbstzahler-Angeboten Ihrer Praxis, verkürzen Sie die gefühlte Wartezeit. Nutzen Sie dafür auch das Medium TV – nicht für Talkshows und Soaps, sondern für speziell auf Zahnarztpraxen ausgerichtete Programme: Behandlungsformen werden erklärt, Untersuchungsmethoden vorge-

Checkliste zur Auswahl eines Anbieters

- Wie hoch ist der Gesamtpreis inklusive der Monatsraten, der Wartung, der Installations- und Nebenkosten?
- Sind die Geräte gekauft, geleast oder gemietet?
- Welche Auswirkungen auf den Vertrag hat es, wenn der Anbieter des Wartezimmer-TV pleitegeht?
- Wie viele verschiedene Selbstzahler-Filme gibt es, die für die eigene Praxis in Betracht kommen?
- Sind die Programminhalte aktuell?
- Wird Werbung eingespielt? Wenn ja, für welche Unternehmen/Produkte?
- Übernimmt der Anbieter die Garantie dafür, dass die Beiträge juristisch und medizinisch einwandfrei sind?
- Welche Service-Leistungen sind inklusive, und fallen dafür weitere Kosten an?
- Wie lang ist die Vertragslaufzeit?
- Welche Erfahrungen haben andere Praxen mit Wartezimmer-TV gemacht?
- Welchen Gesamteindruck vermittelt die Firma? Passen die Beiträge zur eigenen Praxis?

stellt und gesundheitspolitische Themen erläutert. Zudem können Sie Kurzfilme zu Ihren Selbstzahler-Angeboten und Ihren Praxis-Imagefilm in die Programmschleife einbinden. Wenn Sie bislang noch keinen Film erstellt haben, lässt sich das mit so einem Angebot häufig kombinieren. Jedoch setzen die Anbieter hier meist auf stumme Videos, um die Patienten im Wartezimmer nicht unnötig zu beschallen. Die gesamte Laufzeit beträgt meist 45–60 Minuten. Patienten sollten bei einem Besuch keine Inhalte doppelt sehen. Im Folgenden sind zwei Beispiele für Praxis TV-Anbieter aufgeführt.

TV-Wartezimmer

Mit über 6000 Zahnarzt- und Arztpraxen sowie Krankenhäusern als Kunden ist die TV-Wartezimmer GmbH nach eigenen Angaben der größte Anbieter in Europa. Gegründet wurde das Unternehmen 2003. Mit mehreren Kooperations- und Medienpartnern verfügt TV-Wartezimmer über ein breites Themenangebot für sein Programm. Der Anbieter liefert einen Flachbildschirm inklusive eines integrierten PCs, sodass der Bildschirm nur einen Stromanschluss und Internetzugang benötigt. Installation und Wartung übernimmt TV-Wartezimmer. Die Programmschleife beträgt 45 Minuten. Sie kann – je nach Wunsch – vom Praxis-Team oder dem Anbieter zusammengestellt werden.

Docspot-TV

Auch bei Docspot-TV, dem Sender der Zeitsprung Infotainment GmbH, ist das Praxis-Team für die Programmauswahl zuständig. Über einen eigenen Online-Zugang können sie die TV-Inhalte individuell festlegen. Das Programm ist werbefrei. 3D-Animationen und kurze Text-Einblendungen vermitteln komplexe medizinische Zusammenhänge anschaulich und patientengerecht. Lustige Kurzfilme oder beruhigende Naturfilme sorgen für Unterhaltung und Entspannung. Zusätzlich machen Wettervorhersagen und News das Praxis-TV in Ihrem Wartezimmer zu einer attraktiven Informationsquelle. Je nach Wunsch kann das Programm mit oder ohne Ton und Musik laufen. Die Dauer der Programmschleife ist frei bestimmbar, beispielsweise eine Stunde.

Kosten Je nach Anbieter variieren die Kosten; ein gängiger Wert sind etwa 200 Euro pro Monat, die eine Praxis investieren muss. In Einzelfällen verlangen die Unternehmen zusätzlich Anschaffungs- oder Installationskosten. Neue Inhalte oder Filme werden entweder per DVD zugesandt oder via Internet eingespielt. Die notwendige Software ist oftmals im Paket dabei. Flachbildschirme für die Wartebereiche müssen die Praxen meistens leasen oder mieten. Hier sollten Sie im Vorfeld genau kalkulieren, welche Kosten bei welchem Finanzierungsmodell insgesamt anfallen (▶ „Checkliste zur Auswahl eines Anbieters"). Die Bildschirme sind meist ohne Tuner ausgerüstet, sodass der Fernseher kein normales Programm über Kabel oder Antenne empfangen kann – so werden auch keine GEZ-Gebühren fällig.

Zwischen den Beiträgen senden manche Anbieter Werbespots – häufig für zahnmedizinische Produkte. Daher ist Fernsehen im Wartezimmer umstritten.

❶ **Über die Werbung wird das Programm gegenfinanziert. Kritiker meinen, dass das positive Image der Zahnärzte genutzt würde, um die**

Produkte aufzuwerten, nach dem Motto: „Wenn das bei meinem Zahnarzt im Wartezimmer läuft, muss das Produkt ja gut sein."

Hinweis Falls Ihnen Praxis-TV zu teuer ist, können Sie auch PCs, Macs oder iPads im Warte- und Sprechzimmer extra für Patienten aufstellen, auf denen Sie dann Praxis-Präsentationen abspielen sowie über Ihr Leistungsspektrum und Selbstzahlerangebote informieren. Einen kleinen digitalen Bilderrahmen oder das iPad können Sie sogar für wartende Patienten auf dem Empfangstresen positionieren und hierüber kurze organisatorische Hinweise abspielen, beispielsweise das Datum für Betriebsferien.

2.3 Presse-Arbeit in der zahnärztlichen Praxis

Sie meinen, Presse-Arbeit wäre nichts für Zahnärzte? Aber sicher! Ihre Praxis bietet eine neue Therapiemethode an oder hat ein neues technisches Behandlungsgerät? Sie veranstalten einen Tag der offenen Tür oder halten einen Patientenvortrag zum Thema Mundhygiene? All diese Neuigkeiten können Sie bzw. Ihre ZFA über eine Presse-Mitteilung per E-Mail an die lokale Tagespresse, je nach Thema an Publikums- oder Fachmedien wie auch als Information an Kooperationspartner, Labore, Lieferanten, Kollegen und Apotheken schicken. Richten Sie Ihr Augenmerk vor allem auf die örtliche Presse – auch wenn es nur ein Anzeigen- oder Wochenblatt ist. Denn damit erreichen Sie Interessierte aus der Umgebung über Ihren Patientenstamm hinaus und gewinnen im Idealfall neue Patienten.

2.3.1 Erfolgreiche Presse-Mitteilungen schreiben

Damit Medien über den Inhalt Ihrer Meldung berichten, müssen Sie sie an einen Redakteur im zuständigen Ressort – also Gesundheit oder Lokales – schicken. Dieser schaut sich das Thema an und entscheidet, ob die Information in dem Medium erscheint. Journalisten erhalten täglich bis zu 100 Presse-Mitteilungen. Daher widmen sie ihnen nur wenig Aufmerksamkeit bzw. sortieren sie knallhart aus. Das bedeutet für Sie: Ihre Presse-Meldung muss auf den ersten Blick überzeugen.

Spannende Headline Die Überschrift ist die erste Information, die den Redakteuren ins Auge sticht. Formulieren Sie sie daher knackig und interessant. Wichtig ist, dass Sie in der Überschrift direkt die Neuigkeit aufnehmen („Neuer Praxis-Kollege mit Schwerpunkt Angst-Patienten im Team"). Müssen Journalisten erst im Text nachsehen, um welches Thema es sich handelt, wandert Ihre Meldung schnell in den Papierkorb.

Das Wichtigste zuerst Eine klassische Presse-Information beginnt mit den wichtigsten Informationen. Die fünf W-Fragen gehören in den ersten Absatz: Wer macht was, wann, wo, und warum? Beispielsweise: „Die Zahnarztpraxis Mustermann (wer?) veranstaltet einen Informationstag (was?). Am 24. September 2012 um 16 Uhr (wann?) lädt Dr. Mustermann seine Patienten zu Informationsgesprächen über Parodontitis (warum?) in seine Praxis in der xy-Straße (wo?) ein. Hintergrundinformationen, beispielsweise Daten und Fakten über Parodontitis, die den Anlass Ihrer Veranstaltung begründen, können Sie im zweiten und dritten Absatz einbauen. Am Ende sollte ein kurzes Praxis-Profil mit Kontaktdaten und eventuellen Links für weitere Informationen stehen (► „Checkliste: Gute Presse-Mitteilung").

Sachlich und objektiv Die Leser einer Tageszeitung möchten keine Werbetexte lesen, die voll von anpreisenden Lobeshymnen auf Ihre Praxis und Ihre neue Behandlungsmethode sind. Vermeiden Sie Superlative wie „einzige Praxis", „beste Methode", „garantierter Erfolg" oder „die sicherste Methode" – zumal Sie dann auch mit dem Heilmittelwerbegesetz in Konflikt kommen. Die Leser erwarten von der Presse eine sachliche Auskunft. Verfassen Sie daher Ihre Presse-Mitteilung möglichst objektiv und neutral.

Kurze, verständliche Sätze Leser verstehen keine medizinischen Fachausdrücke. Verzichten Sie weitestgehend auf komplizierte Formulierungen, Fachtermini und unnötige Füllwörter. Falls Sie

Checkliste: Gute Presse-Mitteilung
- Enthält Ihre Überschrift die Kernaussage der Meldung? Ist sie interessant formuliert?
- Steht die Hauptinformation im ersten Satz, spätestens jedoch im ersten Absatz?
- Enthält der erste Absatz alle W-Fragen: wer, was, wann, wo und warum?
- Ist der Text objektiv und nicht werblich?
- Verwenden Sie Fachausdrücke? Wenn ja, haben Sie diese erläutert?
- Konzentrieren Sie sich auf ein Thema?
- Ist Ihr Text interessant? Lassen Sie ihn von einer unbeteiligten Person gegenlesen.
- Haben Sie ein Praxis-Profil erstellt und einen Ansprechpartner mit allen Kontaktmöglichkeiten genannt?

doch einen zahnmedizinischen Begriff verwenden, erklären Sie ihn so gut wie möglich.

E-Mail-Anhänge Seien Sie sehr behutsam mit Anhängen. Generell sollten Sie die Presse-Mitteilung direkt in die Mail schreiben und nicht als Anhang versenden – schon gar nicht als PDF. So erschweren Sie Journalisten die Arbeit. Mehrere Argumente sprechen gegen Anhänge: Viele Systemverwalter löschen aufgrund der Spamgefahr automatisch E-Mails mit Anhängen. Große Dateianhänge, vor allem Graphiken, können den Posteingang blockieren. Hinzu kommt der Zeiteffekt, weil ein Anhang mindestens einen Klick mehr bedeutet und die Datei erst heruntergeladen werden muss. Fügen Sie lieber entsprechende Links ein, wenn Sie auf eine Studie hinweisen oder Bilder mitschicken möchten. Geben Sie dazu noch Größe, Umfang und Dateiformat an.

Sofern Sie zu einem Redakteur Ihres lokalen Wochenblatts ein gutes Verhältnis aufgebaut haben, können Sie diesen Kontakt pflegen und auch mal anrufen und ihn persönlich zu Ihrer Info-Veranstaltung einladen oder fragen, ob er Materialien für eine Berichterstattung benötigt. Bei einer passenden Gelegenheit geben Sie ihm eine Information vorab – nur ihm und nicht dem Konkurrenzblatt.

❶ Achtung: Belästigen Sie Journalisten nicht! Fordern Sie keine Lesebestätigung an. Rufen Sie auch nicht an, um zu fragen, ob er oder sie die Presse-Mitteilung erhalten hat. Bei 100 Mails pro Tag ist eine genervte Antwort garantiert.

Medizinischer Experte für Journalisten

Nutzen Sie die Möglichkeit, auch ohne Presse-Informationen oder bezahlte Anzeigen in die Medien zu kommen: nämlich als Experte in Artikeln oder Hörfunk- und TV-Sendungen. Mehr Chancen, als Interviewpartner ausgewählt zu werden, haben Sie, wenn Sie sich in Ihrem Fachgebiet spezialisiert haben, führendes Mitglied in einer zahnärztlichen Fachgesellschaft oder im Verband sind oder bei Kongressen referieren. Unterschätzen Sie auch hier nicht die regionalen Medien, denn diese nehmen Ihre Patienten aus der Umgebung wahr und finden so den Weg in Ihre Praxis. Durch Interviews in überregionalen Medien können Sie sich zwar deutschlandweit einen Namen machen, erreichen damit aber eher weniger neue potentielle Patienten.

2.3.2   Social-Media-Kanäle nutzen

Mit dem klassischen Versand der Presse-Information ist es in Zeiten von Online-Marketing jedoch nicht getan. Zuerst stellen Sie die Presse-Information auf Ihre Website. Legen Sie ein Archiv an, aus dem sich Journalisten bedienen können. Für eine größere Verbreitung nutzen Sie kostenlose Presse-Portale, wie beispielsweise openPR, PRCenter oder medcom24, in denen Sie Ihre Meldung oftmals auch mit Logo oder Bildern einstellen können.

Darüber hinaus setzen Sie ebenfalls die neuen Social-Media-Marketing-Instrumente (► Kap. 5) ein: Verbreiten Sie die Meldung auch noch per Twitter und Facebook. Um Arbeit zu sparen, funktioniert das auch schon gekoppelt. Statt Ihre News zu twittern und zusätzlich noch bei Facebook zu posten, können Sie dies automatisch erledigen lassen.

> **Tipp**
>
> Aktivieren Sie dafür einfach die Twitter-Anwendung unter ▶ https://apps.facebook.com/twitter/ für Ihre Facebook-Seite. Von nun an wird Twitter Ihre News nicht nur an Ihre Twitter-Follower senden, sondern auch automatisch auf Ihre Facebook-Seite stellen. Es gibt noch weitere Möglichkeiten, Ihre Social-Media-Maßnahmen auf den verschiedenen Plattformen zu verbinden. Erforschen Sie dafür das Anwendungs-Verzeichnis von Facebook.

Ein weiterer Dienst fürs Crossposting, auf dem Sie Meldungen für drei Kanäle, also zum Beispiel Facebook, Twitter, Google+ oder LinkedIn, gleichzeitig und kostenlos eistellen können, ist beispielsweise HootSuite. Um lediglich Links zu verbreiten eignet sich buffer. Für Ihr Online-Marketing benötigen Sie die Leistung wohl kaum, aber beim Dienst ifttt (if this then that), lassen sich Meldungen mit 80 verschiedenen Kanälen verbinden.

Ebenso können Sie Ihre Facebook-Aktivitäten an anderen Orten darstellen, zum Beispiel auf Ihrer Website. Das geht recht einfach mit dem Facebook-„Seitenbanner". Mehr Informationen dazu finden Sie unter ▶ https://www.facebook.com/badges.

2.3.3 Medienecho anlegen

Damit Sie eine Übersicht über die Verbreitung Ihrer Presse-Informationen haben, ist es sinnvoll, einen professionellen Ausschnittdienst zu beauftragen, der die Print- und Online-Medien (Web-Monitoring) nach Ihren Meldungen durchforstet. Nach Stichwörtern online zu suchen kann auch eine ZFA übernehmen, bei der Print-Auswertung ist das nicht möglich, weil Sie sonst alle Medien vorliegen haben müssten. Entsprechende Artikel („Clippings"), Hörfunk- oder TV-Mitschnitte als Podcast stellen Sie dann unter „Medienecho" in Ihren Presse-Bereich auf Ihre Website.

> **Tipp**
>
> Hier empfiehlt es sich, dass Sie dafür schriftlich die Erlaubnis der Verlage haben, damit Sie keine Urheber- und Nutzungsrechte verletzen. Verlinken Sie bei Online-Artikeln direkt auf die jeweiligen Seiten, so machen Sie sich die Inhalte nicht selbst zu nutzen.

In Ihrem Medienecho sollte zudem auch druckfähiges Bild- und Videomaterial in gängigen Formaten zur Verfügung stehen. Machen Sie zudem Ihre Bereitschaft, Interviews zu geben, deutlich. Ermöglichen Sie Journalisten zudem, sich in Ihren Presse-Verteiler eintragen und auch streichen zu können – diesen Wunsch müssen Sie respektieren. Erstellen Sie dafür ein Formular mit Pflichtangaben wie Medium, Vorname, Nachname und E-Mail-Adresse. Entsprechend müssen Sie auch einen Verweis in Ihrer Datenschutzerklärung auf Ihrer Homepage vermerken (Musterbeispiel: ▶ Kap. 3). Im Formular sollte noch ein Kästchen zum Anklicken sein, wie der jeweilige Journalist die Presse-Mitteilung erhalten will – als HTML– oder Nur-Text-Dokument oder als Alternative per RSS-Newsfeed.

2.3.4 Umgang mit Journalisten

Journalisten leben in einer anderen Denk- und Sprachwelt als Mediziner. Schließlich müssen sie komplexe Sachverhalte einem meist nicht-medizinisch bewanderten Publikum vermitteln, und das noch in einer spannenden Geschichte. Bei der Zusammenarbeit mit der Presse sollten Sie einige Dinge beachten, um erfolgreich zu sein:

- Wenn Sie ein Interview geben, stellen Sie sich vor, Sie erzählen den Inhalt Ihrem Nachbarn: Sprechen Sie langsam, deutlich und mit Atempausen. Versuchen Sie, komplizierte Sachverhalte kurz und mit einfachen Wörtern zu erklären. Im Rundfunk oder Fernsehen steht selbst für einen Hauptbeitrag im Schnitt etwa 20 Sekunden Zeit zur Verfügung, um das Wichtigste zu vermitteln.
- Bieten Sie dem Journalisten an, Texte auf sachliche Richtigkeit zu überprüfen. Fordern Sie dies

2

aber nicht ein oder schreiben gar den Text um. Journalisten müssen Sachverhalte vereinfachen und aus Platzgründen verkürzen. Selbstverständlich können Sie darauf bestehen, Ihre Zitate vor der Veröffentlichung zu autorisieren.

- Journalisten haben einen Redaktionsschluss im Nacken, zu dem Texte fertig sein müssen. Melden Sie sich also schnellstmöglich zurück, wenn ein Journalist versucht, Sie zu erreichen: Egal, ob gerade Mittagspause oder schon Feierabend ist. Er wird nicht lange auf Sie warten, schnell wird der nächste Kollege angerufen – somit hätten Sie Ihre Marketing-Chance vertan. Informieren Sie daher all Ihre Praxis-Mitarbeiter von Ihrer Bereitschaft, mit der Presse in Kontakt zu treten. Rückrufbitten von Journalisten sollten Ihre Mitarbeiter mit einem entsprechenden Vermerk, wie „eilige Journalistenanfrage", kennzeichnen.
- Jede Geschichte braucht ein Gesicht. In Magazinen werden oftmals die Hauptdarsteller abgebildet, aber gerne werden auch die Experten mit Fotos gezeigt. Dem sollten Sie natürlich offen gegenüberstehen und ein geeignetes Foto in Druckauflösung (300 dpi) bereithalten, am besten sogar im Hoch- und Querformat – das erleichtert auch dem Layouter die Arbeit. Hinweise, wie ein gutes Foto aussehen sollte, finden Sie im ▶ Abschn. 2.2.

2.3.5 Das Fernsehinterview

Wenn dann ein TV-Sender aufgrund einer Ihrer Presse-Mitteilungen oder Ihrer Expertenauskunft-Bereitschaft um einen Interviewtermin bittet, versuchen Sie das auch zu ermöglichen. Sonst war das eventuell schon das letzte Mal, dass diese Redaktion Sie angefragt hat. Instruieren Sie auch entsprechend Ihr Praxis-Team.

Wenn der Termin dann vor der Tür steht, wird es aufregend. Vor allem, weil Sie selbst als Experte vor der Kamera stehen sollen. Da rückt ein Team aus TV-Redakteur, Kameramann und Tonassistent an, um von Ihnen kompetente Antworten einzuholen. Doch bevor es heißt „Kamera läuft", beherzigen Sie folgende Tipps:

- Ihr Aussehen ist eher nebensächlich. Bleiben Sie natürlich und verstellen Sie sich nicht,

schließlich sollen Sie sich wohlfühlen. Sie müssen also nicht schnell zum Friseur, aber sauber und knitterfrei sollte Ihr Kittel schon sein.
- Ihre Wirkung begründet sich durch Ihre Kompetenz. Machen Sie sich vertraut mit dem von der Redaktion angekündigten Thema. Je mehr Fakten Sie parat haben, desto sicherer gehen Sie ins Interview.
- Schauen Sie sich, wenn möglich, vorab eine Ausgabe der Sendung, für die Sie interviewt werden, an, um Aufmachung, Stil und Sprache besser einschätzen zu können.
- Sorgen Sie dafür, dass Sie während des Interviews ungestört sind – also dass kein Telefon klingelt oder Patienten durch das Bild laufen. Versuchen Sie, so kurz wie möglich auf die Fragen zu antworten. Aber sprechen Sie unbedingt in ganzen Sätzen.
- Verwenden Sie auch bei einem medizinischen Thema möglichst kein Fachvokabular. Erklären Sie komplizierte Sachverhalte an anschaulichen Beispielen aus der Praxis.
- Auch wenn es schwerfällt: Ignorieren Sie die Kamera! Sprechen Sie nicht direkt in die Kamera, sondern unterhalten Sie sich mit Ihrem Bezugspunkt, dem Redakteur. Das wirkt auch für die Zuschauer entspannt und professionell.
- Nehmen Sie für solche Fälle an einem Medientraining oder speziellen Seminar zum TV-Interview teil. Dann fühlen Sie sich gewappnet, wenn ein Fernsehteam anrückt.

2.4 E-Mail-Kommunikation

Der amerikanische Marktforscher Radicati Group geht im Jahr 2015 von 2,6 Milliarden E-Mail-Nutzern, 1,7 Milliarden aktiven E-Mail-Accounts und 205 Milliarden verschickten E-Mails pro Tag aus – bis Ende 2019 sollen es schon 246 Milliarden Mails sein. Wenn auch nicht in diesem Ausmaß, so hat in Zahnarztpraxen die E-Mail-Kommunikation längst eine zentrale Rolle in der Patienten-Kommunikation eingenommen: Termine können darüber vereinbart oder als Erinnerungsinstrument, zum bestehenden Termin oder zur anstehenden Prophylaxe genutzt werden. Ebenfalls können Untersuchungsergebnisse, die kein persönliches Gespräch bedürfen, verschickt werden. Die Vorteile liegen auf der Hand: E-Mails erreichen schnell den Empfänger, sind kostengünstig und zeitlich unabhängig von der Bearbeitung – also außerhalb der Sprechstunden, wenn keine Patienten am Empfangstresen warten und parallel das Telefon Sturm klingelt. Jedoch sind auch Nachteile zu benennen: Die E-Mail-Flut im Posteingang, mit zum Teil irrelevanten Mails sowie lästigem und potentiell gefährlichem Spam, muss tagtäglich aufs Neue gesichtet, aussortiert und beantwortet werden. Je nach Menge kann das viel Zeit kosten. Damit zumindest die von Ihnen verfassten Mails für die Empfänger, Patienten, Partner wie Labore oder Lieferanten, aber auch Mitarbeiter, direkt als relevant eingestuft werden, halten Sie sich beim Verfassen an folgende Regeln.

Betreffzeile Schreiben Sie mit wenigen Stichwörtern oder einem Schlüsselwort, worum es in der E-Mail geht. Zudem sollte die Relevanz für den Empfänger sofort deutlich werden: Ist diese Mail wichtig oder kann die Bearbeitung warten? Schreiben Sie darüber hinaus mit hinein, ob mit dieser Mail eine Arbeitsanweisung verbunden ist oder der Inhalt lediglich zur Kenntnis (zK) genommen werden soll. Wenn diese Mail zeitnah bearbeitet werden muss, gehört der Hinweis „dringend" oder „wichtig" bereits in die Betreffzeile mit hinein. Bei den meisten E-Mail-Diensten ist zudem die Einstufung mit hoher Priorität möglich – der Mailversand erfolgt dann mit einem roten Ausrufezeichen.

Beispiel für eine Betreffzeile: „Wichtig! Terminabstimmung: Mitarbeiterschulung am 20.5. von 17 bis 19 Uhr – bitte um Feedback bis heute 16 Uhr"

Textinhalt Schreiben Sie Mails so kurz wie möglich. Die wichtigsten Informationen sollten für den Empfänger auf den ersten Blick erfassbar sein: Worum geht's? Besteht Handlungsbedarf? Wie dringend ist die Mail? Beim internen Mailverkehr dürfen es auch Stichwörter sein, solange es verständlich bleibt. Mit Patienten und Partnern achten Sie auf einen höflichen Stil wie bei einem klassischen Geschäftsbrief – zu knappe Formulierungen können bereits als unhöflich oder gar als Desinteresse empfunden werden. Schreiben Sie dennoch keine langen Schachtelsätze und vermeiden Sie unnötige Füllwörter, Schnörkel, Doppeldeutigkeiten oder missverständ-

liche Ironie. Ans Ende einer jeden E-Mail gehört Ihre Signatur mit vollständigen Kontaktdaten des jeweiligen Ansprechpartners. Falls Sie Anhänge mitsenden, weisen Sie im Text darauf hin und geben Sie Handlungsanweisungen dafür an.

Gestaltung Für eine bessere Übersicht fügen Sie Leerzeilen zwischen den Abschnitten ein. Es gilt: ein Gedanke, ein Absatz. Mit der HTML-Variante gibt es auch Gestaltungsmöglichkeiten, die für mehr Aufmerksamkeit sorgen, wie beispielsweise auffällige Schriftarten, Farbe, Formatierungen oder Graphiken. Die Verwendung ist nur sinnvoll, wenn man weiß, dass die Empfänger diese auch lesen können – oftmals blockieren Spamfilter HTML-Mails. Sonst werden Formatierungen gar nicht oder gestört angezeigt. Das sieht unschön aus und kann verwirren. Im Nur-Text-Format sind keine Gestaltungen, jedoch Links möglich, die Zustellung ist aber gesichert.

Ein Thema, eine E-Mail Es empfiehlt sich, pro Thema eine E-Mail zu verfassen. Denn manche nutzen Mails als Aufgabenliste und arbeiten sie nach und nach ab. Zudem können Inhalte durcheinandergeraten, wenn Sie beispielsweise an ein zahntechnisches Labor verschiedene Aufträge schicken. Hier bedarf es ansonsten einer klaren optischen Trennung sowie einer genauen Absprache oder eben Erfahrungswerte, die dafür oder dagegen sprechen.

Eine E-Mail, ein Empfänger? Sobald eine E-Mail an mehrere Empfänger versendet wird, besteht die Gefahr, dass sich keiner mehr verantwortlich fühlt – anders als bei einem einzigen Mailempfänger mit direkter Ansprache. Ausnahme: ein Sachverhalt, verschiedene Zuständigkeiten. Planen Sie beispielsweise einen Tag der offenen Tür und Sie haben verschiedenen Aufgaben an drei Ihrer Mitarbeiter zu delegieren, kann es wegen möglichen Überschneidungen oder Vertretungsgründen sinnvoll sein, die eine Mail gleichzeitig an alle drei zu schicken. Die jeweilige Zuständigkeit können Sie mit @Name markieren.

Cc-Mail (Carbon-Copy) – Kopie Steht ein Empfängername im Cc-Feld wird symbolisiert, dass diese E-Mail sich nicht direkt an diesen Benutzer wendet, sondern lediglich zur Beachtung bzw. zur Kenntnisnahme an ihn versendet wurde. Daher sind Cc-

Mails nur dann richtig eingesetzt, wenn Sie jemanden über eine Vereinbarung oder einen Sachverhalt in Kenntnis setzen möchten, für den Empfänger aber kein weiterer Handlungsbedarf besteht. Zudem muss derjenige auch tatsächlich in dem Vorgang involviert sein, sonst ist selbst das Lesen unnötiger Arbeitsaufwand. Einigen Mitarbeitern fällt diese Entscheidung schwer, weil Sie Kollegen mit einem Informationssauschluss nicht ausgrenzen möchten. Cc-Mails werden aus verschiedenen Gründen verschickt:

- Political Correctness (lieber zu viele statt zu wenige),
- Übertragung der Verantwortung auf andere,
- Fehlervermeidung, indem andere Kollegen reagieren könnten (Absicherung),
- erhöhtes Mitteilungsbedürfnis gegenüber Kollegen oder dem Chef,
- Druckausübung, sofern die Cc-Mails an den Vorgesetzen mitgeschickt werden,
- Gedankenlosigkeit bezüglich des Empfängerkreises.

Die Einträge im Cc-Feld werden im Gegensatz zum Bcc-Feld bei allen Empfängern angezeigt. Vereinbaren Sie in Ihrer Praxis verbindlich, wie bei Ihnen mit Mailkopien umgegangen werden soll.

Bcc-Mail (Blind-Carbon-Copy) – Blindkopie Mails zusätzlich an Bcc-Empfänger zu verschicken ist ein heikler Punkt. Überlegen Sie vor dem Absenden ganz bewusst, ob nicht doch eine offizielle Cc-Kopie denkbar wäre, wenn überhaupt. Denn wie es ein blöder Zufall will, versendet die inoffizielle Person die E-Mail weiter oder verplappert sich mit entsprechenden Inhalten daraus und verrät sich damit. Für den offiziellen Empfänger ein „slap in the face" und für den Absender ein Vertrauensbruch. Denn wenn der Gedanke an Bcc-Mails kommt, handelt es sich ja meist um schwierige oder persönliche Angelegenheiten. Setzen Sie das Praxis-Klima nicht unüberlegt aufs Spiel.

Eine Ausnahme bildet ein großer Empfängerkreis mit externen Mail-Adressen: Bcc kann man benutzen, um die E-Mail-Adressen der verschiedenen Empfänger zu verstecken bzw. zu schützen, etwa bei einer Rund-Mail für einen Veranstaltungshinweis.

E-Mails weiterleiten Hier gilt besondere Vorsicht. E-Mails sollten generell nicht über mehrere Personen und Stellen weitergeleitet werden. Das kann für den ursprünglichen Autor, aber auch für das Unternehmen peinlich und gar schädlich werden, vor allem, wenn intern ein lockerer Umgangston herrscht oder Details über Projekte und Personen nicht für Außenstehende gedacht waren. Leiten Sie Mails also nur nach sorgsamer Prüfung des Inhalts weiter.

Reaktionszeit Antworten Sie idealerweise innerhalb von 24 Stunden auf eine geschäftliche E-Mail. Falls Ihnen das nicht möglich ist, bestätigen Sie zumindest kurz den Erhalt und geben Sie einen Zeitrahmen an, wann Sie voraussichtlich antworten werden. Diese erste Empfangsbestätigung kann auch automatisch erfolgen.

Lesebestätigungen und Prioritäten Seien Sie sparsam mit dem Versenden von Lesebestätigungen. Bei den meisten stößt das eher negativ auf. Ebenso sollten Sie in der Regel keine Prioritäten für die Mails festlegen, die je nach Kategorie – niedrig, normal oder hoch – mit einem Symbol markiert werden. Bei ganz dringenden Fällen können Sie eine hohe Priorität festsetzen. Allerdings sollten Sie dann überlegen, ob Sie vielleicht doch lieber zum Telefonhörer greifen sollten.

> **In der Arzt-Patienten-Kommunikation handelt es sich oftmals um vertrauliche, sensible Informationen, etwa um Untersuchungsergebnisse zu Krankheiten. Generell sollten diese im persönlichen Gespräch, zweitrangig über Telefon oder dem Postweg übermittelt werden.**

Falls Sie doch eine E-Mail versenden, stellen Sie sicher, dass diese Ihren Patienten direkt erreicht und beispielsweise nicht an eine Firmen-E-Mail-Adresse geschickt wird, zu denen auch Kollegen Zugang haben.

Schutz vor Spam Spammer gelangen über verschiedene Methoden an E-Mail-Adressen: Über die öffentliche Angabe Ihrer Adresse auf Ihrer Website oder in Adress-Verzeichnissen, die häufig mittels Software automatisch durchsucht werden. Oder wenn Sie Ihre Daten bei Online-Dienstleistern angeben und diese Ihren Kontakt an Dritte weiterverkaufen. Ein weiterer Weg ist das simple Erraten Ihrer Adresse, etwa angeglichen an Ihre Domain oder wenn man die Systematik des Aufbaus kennt: Nachname@Firma.de. Und schließlich durch Adresshandel, sobald Spammer Ihre Adresse ergattert haben. Schützen Sie Ihre Mail auf Ihrer Website durch entsprechende Schreibweisen (at statt dem @-Zeichen) oder durch nicht-kopierbare Graphikformatierungen. Machen Sie in Netzwerkprofilen Ihre Adresse nicht standardmäßige sichtbar, also nur für bestätigte Kontakte. Zu Newsletter-Bestellungen oder für die Kommunikation in Foren richten Sie sich separate Mail-Adressen ein und verwenden Sie nicht Ihre persönliche oder Praxis-E-Mail-Adresse.

2.5 Direktmarketing

Eine Form der Patientenansprache zu Werbezwecken, etwa Hinweise auf Veranstaltungstermine oder besondere Leistungsangebote, ist das Direktmarketing. Dies geschieht über einen Brief, auch Mailing genannt. Per E-Mail, Fax, Telefon oder gar per SMS über das Mobiltelefon (Mobile Marketing) ist das nur mit vorheriger ausdrücklicher Zustimmung der Patienten gestattet. Der Gesetzgeber hat das Gesetz gegen den unlauteren Wettbewerb (UWG) im Jahr 2009 verschärft. Die normale Kommunikation mit den Patienten ist von den Regelungen des UWG nicht betroffen. So können beispielsweise Laborergebnisse weiterhin über jeden Kanal mitgeteilt werden, zu dem Patienten ihre Kontaktdaten angegeben haben. Das Fax eignet sich jedoch nicht für vertrauliche Informationen, da nicht gesichert ist, dass nur die betreffende Person darauf Zugriff hat.

> **Tipp**
>
> Fragen Sie Ihre Patienten bei der Anmeldung, ob Sie sie über besondere Aktionen informieren dürfen. Um dies im Streitfall beweisen zu können, lassen Sie sich eine schriftliche Bestätigung geben.

Für Brief-Mailings brauchen Sie den Namen für die persönliche Ansprache und eine aktuelle An-schrift Ihrer Patienten sowie idealerweise weitere Informationen, wie das Alter oder das Geschlecht. Je detaillierter die Daten sind, desto effektiver wird die Werbemaßnahme. Denn das beste Anschreiben kann keinen Erfolg haben, wenn die Adressen veraltet sind und es Ihre Patienten nie erreicht. Zudem sollte die beworbene Leistung der Zielgruppe entsprechen: Ein Infoschreiben für die Dritten Zähne ist bei 25-Jährigen fehl am Platz – das wirkt dann eher unprofessionell.

Um Patienten nicht zu häufig zu beschicken und um zusätzlich Portogeld zu sparen, schauen Sie, welche Briefe oder auch Rechnungen Sie ohnehin an Patienten senden. Zu diesen Anlässen bietet sich eine zusätzliche Information an. Mit einem Standardbrief der Post können Sie drei Bögen Papier verschicken. Das gilt nur für normales Papier – je dicker die Seiten, desto schwerer. Wiegen Sie lieber vorher ab, als dass die Post höheres Porto nachfordert. Der Zeitpunkt der Mailings sollte sich jedoch nicht nur ausschließlich nach Ihren Rechnungsterminen richten. Greifen Sie auch aktuelle Anlässe in Ihren Werbebriefen auf. Beispielsweise findet jährlich bundesweit am 25. September der „Tag der Zahngesundheit" statt, um auf das Thema Mundhygiene aufmerksam zu machen. Ostern und Weihnachten, Zeitpunkte, zu denen es viele Süßigkeiten gibt, bieten sich ebenfalls als aktueller Anlass im Brief an. Neben freundlichen Weihnachts- oder Neujahrsgrüßen bietet sich zudem einmal im Jahr eine besondere Gelegenheit: der Geburtstag der Patienten. Schicken Sie einen Brief oder gar eine hübsche Karte und gratulieren Sie. Damit präsentieren Sie sich und Ihre Praxis als aufmerksam und patientenfreundlich.

2.5.1 Werbebriefe ansprechend formulieren

Im Gegensatz zu x-beliebigen Werbebrief-Versendern können Sie sich als Zahnarzt der vollen Aufmerksamkeit Ihrer Patienten sicher sein. Trotzdem sollte sich Ihr Schreiben an die Empfehlungen eines Werbebriefs halten, damit Ihre Patienten weiterlesen, sobald Sie merken, dass es sich um keinen persönlichen Brief handelt. Überlegen Sie zuerst: Was interessiert meine Patienten? Was sind ihre Bedürfnisse? Was wollen sie lesen? Dazu braucht der Werbebrief einen aktuellen Aufhänger. Die Betreff-Zeile übernimmt dabei die Funktion einer Überschrift. Beim ersten Überfliegen des Textes nehmen die Leser vor allem diese Zeile wahr. Hier muss der Grund für Ihren Brief auftauchen – kurz und knackig formuliert. Gliedern Sie den Text außerdem in Absätze mit Zwischentiteln. Auch sie werden beim ersten Überfliegen wahrgenommen. Das gilt ebenfalls für fettgedruckte Schlüsselwörter. Sie fallen den Lesern in die Augen, allerdings nur, solange nicht der halbe Brief fettgedruckt ist. Heben Sie nicht mehr als ein oder zwei Wörter pro Absatz hervor, sonst geht der gewünschte Effekt verloren. Nach dem Querlesen der Überschrift, der Zwischentitel und der Schlüsselwörter bleiben die Augen der Leser zum Schluss des Textes stehen: beim „PS". Untersuchungen haben ergeben, dass dies im Allgemeinen der erste Satz ist, der vollständig gelesen wird, obwohl er am Ende steht. Hier sollte der Patientennutzen oder eine klare Aufforderung formuliert sein. Ein herkömmliches PS mit Nebensächlichkeiten ist für diesen Platz verschenkt. Bieten Sie stattdessen besondere Services an, weisen Sie darauf hin, etwa so: „Sie können bei uns auch für Samstag von 9 bis 14 Uhr Termine vereinbaren".

Nun zur Umsetzung. Das Wichtigste: Sprechen Sie die Patienten mit ihrem Namen an. So können Sie verhindern, dass die Leser den Brief gleich wieder aus der Hand legen. Deshalb muss der Einstieg spannend sein und schnell zur Sache kommen. Lassen Sie alle einleitenden Formulierungen weg, benennen Sie direkt nach der Anrede das Thema und wecken Sie das Bedürfnis der Patienten, etwa eine Selbstzahler-Leistung in Anspruch nehmen zu wollen. Behalten Sie beim Formulieren die AIDA-Formel von Elmo Lewis im Hinterkopf:

Die AIDA-Formel
- Attention: Die Aufmerksamkeit des Kunden anregen.
- Interest: Das Interesse für das Produkt wecken.
- Desire: Der Wunsch, das Produkt zu besitzen, ist vorhanden.
- Action: Der Kunde kauft wahrscheinlich das Produkt.

Auch für die Sprachwahl gibt es eine bereits bewährte Formel: KISS – keep it short and simple, also kurz und für jeden verständlich. Je einfacher der Text ist, desto angenehmer lässt er sich lesen. Nur simple Formulierungen dringen dann wirklich bis zu den Patienten vor. Im gesamten Text sind also lange Schachtelsätze verboten, ebenso wie Fremdwörter und Fachsprache. Achten Sie darauf, „Wir"-Formulierungen aus Ihren Werbebriefen zu verbannen. Es geht nicht um Sie („Wir machen", „Wir haben" oder „Wir bieten"), sondern um Ihre Patienten. Also machen Sie sie neugierig und benennen entsprechend deren Vorteile. Sobald Ihr Entwurf steht, lassen Sie mindestens eine nicht-involvierte Person das Schreiben auf Verständlichkeit und Werbewirksamkeit prüfen.

E-Postbrief

Der E-Postbrief ist ein Hybridpostdienst mit angeschlossener Website für den Austausch elektronischer Nachrichten über das Internet. Er überträgt nach Angaben des Anbieters, der Deutschen Post, die Vorteile des klassischen Briefs in das Internet und biete damit auch in der elektronischen Welt eine verbindliche, vertrauliche und verlässliche Schriftkommunikation. Verbindlich, weil Absender und Empfänger immer genau wissen, mit wem sie kommunizieren. Vertraulich, weil jeder E-Postbrief auf seinem elektronischen Weg vom Absender bis zum Empfänger verschlüsselt sei. Und verlässlich, denn der E-Postbrief könne elektronisch, aber auch klassisch per Postbote zugestellt werden.

2.6   Vom E-Mail-Newsletter bis zu Patientenzeitschriften

Vor allem Banken, Versicherungen und die Pharmabranche haben sogenannte Kundenmagazine für sich entdeckt. Nach Angaben der Unternehmen dienen die Hefte zu 90 Prozent der Imagepflege, zu 88 Prozent der Kundenbindung und zu 65 Prozent der Verkaufsförderung. Auch Zahnärzte können sich dieses Kundenbindungselement zu Nutze machen. Interessant ist hier die Ausrichtung „Business to Consumer" (B2C). Das heißt, Unternehmen richten sich an ihre Endverbraucher, also Zahnärzte an ihre Patienten. Patientenzeitschriften stellen eine

Lektüre für zu Hause dar, werden persönlich überreicht oder per Post zu den Patienten nach Hause geschickt. Darüber hinaus sollten sie aber auch im Wartezimmer ausliegen. Die Themenbandbreite reicht von Gesundheitspolitik, etwa Kassenleistungen, über Symptome, Ursachen und Behandlungsmöglichkeiten verschiedener Zahnerkrankungen bis hin zu spezifischen Informationen aus Ihrer Praxis, wie Neuigkeiten, Terminankündigungen, Mitarbeitervorstellungen etc. Ziel ist es, sich als kompetenter Gesundheitspartner und vertrauensvoller Zahnarzt zu präsentieren und bei Patienten für vorgestellte Praxis-Leistungen Interesse zu wecken. Eine Praxis allein kann sich jedoch selten eine regelmäßige, professionelle Produktion einer eigenen Patientenzeitschrift mit vielen Inhalten zu Medizin und Gesundheit leisten. Die graphischen und redaktionellen Arbeiten sind zeitaufwändig und die Gesamtleistungen, der Farbdruck und der Postversand als Kostenpunkt nicht zu unterschätzen.

2.6.1 Einfacher E-Mail-Newsletter

Starten Sie daher zunächst mit der einfachsten und am wenigsten aufwändigen Variante: einem E-Mail-Newsletter im HTML- oder Nur-Text-Format. Das Unternehmen Absolit hat sich Art und Größe von insgesamt 40.421 deutschsprachigen E-Mail-Serienbriefen angesehen: Die meisten Newsletter (64 Prozent) werden im HTML-Format mit Bildern verschickt, 5 Prozent versenden einfach formatierte HTML-Mails ohne Bilder, 27 Prozent nutzen das einfache Textformat, und 4 Prozent der Unternehmen entscheiden sich für das PDF-Format im Anhang. Das Volumen beträgt zwischen 100 Kilobyte (KB) bis hin zu 1,3 Megabyte (MB). In der Regel sollten Newsletter 1 bis 2 MB nicht überschreiten, damit sie das Postfach der Empfänger nicht blockieren.

Aufbau und Inhalt

Sofern Ihre Mail nicht vom Spam-Filter blockiert wurde und dank aktueller E-Mail-Adresse in den Posteingängen Ihrer Patienten gelandet ist, gilt es nun, die Aufmerksamkeit Ihrer Leser zu erhalten: durch eine eindeutige Absenderadresse und durch eine spannende Betreffzeile. Im Adressfeld ist Ihre

Absenderadresse zu sehen. Diese sollte als Spezifizierung Ihren Praxis-Namen enthalten, keine technische Information – wie eine Nummer – und kein leeres Feld (Spam-Verdacht). Mit der Betreffzeile „Newsletter vom 13. September" verschenken Sie nicht nur wertvollen Platz, sondern vor allem Ihre Chance, Interesse zu wecken, die Mail zu öffnen, geschweige denn zu lesen. Übrigens wird das Datum ohnehin standardmäßig in der Mailbox angezeigt. Entscheiden Sie sich für das stärkste Thema aus dem Newsletter. Formulieren Sie einen kurzen Satz, bei dem die wichtigsten Wörter am Satzanfang stehen. Denn das Ende von zu langen Betreffzeilen wird in der Mailbox nicht mehr angezeigt.

Laut der Newsletter-Studie von Jakob Nielsen liegt die durchschnittliche Verweildauer nach dem Öffnen des Newsletters bei 51 Sekunden. Sie müssen also zuerst für schnelle Orientierung sorgen. Beginnen Sie mit der persönlichen Anrede und einem Inhaltsverzeichnis, denn 67 Prozent lesen die Einleitungstexte nicht – kommen Sie also gleich zur Sache. Begrenzen Sie die Anzahl Ihrer Themen auf drei bis maximal sechs. Falls Ihnen viele Themen zur Verfügung stehen, entscheiden Sie sich lieber für drei starke statt für sechs schwache Themen. Nur 19 Prozent lesen den Newsletter komplett. Formulieren Sie daher knackige Überschriften, als Eyecatcher beispielsweise in Großbuchstaben, sowie Kurztexte mit Kernaussagen. Für weiterführende Informationen setzen Sie Links. Einzelne Themen können Sie durch Linien, Leerzeilen oder eine Reihe von Sonderzeichen optisch deutlich trennen.

Vor jedem neuen Versand darf die Kontrolle nicht fehlen: Stimmt die Absenderadresse? Erzeugt die Betreffzeile genug Relevanz, um den Newsletter anzuklicken? Ist die Themenauswahl und -anordnung gelungen? Sind die Überschriften ansprechend formuliert? Gibt es Fehler in der Darstellung oder gar Rechtschreibfehler? Funktionieren alle Links? Wenn alles in Ordnung ist, klicken Sie auf „Senden".

An- und Abmeldung

Geben Sie Patienten die Möglichkeit, sich möglichst niederschwellig an- und abzumelden, auch wenn Sie natürlich jeden Leser behalten möchten. Für beides kann eine Seite auf Ihrer Website dienen. Bei der Neuanmeldung tragen sich Patienten mit ihrer E-Mail-Adresse ein und klicken auf „Senden". Zu ihrer eigenen Sicherheit müssen sie den künftigen Empfang Ihres Newsletters nochmals über einen Link bestätigen. Bieten Sie hier und im Newsletter direkt zudem eine Weiterempfehlung an. Abmelden können sich Patienten ebenfalls auf diese Weise – oder indem Sie nach Erhalt der Newsletter-Mail an eine Unsubscribe-Adresse die Stornierung richten.

2.6.2 Erfolgsmessung Ihres Versands

Wie bereits erläutert, bieten HTML-Varianten Gestaltungsmöglichkeiten mit Hintergrundfarben, Formatierungen, Graphiken und Bildern. Die Erstellung ist somit viel aufwändiger, jedoch haben Sie mit dieser Form die Möglichkeit, zu erfassen, wie viele Empfänger Ihren Newsletter tatsächlich geöffnet haben (Öffnungsrate) und wie viele dieser Empfänger welche Links Ihres Newsletters angeklickt haben (Klickrate). Laut einer Studie der Newsmarketing GmbH liegt die durchschnittliche Öffnungsrate von Newslettern bei 33,8 Prozent, die Klickrate bei 7,5 Prozent. Um die Öffnungsrate zu messen, binden Sie in Ihren Newsletter eine offene oder versteckte Graphik ein, etwa Ihr Praxis-Logo. Diese wird beim Öffnen des Newsletters vom versendenden Server nachgeladen. Die Anzahl der Zugriffe auf diese Datei zeigt dann die Anzahl der registrierten Öffnungen. Auch bei der Klickrate zählt der Server, wie oft der Link angefordert wurde. Durch die Messungen erhalten Sie interessante Einblicke in das Verhalten Ihrer Empfänger, beispielsweise welche Rubrik besonders häufig geklickt wurde oder an welchem Versandtag Sie eine besonders hohe Öffnungsrate hatten. So können Sie entsprechende Optimierungen vornehmen.

2.6.3 Gestaltete Patientenzeitschrift

Sofern Sie eine angemessen große Empfängerzielgruppe haben, Ihren Newsletter zusätzlich beispielsweise in leicht abgewandelter Form an Kooperationspartner, wie etwa zahnmedizinische Labore, und an die Presse schicken, wäre der höhere Arbeitsaufwand für die Erstellung einer kleinen Patientenzeitschrift gerechtfertigt. Diese kann einen Umfang von 4 bis 8 oder sogar 12 Seiten haben und vierteljährlich gedruckt und digital erscheinen. Das ist laut der dapamedien Verlags KG mit 49 Prozent die häufigste Erscheinungsweise von branchenübergreifenden Kundenmagazinen. 31 Prozent veröffentlichen monatlich, 14 Prozent zweimonatlich und 6 Prozent wöchentlich oder alle 14 Tage.

Legen Sie Ihre Patientenzeitschrift in Ihrer Praxis auf dem Empfangstresen sowie im Wartezimmer aus. Versenden Sie diese zudem, sofern Ihnen dafür die Erlaubnis vorliegt, an Ihre Patienten per E-Mail als PDF oder mit einem Link, der zu der Rubrik auf Ihrer Website führt. Stellen Sie Ihre Praxis, Ihr Leitbild und Ihre Mitarbeiter vor, und weisen Sie auf Services und Beratungen hin. Der Newsletter sollte darüber hinaus über Neuigkeiten aus dem Gesundheitswesen, der Zahnmedizintechnik oder der Forschung informieren, die für Patienten relevant sein könnten. Vorsicht: Wenn Ihr Newsletter quartalsweise erscheint, muss diese Meldung mindestens drei Monate lang interessant und kein alter Hut sein.

Von Vorteil ist es natürlich, wenn einer Ihrer Mitarbeiter Kenntnisse und ein Händchen für die graphische Gestaltung des Layouts hat. Ansonsten müssten Sie diese Arbeiten von einer Agentur oder einem freien Graphiker übernehmen lassen (► „Abgabepflicht an die Künstlersozialkasse"). Kosten fallen auch noch für den Druck an. Dabei ist ein Farbdruck deutlich teurer als ein Schwarz-Weiß-Druck, aber er wirkt auch professioneller. Bei einem vierseitigen Newsletter in Farbe mit einer Auflage von 10.000 Stück müssen Sie ungefähr mit Druckkosten von 1200 Euro rechnen.

> **Grundsätze bei der eigenen Produktion eines Newsletters**
> Grundsätze des Schreibens
> - Themenauswahl nach Relevanz
> - Schreiben Sie kurze und verständliche Sätze
> - Benutzen Sie viele Verben – sie beleben den Text
> - Vermeiden Sie Hilfsverben (können, sollen etc.) und Passiv-Sätze
> - Suchen Sie nach knackigen Überschriften – diese werden von etwa doppelt so vielen Menschen gelesen wie der Text
> - Verwenden Sie Zwischentitel, um den Leseanreiz zu erhöhen

Abgabepflicht an die Künstlersozialkasse

Für die Erstellung von Patientenbroschüren, Newsletter oder Onlinetexten greifen Zahnärzte oftmals auf selbstständige Designer und Texter zurück. Dabei ist es wichtig, zu wissen, dass für Honorare an selbstständige Künstler und Publizisten 5,2 Prozent (in 2016; jährliche Änderung möglich) Sozialabgaben an die Künstlersozialkasse (KSK) fällig werden, wenn diese Aufträge „regelmäßig" vergeben werden. Die Beiträge der KSK erhalten selbstständige Künstler als Sozialversicherungszulagen, so wie sie bei Angestellten die Arbeitgeber tragen. Als Künstler gelten Graphiker, Texter, Publizisten und Musiker, die eine dieser Tätigkeiten erwerbsmäßig ausüben oder lehren.

Um richtig kalkulieren zu können, berücksichtigen Sie den jeweils aktuellen Prozentsatz bei den Angeboten selbstständiger Künstler. Auf die Mehrwertsteuer werden keine Beiträge fällig, lediglich auf die Honorare. Regelmäßigkeit liegt bereits vor, wenn einmal jährlich eine Leistung in Anspruch genommen wird. Das muss jedoch mehrere Jahre in Folge geschehen. Das einmalige Erstellen einer Website fällt nicht darunter, die regelmäßige Webpflege hingegen schon.

Die höchstmögliche Strafe für Verstöße gegen die Abgabepflicht liegt bei 50.000 Euro. Sie wird jedoch nicht ohne Weiteres erteilt. Im Normalfall wird zu einer Nachzahlung aufgefordert. Nur wenn keine Einigung erzielt wird, kommt es zu Bußgeldern – meist in deutlich geringerem Umfang.

Grundsätze des Gestaltens

- Übersicht und Orientierung mit einer klaren Struktur, einem Inhaltsverzeichnis und Mut zur weißen Fläche – weniger ist oftmals mehr
- Themen hierarchisch anordnen – das Wichtigste steht oben bzw. auf der ersten Seite
- Wiederkehrende Themenrubriken einführen wie „Zahntipp des Monats"
- Bilder und Graphiken lockern Texte auf
- Zu jedem Graphikelement gehört eine Bildunterschrift
- Schreiben Sie kurze Texte

2.7 Apps für Smartphones – Nutzen für Patienten und Zahnärzte

Die mobile Internetnutzung liegt im Trend: Die Verbreitung von Touchscreen-Smartphones ist immens. Weit mehr als die Hälfte der mobilen Surfer nutzt Software-Anwendungen, sogenannte Apps. Das Wort „App" kommt von „Applikationen" – nicht etwa vom Namen des Herstellers und derzeitigen Marktführers „Apple", wie man vermuten könnte. Im Apple App Store waren im Januar 2015 mehr als 1,4 Millionen Apps verfügbar – und die Zahl steigt permanent weiter. Die Apps sind in verschiedene Kategorien sortiert: Laut statista zählten im Juni 2015 Spiele, Business, Bildung, Lifestyle und Unterhaltung zu den Top 5. Apps zu Gesundheit und Fitness erreichen den 10. Platz. Im Schnitt haben Smartphone-Besitzer rund 21 Apps auf ihrem Mobiltelefon.

Die Gesundheits-Apps für Smartphones sprechen hauptsächlich medizinische Laien an. So ist beispielsweise die App „Erste Hilfe (auffrischen)" eine Anleitung, um im Ernstfall Erste Hilfe leisten zu können. Hier wird nicht vorausgesetzt, dass die Nutzer eine korrekte Diagnose, zum Beispiel „Schlaganfall", stellen. Sie können anhand von sechs Leitsymptomen auswählen, mit welcher Situation sie es zu tun haben. Mit Hilfe von Bildern und Graphiken werden die Nutzer dann Schritt für Schritt zu den richtigen Maßnahmen geführt: stabile Seitenlage, Herz-Lungen-Wiederbelebung, Atemkontrolle, lebensrettender Handgriff oder Maßnahmen bei Verletzungen.

Zudem gibt es viele Smartphone-Apps, die das Handy zum Gesundheitstagebuch avancieren lassen: Die Nutzer können ihre Vitalfunktionen, ihren Pulsschlag, den Blutdruck oder auch ihren Schwangerschaftsverlauf dokumentieren und die Entwicklungen überwachen. Das gleiche eignet sich auch für viele Erkrankungen, die User mittels Tagebuch z. B. zu Blutzuckerwerten, Medikamentenanwendung, Notizen zum Wohlbefinden selbst im Blick behalten. Dazu gibt es mittlerweile auch Apps mit zusätzlicher Hardware, wie Blutdruckmanschette, Fieberthermometer, Pulsarmband oder Schrittzähler. All diese dokumentierten Informationen können

2

User in das Arzt-Patienten-Gespräch einbeziehen und dem Arzt die Werte zeigen. Ebenfalls können diese Daten via Bluetooth oder WLAN übertragen werden.

Mit Bezug auf Zahnmedizin gibt es weniger „lebenswichtige" Apps: Patienten können sich für 1,99 Euro den „Zahnputzmotivator" auf ihr Handy laden; für 0,99 Euro gibt „Meine Zahnbürste" Tipps zur Mundhygiene.

Darüber hinaus gibt es Apps, die speziell auf den Standort der User zugeschnitten sind. Der „Allergiehelfer" informiert die Nutzer über die aktuelle Luftbelastung durch Pollen, UV-Strahlen und Feinstaub. Dabei gibt es sowohl die Möglichkeit, die aktuelle Belastungslage abzurufen, als auch eine Zwei-Tages-Voraussage. Nutzer können ihre Städte individuell festlegen oder die Angaben für ihren durch GPS ermittelten Standort abrufen. Besonders für Menschen mit Heuschnupfen oder allergischem Asthma können die Informationen hilfreich sein. Ein anderes Beispiel für die lokalisierende Funktion, wo auch Sie als Zahnarzt ins Spiel kommen, ist eine mobile Zahnarztsuche. Mittels Standortermittlung wird angezeigt, wo sich die nächste Zahnarztpraxis befindet. Anbieter sind hier Arzt-Suchverzeichnisse, Krankenkassen oder Kassenzahnärztliche Vereinigungen. Daher ist es, wie in ▶ Abschn. 2.1 beschrieben, so wichtig, mit korrekten Kontaktdaten, Sprechzeiten, Spezialisierungen und Service in den Online-Verzeichnissen gelistet zu sein. Einige Zahnärzte haben sogar ihre eigene App: Darüber stellen sie ihre Praxis und Leistungen vor und bieten beispielsweise einen Online-Terminplaner an. Die Beispiele zeigen, dass Gesundheits-Apps eine Vielzahl von Nutzern finden – sowohl Patienten als auch Mediziner.

2.7.1   Wearables – Miniaturcomputer am Körper

Das Smartphone war nur der Anfang. Mit den sogenannten Wearables – Miniaturcomputer, die am Körper getragen werden – hat bereits die nächste Stufe der technologischen Evolution begonnen, so die BITKOM-Studie „Zukunft der Consumer Electronics – 2015". Bekannt sind vor allem die Smartwatches. Im nächsten Schritt wandert die Techno-

logie auch in die Kleidung, wo Sensoren integriert sind, dass T-Shirts beim Sport die Atem- und Herzfrequenz messen. Für die Produktkategorien Smartwatches, Smart Glasses (intelligente Brillen, in denen in das Sichtfeld des Anwenders z. B. Zusatzinformationen zu beliebigen Themen eingebunden sind), vernetzte Kleidung sowie Fitness-Tracker (z. B. Schrittzähler) geht IHS Technology 2015 bereits von einem weltweiten Umsatz von 7,7 Milliarden Euro aus. Das größte Wachstum ist bei den Smartwatches zu erwarten, mit denen bis 2017 mehr als 11 Milliarden Euro umgesetzt werden sollen. Smart Glasses steht der große Sprung noch bevor. Bis 2017 wird ein Umsatz von knapp 3 Milliarden Euro erwartet. Fitness-Tracker sind bereits auf einem hohen Niveau von rund einer Milliarde Umsatz und wachsen stabil um sechs Prozent. Smarte Textilien stehen noch am Anfang und stellen im Vergleich zu den anderen drei Produktkategorien das kleinste Marktsegment dar. Bis 2017 wird ein weltweiter Umsatz von 155 Millionen Euro erwartet. Es bleibt also spannend, welche neuen Entwicklungen uns in den nächsten Jahren erreichen und wie diese dann im Medizinmarkt angewendet werden.

2.7.2   iPads im Praxis-, Klinikund Pflege-Alltag

Neben Smartphones steckt ebenfalls Potential in Tablets zur Anwendung im Gesundheitsmarkt. Tablet Computern gelang der Durchbruch 2010. Nach Absatz- und Umsatzrekorden in den ersten Jahren hat sich der Markt stabilisiert und wächst nur noch langsam, so Ergebnisse der Studie „Zukunft der Consumer Electronics – 2015" von BITKOM. 2015 werden voraussichtlich 7,7 Millionen Geräte in Deutschland verkauft. Das abgeschwächte Wachstum bei Tablet Computern hat mehrere Gründe: Die Hersteller sorgen mit Software-Updates auch bei älteren Geräten dafür, dass sich die Lebenszyklen für Tablets verlängern. Hinzu kommt, dass immer mehr Kunden zu einem größeren Smartphone, einem sogenannten Phablet, statt einem Tablet greifen und sich Familienmitglieder häufig einen Tablet Computer teilen.

Zurück zur Praxis: Wie in ▶ Abschn. 2.2 bereits erwähnt, können Zahnärzte im Warte- und Sprechzimmer beispielsweise iPads für Patienten aufstellen, auf denen Sie dann Praxis-Präsentationen abspielen sowie über ihr Leistungsspektrum und Selbstzahlerangebote informieren. Zudem können sie Patienten bitten, darüber direkt Zahnarztbewertungen auf einem ausgewählten Portal abzugeben. Ebenfalls können sie ein iPad für wartende Patienten auf dem Empfangstresen positionieren und hierüber kurze organisatorische Hinweise abspielen, wie beispielsweise das Datum für Betriebsferien.

Auch im Klinikmarkt hält das iPad Einzug: In einer Studie der amerikanischen Medizin-Software-Firma Epocrates unter 350 Kliniken haben 60 Prozent der Ärzte angegeben, dass sie in Betracht ziehen, mit dem iPad zu arbeiten. Viele Eigenschaften des iPads können sich im Klinik-Alltag als nützlich erweisen. Beispiel Visite: In Zeiten zunehmender IT-Durchdringung ist das klassische Klemmbrett mit Block und Stift am Krankenbett überholt. Daten über Medikation oder Patientenakten werden längst schon elektronisch verwaltet, Stichpunkte und Aufzeichnungen, die bei der Visite manuell gemacht werden, müssten in einem zweiten Arbeitsschritt erst an einer „Computer-Station" eingepflegt werden. Das iPad ist daraufhin konzipiert, in der Hand benutzt zu werden, insbesondere bei wenig Schreibaufkommen, und hat eine Akku-Laufzeit von etwa zehn Stunden.

In Deutschland basteln Software-Hersteller ebenso bereits an Applikationen, die den Klinik- und Praxis-Alltag unterstützen sollen. So hat ein Unternehmen beispielsweise eine App entwickelt, mit der Arztbriefe, Befunde, Laborberichte und andere Patienten-Informationen abgerufen werden können. Der Einsatz des iPads bei der Visite ermöglicht es außerdem, Röntgenbilder direkt am Krankenbett anzusehen. Die Möglichkeit, mobil auf die Patientendaten zugreifen zu können, verkürzt die Informationswege und spart Zeit und die mobile Digitalisierung zudem Papieraufkommen. Zudem sind Daten mit weniger Aufwand ergänzbar.

Die Berliner Charité und die Telekom HealthcareSolutions haben die digitale Visite in einer wissenschaftlichen Pilotstudie untersucht. Drei Stationsteams der Neurologischen Station am Campus Mitte machten den Test: Welche Vor und Nachteile hat der Tablet-PC gegenüber dem guten, alten Visitenwagen voller Akten? Die Neurologie wurde ausgewählt, weil sie als interdisziplinäre Abteilung auf komplexe Diagnoseverfahren und zeitaufwendige Datenbearbeitung angewiesen ist. Das Ergebnis: Der Einsatz eines Tablets führt zu einer messbaren qualitativen und quantitativen Verbesserung der Arbeitsabläufe im klinischen Alltag: Ergebnisse medizinischer Untersuchungen lassen sich schneller prüfen. Durchschnittlich 40 Sekunden spart ein Arzt beim Nachschauen von medizinischen Befunden in der elektronischen Patientenakte gegenüber dem Befragen der Akte aus Papier. Die Folge: Die Visite nahm zwar nicht weniger Zeit in Anspruch, die Ärzte nutzten die gesparte Zeit aber für einen intensiveren Kontakt mit den Patienten und auch für mehr Austausch mit Kollegen. Laut Telekom haben sich mittlerweile 35 Kliniken für die mobile Datenerfassung per iPad mini entschieden und die Nachfrage sei so groß, dass man kaum hinterher komme.

Ebenfalls stehen für den Pflegesektor erste Produkte zur Verfügung: Von der Firma imatics gibt es ein iPad-App zur Pflegeanamnese nach dem Pflegekonzept AEDL (Aktivitäten und existentielle Erfahrungen des Lebens). Mit dieser Applikation kann die Pflegeanamnese entsprechend dem AEDL-Strukturmodell („Aktivitäten und existentiellen Erfahrungen des Lebens") in Form von visuell-interaktiven Formularen durchgeführt werden. Ein Arzt kann zum Beispiel die Dekubitusstellen eines Patienten dokumentieren, indem er in der App auf die entsprechende Stelle der Graphik tippt, die einen menschlichen Körper abbildet. Wenn ein Patient zum Beispiel einen Dekubitus an der rechten Ferse hat, tippt der Arzt auf die rechte Ferse in der Abbildung auf dem Display. Auf diese Weise können Veränderungen im Krankenbild mit wenigen Fingertipps dokumentiert werden. Die Entwicklungen von iPad-Apps im Gesundheitsmarkt stehen noch am Anfang. Erste Test-Projekte zeigen, was möglich sein kann. Derzeit werden noch Themen wie die Vereinbarkeit mit dem Medizinproduktegesetz, Datenschutz- sowie hygienische Aspekte diskutiert. Laptops wurden jedoch in früheren Studien wegen Tastatur und Lüfter als Keimschleuder entlarvt. Dagegen sind Tablets wesentlich geeigneter für den Einsatz im Krankenhaus. Denn sie sind leicht, unkompliziert zu reinigen – wie etwa Stethoskope – und stellen somit keine Übertragungsquelle für nosokomiale Erreger dar.

Dr. Eva Baumann, Institut für Journalistik und Kommunikationsforschung, Hochschule für Musik, Theater und Medien Hannover

Was ist das Besondere an Online-Kommunikationsstrategien in der Arzt-Patienten-Interaktion?

„Online-Kommunikation setzt einen ‚Kommunikationspull', das heißt ein vorhandenes Informationsinteresse und -bedürfnis oder sogar den Wunsch nach Dialog durch den Patienten aufgrund eines gesundheitlichen Anliegens voraus. Da das Internet inzwischen für viele zu einer ersten Anlaufstelle geworden ist, um nach Gesundheitsinformationen und geeigneten Zahnärzten zu suchen, sich im Vorfeld über Behandlungsmöglichkeiten zu erkundigen oder sich nach einem – oftmals sehr kurzen – Gespräch vertiefend zu informieren, sind Online-Marketing-Strategien auch für Zahnärzte als durchaus erfolgversprechend einzuschätzen. Da nicht abgedeckte Zusatz- und Wahlleistungen in der zahnmedizinischen Versorgung einen hohen Stellenwert haben, ist angesichts der größeren individuellen Entscheidungsnotwendigkeiten und -spielräume der Patienten insbesondere in diesem Bereich von einem eher höheren Problembewusstsein und der aktiven Suche nach Behandlungsalternativen und Preis-Leistungs-Vergleichen auszugehen."

Für welche Patientengruppen eignet sich Online-Kommunikation?

„Online-Kommunikation kann die persönliche Beratung und Betreuung keinesfalls ersetzen, sie kann die Arzt-Patienten-Beziehung sinnvoll unterstützen, stärken und ergänzen. Auch für verschiedene Angelegenheiten des Praxis-Managements (z. B. Terminvergabe) können sich Online-Medien anbieten, sofern sie gut in die sonstige Infrastruktur eingebunden sind. Wenn ein Patient mit der Praxis und dem behandelnden Zahnarzt

bereits lange vertraut ist, wird er für aktuelle Service-Informationen, zum Beispiel Praxis-Urlaube, und individualisierte Erinnerungen, wie Vorsorgetermine per SMS oder E-Mail, vermutlich dankbar sein. Wer jedoch nur einmal aus akutem Anlass in dieser Praxis war, könnte über plötzlichen Mailkontakt vielleicht sogar irritiert sein."

Für welche Zahnärzte lohnt sich eine Online-Marketing-Strategie?

„Auch wenn in Online-Marketing-Maßnahmen für Zahnarztpraxen grundsätzlich durchaus Potential zu sehen ist, eignen sich die Strategien sicher nicht für alle Zahnärzte in gleicher Weise. Für einen Zahnarzt, der sich auf bestimmte Behandlungsfelder spezialisiert hat oder besondere Behandlungsmethoden anbietet – beispielsweise für Angst-Patienten –, ist es besonders wichtig, umfassende Informationen zum Behandlungsspektrum auf der Website anzubieten, um im Internet gefunden zu werden und eine gute Vorab-Information zu erleichtern. Auch ist seine Präsenz in Expertenforen und renommierten Fachmedien – online ebenso wie offline – wichtig, um seine Kompetenzfelder zu unterstreichen und von Kollegen und Patienten weiterempfohlen zu werden.

Da die meisten Patienten langfristig bei ‚ihrem Zahnarzt' bleiben und ihnen das Vertrauen zu ihrem Zahnarzt besonders wichtig ist, gilt für Praxen, die einen hohen Anteil an langjährigen und regelmäßigen Patienten haben, dass die im Internet bereitgestellte Informationen und der Online-gestützte Dialog mit den Patienten die persönliche Beziehung unterstützt. Entsprechend sollte die Website der Praxis hier eher die persönliche Seite der Praxis und den lokalen Bezug bzw. die Nähe zu den Patienten in den Vordergrund stellen.

Gleichzeitig spielt die Patientenstruktur eine Rolle, weil unterschiedliche Patientengruppen gegenüber Informationen zu ihrer Gesundheitsversorgung unterschiedlich aufgeschlossen sind und auch über Neue Medien nicht gleich gut erreicht werden können. Beispielsweise sollte ein Zahnarzt mit einem großen Anteil bildungsferner Patienten, die tendenziell weniger Wert auf eine intensive Mundhygiene und regelmäßige Prophylaxe legen und auch finanziell über geringere Entscheidungsspielräume verfügen, daher andere Strategien der Ansprache wählen als beispielsweise ein Zahnarzt, der viele gutsituierte Patienten betreut, die besonderen Wert auf die Verwendung hochwertiger Materialien legen und auch Interesse an zahnkosmetischen Behandlungen haben. Im ersten Fall ist es besonders wichtig, die Informationsangebote durch einen leichten Zugang und leichte Verständlichkeit sehr niedrigschwellig zu gestalten."

Passen neue Medien wie Blog, Twitter oder YouTube überhaupt zur Arzt-Patienten-Kommunikation?

„Welche Informations- und Dialogangebote über welche Kommunikationskanäle in welchem Umfang gemacht werden, sollte von der Zweckmäßigkeit und Bedarfsgerechtigkeit abhängen und auch unter Effizienzgesichtspunkten beurteilt werden. Wer sich dafür entscheidet, sollte ein klares Profil haben und konkrete Kommunikationsziele verfolgen (z. B. Positionierung als Spezialist für Implantate, als Zahnarzt mit einem besonderen Behandlungsprogramm für Kinder). Würde sich dafür beispielsweise der Aufwand eines eigenen Blogs überhaupt lohnen? Wen möchte man mit welchen Inhalten ansprechen und was sollte hiermit konkret erreicht werden? Gleichzeitig ist stets zu bedenken, welche Formen der

Veröffentlichung überhaupt zulässig sowie medizinisch und ethisch vertretbar sind bzw. zur Vertrauensbildung und Stärkung der Reputation beitragen. Ob einzelne Web-2.0-Angebote also sinnvoll sein könnten, um den Patientenstamm zu erweitern oder das Vertrauensverhältnis zu den bestehenden Patienten zu stärken, hängt letztlich davon ab, ob Patienten diese Anwendungen für die Suche nach einer Praxis oder die Information über zahnmedizinische Behandlungsmöglichkeiten nutzen oder nutzen würden. Hier ist das Potential derzeit als eher begrenzt einzuschätzen, da Patienten in erster Linie Suchmaschinen nutzen oder spezifische Gesundheits-, Arzt- und Medizinportale aufsuchen. Einzelne Zahnkliniken und Zahnarztpraxen haben zwar bereits ein eigenes Facebook-Profil – wenn solche Maßnahmen aber nicht in eine übergeordnete Marketingstrategie eingebunden sind, ist die Wirksamkeit der Initiativen eher gering."

Können Zahnärzte auch ohne Online-Kommunikationsmaßnahmen erfolgreich sein?

„Sicher können Zahnärzte auch ohne Online-Kommunikation erfolgreich sein, aber sie können die Beziehungsqualität zu ihren Patienten und damit ihre zahnärztliche Leistung hierdurch unterstützen und optimieren. Angesichts der zunehmend angespannten wirtschaftlichen Lage im Gesundheitssystem, die sich auch auf den Spielraum der zahnmedizinischen Versorgungsleistungen auswirkt, können sinnvoll eingesetzte mediengestützte Formen des Dialogs mit dem Patienten sogar zu einer Effizienzsteigerung beitragen. Da es nicht zulässig ist, für die eigenen Leistungen offensiv zu werben, können sich Zahnärzte über attraktive und moderne Informations-, Service- und Dialogangebote von ihren Kollegen abheben und so einen Wettbewerbsvorteil generieren. Hinzu kommt, dass dem Internet eine weiterhin steigende Bedeutung für die Information über zahnmedizinische Behandlungsmöglichkeiten sowie für die Suche nach geeigneten Zahnärzten beigemessen wird, wodurch die Präsenz im Netz auch für Zahnärzte noch mehr an Bedeutung gewinnen wird. Schließlich ist zu prognostizieren, dass künftige Generationen mit Online-Medien in weit höherem Maß vertraut sind, was heute noch teilweise bestehende Berührungsängste minimieren wird. Zunehmend mobile Patienten werden moderne, individualisierte und flexible Dialogangebote vermutlich verstärkt schätzen oder gar erwarten.

Eine erfolgreiche Online-Kommunikation setzt in jedem Fall voraus, dass der Zahnarzt die Bedürfnisse und Interessen seiner (potentiellen) Patienten kennt bzw. in Erfahrung bringt, nur solche Dialogangebote macht, die er auch einhalten kann, und seine Informationen im Netz kontinuierlich pflegt und aktualisiert."

Die Praxis-Website

Alexandra Köhler, Mirko Gründer

A. Köhler, M. Gründer, *Online-Marketing für die erfolgreiche Zahnarztpraxis*,
Erfolgskonzepte Zahnarztpraxis & Management,
DOI 10.1007/978-3-662-48573-6_3, © Springer-Verlag Berlin Heidelberg 2016

Viele Patienten, oftmals jüngere, möchten einen neuen Zahnarzt vor dem Praxis-Besuch erst einmal online unter die Lupe nehmen. Sie holen Informationen zu beispielsweise Anfahrtswegen und Öffnungszeiten oder zu Fachkenntnissen und Spezialisierungen der Zahnärzte ein. Mit einer eigenen Praxis-Website stillen Zahnärzte das erste Informationsbedürfnis und entlasten somit das Praxis-Team.

Haben Sie bereits eine Website? Sehr gut. Dann können Sie sich im Folgenden weitere Tipps und Anregungen holen. Wollen Sie eine Praxis-Website erstellen? Bleiben Sie Ihrer Linie treu: Achten Sie auf Ihr bereits bestehendes Marketing-Konzept, und verwenden Sie auch bei Ihrer Internetpräsenz Ihr Corporate Design (▶ Kap. 1): Logo, Farben und der Gesamteindruck der Website müssen zu Ihrer Corporate Identity passen.

Aber was macht eine „gute" Website aus? Und was unterscheidet sie von einer „schlechten"? Praxis-Websites sollten immer das Ziel verfolgen, Informationen für ihre definierte Zielgruppe laienverständlich zur Verfügung zu stellen. Das persönliche Beratungsgespräch wird durch eine Website natürlich nicht ersetzt. Internetpräsenzen dienen besonders dazu, Informationen bereitzustellen und neue Patienten auf sich aufmerksam zu machen. Sehen Sie sich dazu beispielsweise die Altersstruktur Ihrer Patienten an: Kommen eher ältere oder jüngere in Ihre Praxis? Auch das Geschlecht spielt eine Rolle, ebenso wie Ihre Schwerpunkte. Kommen beispielsweise eher ältere Patienten zu Ihnen, Sie möchten Ihren Patientenkreis aber um ein jüngeres Publikum erweitern, können Sie dafür Ihre Website optimal nutzen. Stellen Sie dann auf der Internetpräsenz die Themen in den Vordergrund, die junge Erwachsene ansprechen, also z. B. eher Prävention als Zahnersatz, und bieten Sie moderne Kommunikationslösungen wie eine Online-Terminvergabe (▶ Abschn. 3.4) an. Denken Sie bei der Neugewinnung von Patienten insbesondere an Privatpatienten? Dann sollten Sie Ihr Leistungsspektrum inklusive Selbstzahlerleistungen in den Vordergrund der Website stellen. Beachten Sie insgesamt drei Grundsätze: Ihre Internetpräsenz sollte informativ, benutzerfreundlich und ansprechend gestaltet sein. Im Folgenden erhalten Sie Anregungen und nützliche Hinweise, Ihre Praxis-Website rechtssicher, publizistisch wertvoll und nutzerfreundlich zu erstellen.

3.1   Nutzen einer Praxis-Website

Aktualität Informationen im Internet können schnell und einfach verändert und aktualisiert werden – vor allem, wenn die Seite mit einem Content-Management-System erstellt wurde (▶ Abschn. 3.2). So können Sie Ihre Patienten stets auf dem Laufenden halten, zum Beispiel über Urlaubstermine, neue Kollegen oder Selbstzahlerleistungen.

Verfügbarkeit 51 Prozent der Deutschen suchen im Internet nach medizinischen Leistungserbringern – von zu Hause, über Laptops oder unterwegs über internetfähige Mobiltelefone oder Tablet-PCs. Mit einer Website schaffen Sie für Ihre Praxis eine eigene Anlaufstelle im Internet.

Multimedialität Auf Ihre Praxis-Website können Sie nicht nur Texte und Fotos online stellen, sondern auch multimediale Inhalte wie Videos, zum Beispiel einen Imagefilm Ihrer Praxis sowie Aufklärungsfilme zu Behandlungsmethoden (▶ Kap. 2), oder Podcasts. Des Weiteren können Sie eine virtuelle Führung durch Ihre Praxis-Räume anbieten.

Reichweite Das Internet stellt seine Informationen weltweit zur Verfügung. Bei besonderen Leistungen nehmen Patienten auch mal eine weitere Anreise in Kauf.

Kommunikation Über Ihre Praxis-Website können potentielle Kunden und auch Stammkunden jederzeit Kontakt zu Ihnen aufnehmen. Mit wenigen Klicks ist ein Kontaktformular ausgefüllt oder eine E-Mail verfasst. Über ein Gästebuch können Besucher sich mit Ihnen und anderen Patienten austauschen – wobei Sie hier die Einschränkungen durch das Heilmittelwerbegesetz beachten müssen (▶ Kap. 7).

3.2   Wahl der Internet- und E-Mail-Adresse

Über die Internet-Domain, das heißt die Internetadresse der Website, identifiziert sich die Praxis. Sie ist sehr wichtig für die Suche nach Ihrer Praxis im Internet. Leider ist es schwierig geworden, sich eine kurze, aussagekräftige www-Adresse zu sichern. Viele begehrte Adressen sind schon vergeben. Je mehr Wörter eine Internetadresse enthält, desto wahrscheinlicher ist es, dass diese noch verfügbar ist. Die Regel lautet jedoch: Die Domain muss eindeutig sein. Vermeiden Sie es also, willkürlich Keywords aneinanderzureihen.

Beantragt wird eine Domain beim DENIC. Dies ist die Registrierungsbehörde für alle deutschen Domains, also jene mit der Endung „de". Hier gilt das „First-come-first-serve"-Prinzip. Das heißt, wer zuerst kommt, bekommt die gewünschte Adresse. Um sicherzugehen, dass Sie keine Geschäftsbezeichnungen und Namensrechte verletzen, wählen Sie am besten den eigenen Zahnarzt- oder Praxis-Namen und gegebenenfalls den Namen des Ortes, beispielsweise ▶ www.dr-mustermann-koeln.de oder ▶ www.praxis-mustermann.de. Weiterhin müssen Sie darauf achten, keine Alleinstellungsbehauptungen aufzustellen. Die Domain oder die E-Mail-Adresse darf nicht den Anschein erwecken, dass Ihre Praxis die einzige am Ort ist oder Sie der einzige Fachzahnarzt einer bestimmten Richtung sind. Vermeiden Sie demnach beispielsweise ▶ www.der-zahnarzt-kiel.de oder ▶ www.kieferorthopaede-hamburg.de. Ebenso verstoßen Sie gegen das Berufsrecht, wenn Sie innerhalb Ihrer Domain Werbung integrieren: ▶ www.der-beste-zahnarzt.de oder ▶ www.der-einzige-oralchirurg.de sind nicht zulässig.

Wenn Sie einen freien Domain-Namen ausgewählt haben, sollte Ihr Webdesigner Ihnen alle Top-Level-Domains sichern. Das heißt, nicht nur die Endung de, sondern auch com, net, org sollten Sie buchen, ebenso alle Varianten mit und ohne Bindestriche, wie beispielsweise ▶ www.dr-mustermann-praxis.de und ▶ www.drmustermannpraxis.de. Sie schützen sich damit vor dem Risiko, dass Konkurrenten diese Domains buchen und damit Ihre Webpräsenz stören. Eine Domain kostet im Jahr nur wenige Euro. Entscheiden Sie sich für eine Adresse als Haupt-Domain und leiten Sie alle sekundären Adressen auf diese um. Eine Website doppelt zu betreiben sollten Sie schon aus Gründen der Suchmaschinenoptimierung (▶ Kap. 4) vermeiden.

> **Tipp**
>
> Über das Such-Tool unter ▶ www.denic.de können Sie prüfen, ob die von Ihnen gewünschte Internetadresse noch frei ist. Eine Domain zu reservieren sollten Sie jedoch Ihrem Webdesigner überlassen. Dennoch sollten Sie unbedingt darauf achten, dass Sie als Eigentümer der Domain eingetragen werden, und nicht die Agentur!

3.3 Die Website-Gestaltung

Die Website ist Ihr Aushängeschild im Internet. Machen Sie sich im Vorfeld Gedanken, welche Inhalte und welche Struktur die Website vorweisen soll. Wen und was wollen Sie genau mit Ihrer Internetpräsenz erreichen, und welche Informationen wollen Sie darstellen? Suchen Sie sich vorher Bilder und Grafiken aus, die Sie in die Website einbinden wollen. Aufgrund dieser Inhalte legen Sie dann eine Seitenstruktur fest. Wie viele Unterseiten muss die Website haben, um alle Inhalte darstellen zu können? Achtung: Die Klicktiefe sollte idealerweise nicht über drei Ebenen gehen. Vordergründig ist, dass die Internetpräsenz logisch strukturiert ist. Holen Sie sich Anregungen zum Layout und Aufbau im Internet. Sie werden schnell feststellen, welche Website Sie selbst ansprechend und gut strukturiert finden. Überlegen Sie sich zudem, ob Sie die Zeit und das Wissen haben, Ihre Website selbst zu erstellen und zu betreuen, oder dies einem Webdesigner oder einer Agentur überlassen wollen.

3.3.1 Webdesigner und Content-Management-Systeme

Wenn Sie Ihre Website überarbeiten oder eine neue Internetpräsenz anfertigen wollen, beauftragen Sie am besten einen Webdesigner, der Ihnen die Grundstruktur Ihrer Website erstellt. Sinnvoll und modern ist es, die Internetpräsenz mit einem Content-Management-System (CMS) zu erstellen, statt statisch in HTML (Hypertext Markup Language, Programmiersprache). Das CMS trennt Layout und Inhalte

3

strikt: Das Layout ist dabei der äußere Rahmen der Website. Die Inhalte sind die Texte, Bilder und Graphiken. Diese werden in der Regel oft verändert – was mittels des CMS nach einer Einweisung auch für Laien einfach durchführbar ist.

> **Tipp**
>
> Lassen Sie sich selbst und mindestens einen weiteren Praxis-Mitarbeiter in das CMS einweisen. So können Sie die Betreuung der Website an einen Mitarbeiter delegieren, sind aber auch vertretungsfähig und haben auch selbst das Knowhow, falls mal das Personal wechselt.

Wenn Sie einen externen Webdesigner beauftragen, so achten Sie darauf, dass dieser Ihnen tatsächlich zuhört und auf Ihre Bedürfnisse eingeht. Sie sollten sich gut beraten fühlen. Wichtig ist zudem, dass der Webdesigner Ihnen genau erklärt, wie Sie Ihre Website selbst pflegen können, sobald diese fertig erstellt ist. Zudem muss sich die Agentur mit gesundheitsbezogenen Websites auskennen, deren rechtliche Besonderheiten berücksichtigen und auch Ihre spezielle Zielgruppe beachten. Es gibt Webdesigner, die sich auf (Zahn-)Arzt-Websites spezialisiert haben. Weiterhin kooperieren einige Agenturen mit externen Experten, beispielsweise der Stiftung Gesundheit, die Gesundheits-Websites zertifiziert (► Abschn. 3.7). Diese stellt den Webdesignern einen Kriterienkatalog zur Verfügung, anhand dessen sie eine rechtssichere und publizistisch wertvolle Website erstellen, die zudem auch nutzerfreundlich sowie suchmaschinenoptimiert ist.

Eine einfache Website anfertigen zu lassen kostet ab 500 Euro. Der Preisgestaltung sind nach oben hin keine Grenzen gesetzt. Lassen Sie sich auch nicht davon überzeugen, dass der von Ihnen beauftragte Webdesigner alles selbst machen kann. Suchmaschinenoptimierung (SEO) ist beispielsweise ein wichtiger Bestandteil einer erfolgreichen Internetpräsenz. Über das dazugehörige Spezialwissen verfügt aber nicht jeder Webdesigner. Es gibt SEO-Spezialisten, die Ihre Texte und Bilder optimieren, sodass Google Ihre Website unter den ersten Treffern listet (► Kap. 4).

Achten Sie zudem darauf, dass Ihre Webdesign-Agentur bei Ihrer Website ein gängiges CMS-Programm verwendet, wie beispielsweise Wordpress, Typo3 oder Joomla. Einige Agenturen benutzen eigene CMS-Programme. Das zeugt zwar davon, dass sie auf diesem Gebiet sehr versiert sind, der Nachteil für den Kunden ist aber, dass er an dieses Programm gebunden ist. Möchten Sie eines Tages die Agentur wechseln, muss schlimmstenfalls Ihre Website aufwändig auf ein neues CMS-Programm umgestellt werden.

Bei der Auswahl des CMS-Programms kommt es darauf an, was sie von Ihrer Website später erwarten. Auf welche Standards legen Sie wert? Wie nutzerfreundlich soll Ihre Seite werden? Können Ihre Mitarbeiter die Seite später mit einfachen Handgriffen pflegen und aktualisieren? Möchten Sie technisch aufwändigere Formulare oder beispielsweise RSS-Feeds einbinden? Lassen Sie sich von Ihrem Webdesigner beraten, welche Lösung für die Ansprüche an Ihre Website die beste ist.

Möchten Sie doch einmal das Layout ändern, weil Sie beispielsweise ein neues Logo in anderen Farben verwenden, zahlt sich die Arbeit mit einem CMS-System erst recht aus. Die Webdesign-Agentur muss dabei nur den äußeren Rahmen, also das Layout, ändern. Die Inhalte bleiben an der gleichen Stelle und werden nicht bearbeitet – was den Aufwand erheblich reduziert.

3.3.2   Strukturierung der Website

Layout   Sehen Sie sich verschiedene Websites an. Es gibt viele Möglichkeiten für das Grundlayout, etwa zentrierte und fensterfüllende Layouts. Bei zentrierten Layouts wird der Rahmen der Website auf eine bestimmte Größe festgelegt, beispielsweise 700 Pixel. Das bedeutet, dass die Breite der Website immer gleich bleibt, unabhängig von der Größe des Bildschirms. Auf einem großen Monitor kann beispielsweise die gesamte Website angezeigt werden. Auf einem kleinen Laptop hingegen ist die Website seitlich abgeschnitten. So müssen die Nutzer die Internetseite immer seitlich bewegen, um die Inhalte komplett zu lesen. Das ist für die Besucher kompliziert und nervenaufreibend.

Andere Websites passen sich selbstständig dem Bildschirm an, auf dem sie aufgerufen werden – die sogenannten responsiven Designs. Diese sind flexibel gestaltet und gleichen sich größentechnisch an das jeweilige Endgerät an. So können die Nutzer die Inhalte sowohl auf großen Monitoren als auch auf einem Smartphone oder Tablet-Computer problemlos lesen – in Zeiten immer weiter steigender mobiler Internetnutzung ein wesentlicher Vorteil. Je kleiner der Bildschirm des Endgerätes ist, umso länger wird der Textfluss. Die Nutzer müssen jedoch nur nach unten und nicht noch zur Seite scrollen, um den gesamten Inhalt zu erfassen. Der Nachteil: Das responsive Design ist sehr modern und basiert auf aktuellsten technischen Standards. Ältere Browser haben oft Schwierigkeiten, es korrekt darzustellen.

Navigation Die Navigationsleiste befindet sich bei den meisten Websites oben oder auf der linken Seite. Der Mensch ist ein Gewohnheitstier. Die Besucher Ihrer Internetpräsenz werden also zuerst oben oder links nach einer Orientierung suchen. Sie können dies auch kombinieren, indem Sie die Hauptnavigation oben platzieren und die Unterpunkte auf der linken Seite. Eine weitere Möglichkeit sind Navigationsleisten, bei denen die Unterpunkte sichtbar werden, wenn die Nutzer mit der Mouse über den Menüpunkt fahren (Mouse-over) oder diesen anklicken. Bei dieser Variante sollte der angeklickte Reiter an der Seite zusätzlich sichtbar werden, damit sich die Besucher besser orientieren können.

Zu einer optimalen Orientierung kann unter langen Texten immer ein Link „nach oben" eingebunden werden. Dies erleichtert den Nutzern die Bedienung der Seite – genauso wie ein Link zur Startseite, der auf jeder Unterseite vorhanden sein sollte. So finden die Besucher mit einem Klick zurück zum Anfang.

Kopf- und Fußzeile Weiterhin verfügen viele Websites über sogenannte Kopf- oder Fußzeilen. Dort stehen in der Regel die gängigen und wichtigsten Informationen wie Impressum, Kontakt, Suche, Hilfe und Startseite. Die Kopf- bzw. Fußzeile ist ebenfalls auf jeder Unterseite präsent. So sind die wichtigen Daten jederzeit abrufbar. Das Logo und die Adresse der Praxis sollten in der Kopfzeile plat-

ziert sein. Dies schafft bei den Nutzern einen Wiedererkennungswert, und die wichtigsten Daten sind mit einem Blick zu erkennen.

Umfang Die Anzahl der Unterseiten, also der gesamte Umfang einer Website, variiert und ist abhängig von den Inhalten, die Sie auf die Seite einbinden wollen und wie ausführlich Sie diese beschreiben. Welche Inhalte beispielsweise in Frage kommen, lesen Sie im nachfolgenden Abschnitt.

3.4   Inhalte der Praxis-Website

Aussagekräftige und laienverständliche Inhalte sind das A und O einer guten Website. Die Besucher Ihrer Internetpräsenz möchten sich umfangreich über Ihre Praxis und die angebotenen Leistungen informieren. Durch informative Texte und anschauliche Bilder sowie spezielle Service-Leistungen können Sie sich von der Konkurrenz absetzen. Aber gerade Internetpräsenzen von Zahnärzten unterliegen besonderen rechtlichen Anforderungen. Daher achten Sie darauf, die gesetzlichen Regelungen umzusetzen, die in ▶ Kap. 7 näher erläutert werden. In diesem Abschnitt sind Inhalte gelistet, die auf einer guten Praxis-Website nicht fehlen sollten.

3.4.1   Was gehört auf eine gute Zahnarzt-Website?

Das wichtigste an einer guten Internetpräsenz sind die Inhalte und die Usability. User müssen sich intuitiv zurechtfinden – gute, aber versteckte Inhalte verfehlen ihren Nutzen. Daher erstellen Sie vorher ein Inhaltskonzept und eine Sitemap:

Website-Inhalte und Umsetzung
- Welche Informationen suchen die Zielgruppen auf Ihrer Website?
- Gliedern Sie die Inhalte. Welche Texte, Bilder und Graphiken geben die Schwerpunkte und Leistungen der Praxis präzise wieder?

- Sind die Inhalte bereits aufbereitet, oder müssen Sie die Texte noch zielgruppen- und internetgerecht verfassen?
- Brauchen Sie eventuell externe Hilfe? (Zeit- und Kostenaspekt)
- Welche Ressourcen müssen Sie für die Erstellung der Inhalte einplanen?
- Welche Kosten fallen später für die laufende Pflege und Aktualisierungen an?
- Wer übernimmt die Aktualisierungen, beispielsweise Terminankündigungen, und achtet darauf, dass veraltete Inhalte entfernt werden?

Patienten besuchen Ihre Website vor allem, um sich schnell über Öffnungszeiten, Kontaktdaten, Ihr Leistungsspektrum und die Schwerpunkte zu informieren. Sie möchten durch Ihre Darstellung mehr über Ihre Kompetenz und Behandlungsqualität erfahren: Was können Sie besonders gut, wofür sind Sie bekannt, und was bieten Sie Ihren Patienten? Das ist natürlich eine besondere Herausforderung, aber eben diesen positiven Eindruck sollten Sie versuchen zu vermitteln. Natürlich wollen sie außerdem einen ersten Blick auf die Praxis, die Ausstattung und die Mitarbeiter werfen – dafür sind ansprechende Fotos notwendig (▶ Kap. 2).

Startseite Führen Sie auf der Startseite, auch Homepage oder Frontpage genannt, in das Themengebiet der Praxis ein. Die essenziellen Informationen sollten hier bereits auf den ersten Blick verfügbar sein: Wer sind Sie? Was machen Sie? Welche Schwerpunkte zeichnen Ihre Praxis aus, und welche Leistungen bieten Sie an?

Stellen Sie sich beim Strukturieren der Seite und beim Verfassen der Texte die potentiellen neuen Patienten vor, die Ihre Website das erste Mal aufsuchen. Diese können dann schon grob abschätzen, ob sie bei Ihnen die Hilfe finden, die sie benötigen. Ist die Startseite interessant und informativ aufgebaut, werden die Besucher sich auch weiterführend auf Ihrer Website informieren. Schreiben Sie hier einen Keyword-optimierten Text (▶ Kap. 4) über Ihre Praxis und die angebotenen Behandlungs-Schwerpunkte. Zudem ist es für die Nutzer praktisch, wenn

Sie Ihre Adresse, Sprechzeiten und Kontaktdaten direkt auf der Startseite finden. Auch einen Link zur Online-Rezeptbestellung oder Online-Terminvergabe können Sie auf der Startseite einbinden. So müssen Patienten sich nicht lange durch die Seiten klicken, wenn Sie nur Ihre Telefonnummer suchen.

Praxis-Team Stellen Sie das gesamte Team mit Namen und einigen Worten zur Funktion vor. Kurze Lebensläufe der Zahnärzte schaffen bei Patienten Vertrauen. Geben Sie Ihren Werdegang, Spezialisierungen und auch persönliche Hobbys an – das sorgt für den „human touch". Zudem sind Fotos von Ihnen und den Mitarbeitern eine gute Möglichkeit, dass Patienten Sie und Ihr Team sympathisch finden. Visuelle Darstellungen lockern Ihre Website auf, und gerade neue Patienten haben großes Interesse daran, das Team und natürlich den Zahnarzt selbst schon vorher einmal auf einem Foto zu sehen (▶ Kap. 2).

Leistungsspektrum/Schwerpunkte Hier können Sie alle Leistungen näher erläutern, die Sie anbieten. Erstellen Sie für jede einzelne Leistung eine eigene Unterseite und verfassen Sie zu jedem Thema einen ausführlichen Text. Die Leistungen sind – gerade wenn Sie neue Privatpatienten gewinnen möchten – der wichtigste inhaltliche Bestandteil Ihrer Website. Hier können Sie sich von Konkurrenten abheben und Ihre Schwerpunkte detailliert darstellen. Die Texte sollten Sie wieder mit Keyword-optimierten Inhalten füllen, sodass Google auch die einzelnen Unterseiten besser findet (◘ Abb. 3.1).

Behandlungsmethoden Beschreiben Sie an dieser Stelle die einzelnen Therapiemöglichkeiten. Erläutern Sie diese objektiv und nennen Sie auch Risiken. Bieten Sie den Patienten immer an, in einem persönlichen Gespräch die individuellen Möglichkeiten abzustimmen. Achten Sie dabei besonders darauf, keine bestimmten Arzneimittel besonders herauszustellen und keine Heilungsversprechen abzugeben.

Kontakt Kontaktformulare sind ein unkomplizierter Weg für Patienten, an Ihre Praxis heranzutreten. Dies ist in der Regel der einzige Ort Ihrer Website, an dem Patienten selbst ihre Daten versenden

◘ Abb. 3.1 Screenshot: Darstellung zahnärztlicher Leistungen. (Zahnärztliche Praxisgemeinschaft John+Chanteaux)

(◘ Abb. 3.2). Damit Sie Anfragen auch beantworten können, ist es notwendig, dass die Besucher in dem Formular ihre E-Mail-Adresse angeben. Fragen Sie jedoch keine unnötigen Informationen ab, wie Adresse und Wohnort. Diese Daten benötigen Sie zur Beantwortung der Anfragen nicht. Um die Patienten namentlich anzusprechen, wenn Sie eine Antwort formulieren, können Sie auch ein Namensfeld in das Kontaktformular einbinden. Kennzeichnen Sie dann aber Pflichtfelder, beispielsweise mit einem Stern. So wissen die Besucher, welche Felder Sie in jedem Fall ausfüllen müssen, damit die Nachricht verschickt wird. Vergessen die Patienten, eine E-Mail-Adresse anzugeben, sollten Sie in einer Fehlermeldung darauf hingewiesen werden (Beispiel:

„Ihre Nachricht konnte nicht versendet werden. Bitte geben Sie eine gültige E-Mail-Adresse ein.").

Legen Sie unter dem Kontaktformular ein Kästchen zum Datenschutz an. Setzen die Nutzer ein Häkchen in das Feld, bestätigen sie, die Datenschutzbestimmungen gelesen zu haben. So sichern Sie sich ab, dass die Besucher damit einverstanden sind, dass Sie ihre Daten erhalten. Erst wenn sie den Datenschutzbestimmungen zustimmen, können sie die Nachricht versenden.

Überlegen Sie zudem, ob Sie sogenannte Captchas einsetzen wollen. Das ist eine Sicherheitsabfrage, bei der die Besucher einen Zahlen- oder Buchstabencode in ein Feld eingeben müssen, damit die Nachricht versendet werden kann. Da-

3

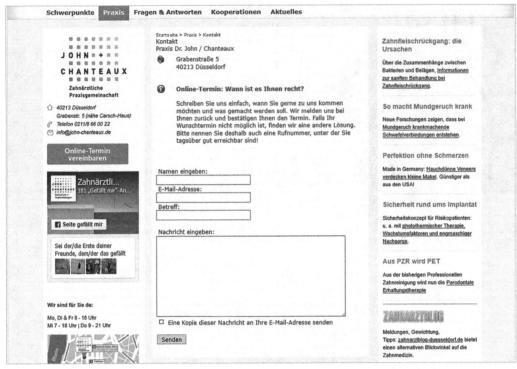

● **Abb. 3.2** Screenshot: Kontaktformular auf einer Praxis-Website. (Zahnärztliche Praxisgemeinschaft John+Chanteaux)

durch verhindern Sie, dass Sie Spam-Mails über das Kontaktformular erhalten. Gleichzeitig verringern diese Captchas allerdings die Barrierefreiheit der Website, da beispielsweise sehbehinderte Nutzer sie nicht überwinden und somit über das Formular keinen Kontakt mit Ihnen aufnehmen können. (Mehr Tipps zu barrierefreien Websites finden Sie im ▶ Abschn. 3.6.)

Nicht alle Nutzer nehmen Kontakt über das Formular auf. Vielleicht haben ältere Patienten keine E-Mail-Adresse oder möchten gerne telefonisch einen Termin absprechen. Daher sollten Sie unter dem Navigationspunkt „Kontakt" immer auch Ihre Adresse und Telefonnummer angeben.

Anfahrt Damit Kunden Ihre Praxis schnell und einfach finden, sollten Sie einen Lageplan und eine Anfahrtsskizze einbinden. Achten Sie dabei jedoch auf die Urheber- oder Verwertungsrechte. Auf vielen Websites finden Sie interaktive Kartenausschnitte von Google-Maps. Diese können Sie folgendermaßen in Ihre Website einbinden:

Google-Maps in die eigene Website einbinden

1. Geben Sie unter ▶ www.google.de/maps Ihre Adresse ein und verschieben Sie den Kartenausschnitt so, wie er auf Ihrer Website erscheinen soll.
2. In der linken oberen Ecke, links neben dem Suchfeld können Sie das Hauptmenü öffnen – der Button sieht aus wie drei waagerechte Striche. Wählen Sie im Menü den Punkt „Karte teilen oder einbetten".
3. Es öffnet sich ein Fenster. Im Tab „Karte einbetten können Sie die einzubettende Karte anpassen, z. B. die Größe einstellen.
4. Wenn alles eingestellt ist, kopieren Sie den oben im Fenster angezeigten HTML-Code, um ihn in Ihre Website einzubinden.
5. Fügen Sie den Code in die relevante Seite, beispielsweise die Unterseite „Anfahrt", in Ihrem Web-Editor an die Stelle ein, an der die Anfahrtsskizze auf der Website stehen soll.

Die Nutzung von Google-Karten ist grundsätzlich gebührenfrei. Zwar nimmt Google seit 2012 Geld für die Einbindung von Karten, doch gilt dies erst ab einer Schwelle von 25.000 Seitenabrufen am Tag. Eine Praxis-Website wird diese Zugriffszahlen in aller Regel nicht erreichen. Es ist jedoch möglich, dass sich Googles Geschäftspolitik hinsichtlich der Karten in den folgenden Jahren noch weiter ändern wird. Zudem knüpft Google bestimmte Bedingungen daran, dass Sie die Kartenausschnitte nutzen können. Sie dürfen zwar Google-Karten auf Ihrer Website veröffentlichen, diese jedoch beispielsweise nicht auf einen Flyer drucken. Immer wenn Besucher auf die Google-Karte klicken, gelangen Sie auf die Google-Maps-Website. Von dort aus können Sie dann beispielsweise den Routenplaner nutzen.

Auf der noch sichereren Seite – was Kosten und Rechte betrifft – sind Sie, wenn Sie Kartenausschnitte von OpenStreetMap einbinden. Die Karten sind kostenlos für den privaten und auch den gewerblichen Gebrauch. Sie können daher auch Screenshots von den Karten machen, diese auf Flyer drucken und auf Ihrer Website integrieren. Sie müssen nur die Quelle der Karte angeben, also beispielsweise: Daten von OpenStreetMap – veröffentlicht unter CC-BY-SA 2.0. Eine genaue Anleitung dazu finden Sie unter: ▶ http://wiki.openstreetmap.org/wiki/DE:Karte_in_Webseite_einbinden.

Such-Tool Dieser Navigationspunkt gehört auf jede Seite Ihrer Website. Es gibt Internetnutzer, die mit Hilfe der Navigation oder Links durch die Seiten surfen. Andere suchen lieber direkt auf der Website nach bestimmten Krankheitsbildern oder Behandlungen. Stellen Sie daher ein Such-Tool für Ihre Website zur Verfügung. So können Besucher ihren Such-Begriff eingeben und haben damit alle notwendigen Informationen zu dem gesuchten Thema auf einen Blick, die Ihre Internetpräsenz zu dem Such-Begriff beinhaltet. Das Such-Tool sollte sich auf der ersten Ebene der Navigation oder als fester Bestandteil auf jeder Unterseite befinden. So können die Besucher jederzeit auf die Suche zurückgreifen, wenn sie bestimmte Begriffe nicht finden.

Sitemap Eine weitere wichtige Orientierungshilfe bietet eine Sitemap. Sie ist die Gliederung der Website und führt alle Unterpunkte genau auf. Die Besucher können über die Sitemap mit einem Klick zu jedem beliebigen Navigationspunkt, also zu jeder Unterseite gelangen. Dazu müssen die einzelnen Punkte so verlinkt sein, dass sie zu der jeweiligen Seite führen. Die Sitemap gehört in die Haupt-Navigationsleiste oder die Fußzeile, damit sich die Nutzer einen direkten Überblick über Ihre Website verschaffen können.

Häufig gestellte Fragen (FAQ) Einen guten Service für die Besucher stellen die FAQs (Frequently Asked Questions – Häufig gestellte Fragen). In den FAQs können Sie gängige Fragen bereits präzise beantworten. Überlegen Sie, welche Fragen Patienten Ihnen häufig im Zusammenhang mit bestimmten Abläufen oder Krankheiten stellen, und notieren Sie sich diese. Binden Sie dabei Ihre Mitarbeiter vom Empfang ein, diese haben meist den engsten Draht zu den orientierungssuchenden Patienten. Achten Sie darauf, dass Sie schwierige Prozesse laienverständlich erklären. Medizinische Fachtermini verstehen nur wenige Patienten.

Hilfe-Funktion Die Hilfe-Funktion dient dazu, den Besuchern zu erklären, wie sie beispielsweise das Kontaktformular nutzen können. In der Hilfe können Sie somit Funktionen der Website erläutern. Besonders ältere Patienten sind häufig nicht ausreichend interneterfahren und kommen mit Formularen nicht zurecht.

Aktuelles Weiterhin können Sie in einer Rubrik „Aktuelles" auf Veranstaltungen hinweisen, etwa auf einen Tag der offenen Tür, aber auch Urlaubstermine und Vertretungen benennen oder dort ein Archiv Ihrer Presse-Mitteilungen veröffentlichen (▶ Kap. 2). Alternativ kann dies auch ein Praxis-Blog leisten (▶ Kap. 6). Die neuesten Informationen zu Ihrer Praxis gehören zudem natürlich als Kurzinfo auf die Startseite. So haben Ihre Kunden Neuigkeiten sofort im Blick, und das ist gutes Suchmaschinenfutter.

3.4.2 Vorschriften und Pflichtangaben

Inhalte auf der Website unterliegen diversen Rechtsvorschriften.

Impressum

Zahnarzt-Websites sind gewerbliche Seiten. Daher unterliegen sie anderen Vorschriften als private Internetpräsenzen. Der Paragraph 5 des Telemedizingesetzes (TMG) regelt, welche Angaben im Impressum auf einer Zahnarzt-Website veröffentlicht werden müssen. Erstellen Sie eine eigene Seite für das Impressum. Zudem sollte es über einen Link, meistens in der Fußzeile, von jeder Einzelseite Ihrer Website aus erreichbar sein.

Pflichtangaben im Impressum

- Vollständiger Name des Betreibers; bei juristischen Personen zusätzlich die Rechtsform und den Vertretungsberechtigten
- Verantwortliche Person für den Inhalt der Seite
- Praxis-Anschrift (ein Postfach reicht nicht aus)
- Telefonnummer
- E-Mail-Adresse oder Kontaktformular
- Gesetzliche Berufsbezeichnung
- Staat, in dem sie verliehen wurde
- Zuständige Landeszahnärztekammer
- Name der Berufsordnung
- Bei niedergelassenen Vertragszahnärzten: die zuständige KZV
- Bei Gewerbebetrieben: die Umsatzsteueridentifikationsnummer
- Bei Partnerschaften: das Partnerschaftsregister samt Registernummer

---

Datenschutzerklärung

Sobald bei einer Internetpräsenz, also auch einer Praxis-Website, Daten einer Person erhoben werden, muss die Website eine Datenschutzerklärung vorweisen können. Daten werden schon übertragen, wenn Nutzer eine Website besuchen. Denn dabei wird die IP-Adresse, also die Kennung des anfragenden Computers, übermittelt. Die Datenschutzerklärung sollte über Art, Umfang und Zweck der Erhebung und Verwendung dieser Daten informieren. Persönliche Daten sind aber auch die E-Mail-Adresse, der Name oder eine Telefonnummer, die Patienten angeben können, wenn sie Ihnen eine E-Mail schreiben.

Um sicherzugehen, dass die Nutzer die Datenschutzhinweise immer direkt einsehen können, ist zu empfehlen, für die Datenschutzbestimmungen eine eigene Seite zu erstellen, wie beim Impressum. Auch diese Unterseite sollten die Nutzer von jeder einzelnen Seite der Website mit einem Klick erreichen. ◘ Abbildung 3.3 zeigt ein Muster für eine Datenschutzerklärung. Diese gilt jedoch nur als Leitfaden.

Tipp

Wenn Sie eine Webanalyse-Software nutzen, um Besucherzahlen oder Herkunft zu überwachen, benötigen Sie unter Umständen eine ausführlichere Datenschutzbestimmung. Für den Einsatz von Google Analytics stellt Google einen Mustertext zur Verfügung: ► www.google.com/intl/de_ALL/analytics/tos.html.

Werbung

Generell ist es Zahnärzten erlaubt, Werbung in eigener Sache sowie Werbung Dritter auf ihrer Website zu veröffentlichen – jedoch mit einigen Einschränkungen. Darunter fallen Formulierungen und Angaben in anpreisender, irreführender, vergleichender und unwahrer Form. Sachliche und berufsbezogene Informationen sind dagegen erlaubt. Das Heilmittelwerbegesetz (HWG), das Berufsrecht für Zahnärzte sowie das Gesetz gegen den unlauteren Wettbewerb (UWG) regeln, in welcher Form Zahnmediziner auf ihrer Website werben dürfen. (Mehr dazu lesen Sie in ► Kap. 7.)

Urheberrecht

Die Texte der Website sind in Arbeit. Bilder und Grafiken sollen die Inhalte abrunden. Mit Hilfe von Suchmaschinen ist schnell das passende Bildmaterial gefunden und wird auf der Website eingebunden. Aber Vorsicht: Wer hat die Urheberrechte für die Fotos, Karten, Grafiken oder auch Texte? Gerade

---

Erklärung zum Datenschutz

Die Inhalte unserer Internet-Seiten entsprechen dem Bundesdatenschutzgesetz (BDSG) und dem Teledienstedatenschutzgesetz (TDDSG).

Diese Internet-Seiten sind anonym zu nutzen. Sie enthalten außer den freiwilligen Angaben im Kontaktformular keine Abfragen zu personenbezogenen oder personenbeziehbaren Daten. Die IP des Users wird tageweise in Logfiles gespeichert. Außerdem speichern wir die Gesamtzahl der Zugriffe und Abfragen für statistische Auswertungen. Wir hinterlegen keine Cookies auf den Computern der Nutzer.

E-Mail:
Sollten Sie sich per E-Mail an uns wenden, wird Ihre Mail vertraulich behandelt. Ihre Mail und die Antwort, die Sie von uns erhalten, werden vorrübergehend vorgehalten, soweit es der Fortgang der Korrespondenz erforderlich erscheinen lässt. Später werden die E-Mails und Ihre persönlichen Angaben gelöscht.

Briefpost:
Wenn Sie sich per Briefpost an uns wenden, wird Ihre Postadresse nur insoweit gespeichert, wie es zur Erfüllung Ihres Anliegens erforderlich ist. Auch die Briefpost wird vertraulich behandelt.

Telefon:
Ihre Anrufe werden ebenfalls vertraulich behandelt, und persönliche Angaben nur erfasst, wenn es zur Erfüllung Ihres Wunsches dienlich und von Ihnen gewollt ist.

Ausnahmen:
Sollten Sie eine Speicherung Ihrer Adresse ausdrücklich wünschen, weil sie z.B. kontinuierlich Informationen von uns erhalten wollen, speichern wir sie, solange Sie es möchten. Sie haben jederzeit das Recht auf Widerruf.

Gesetzliche Vorgaben:
Insoweit geltendes Recht es ausdrücklich erfordert, werden die entsprechenden Informationen vorgehalten, wie etwa die IP.

Weitergabe der Daten an Dritte:
Ihre Angaben werden nicht an Dritte weitergegeben.

Quelle: Blog der Stiftung Gesundheit: Musterdatenschutzerklärung für Arzt-Homepages

◼ **Abb. 3.3** Muster für eine Datenschutzerklärung

---

wenn Sie Anfahrtsskizzen verwenden, sollten Sie nachsehen, wem die Urheberrechte gehören (▶ Abschn. 3.4.1). Ein einfaches Kopieren und Einfügen ist oft nicht zulässig. Auch wenn Bilder vom Praxis-Team oder den einzelnen Mitarbeitern erstellt werden, ist Vorsicht geboten, denn die Urheberrechte liegen immer beim Fotografen, nicht bei den abgebildeten Personen. Gleiches gilt, wenn Sie Bilder aus dem Praxis-Flyer auf der Website einbinden wollen. Im deutschen Urheberrecht gilt das Schöpferprinzip: Urheber ist der Schöpfer des Werkes (§ 7 Urheber). Nur weil ein Zahnarzt das Recht hat, ein Foto in einem Flyer zu veröffentlichen, heißt das nicht, dass Gleiches auch für die Website gilt – hierfür muss der Fotograf zustimmen. Und wenn Sie ein Bild mit den entsprechenden Rechten bei einer Bilddatenbank wie etwa ▶ www.fotolia.de kaufen und es auf Ihrer Website veröffentlichen, müssen Sie den Fotografennamen und die Quelle angeben.

Es gibt daneben auch „gemeinfreies" Material, dessen Urheberrechte bereits erloschen sind, beispielsweise aus Altersgründen. Lizenzfreie Bilder und Grafiken können Sie problemlos einbinden, ohne die Quellen ausdrücklich im Impressum zu nennen. Weiterhin gibt es „freie Lizenzen", wie beispielsweise die Creative-Commons-Lizenzen (CC). Diese sind in der Regel zwar kostenfrei, trotzdem müssen Sie die Quelle angeben, wenn Sie Kartenausschnitte oder Fotos mit CC-Lizenzen verwenden.

Natürlich dürfen auch Texte oder Textauszüge nicht einfach von anderen Internetseiten oder Büchern kopiert werden. Wenn Sie eine Textstelle zitieren, geben Sie immer die Quelle an. Im Impressum können Sie einen Absatz zum Urheberrecht verfassen, um so zu verdeutlichen, dass Sie Ihre Quellen angeben.

Beispieltext „Copyright (©) Dr. Mustermann. Alle Rechte vorbehalten. Alle Texte, Bilder, Graphiken, Ton-, Video- und Animationsdateien sowie ihre Arrangements unterliegen dem Urheberrecht und anderen Gesetzen zum Schutz geistigen Eigentums. Sie dürfen ohne unsere Genehmigung weder für Handelszwecke oder zur Weitergabe kopiert noch verändert und/oder auf anderen Websites verwendet werden. Einige Seiten enthalten auch Texte, Graphiken und Bilder, die dem Urheberrecht derjenigen unterliegen, die diese zur Verfügung gestellt haben."

Haftungsausschluss

Um Patienten auf weiterführende Informationen zu verweisen, können Zahnärzte externe Links auf ihrer Website einbinden. Aber: Was passiert, wenn die verlinkte Domain verkauft wird und der neue Betreiber rechtswidrige Inhalte publiziert, ohne dass man es merkt? Damit Sie daraufhin nicht für Veröffentlichungen oder Hinweise Dritter haftbar gemacht werden, sollten Sie einen Haftungsausschluss in Ihr Impressum einbinden.

Beispieltext „Trotz sorgfältiger inhaltlicher Kontrolle übernehmen wir keine Haftung für die Inhalte externer Links. Für den Inhalt der verlinkten Seiten sind ausschließlich deren Betreiber verantwortlich."

3.4.3 Bilder und Grafiken

Bilder und Grafiken werten eine Website auf. Sie sollten diese allerdings nur gezielt einsetzen, und sie sollten stets zum Kontext passen. Fotos von der letzten Weihnachtsfeier bringen Ihren Patienten keinen Mehrwert bezüglich Ihrer Leistungen. Außerdem wirken Fotos von Feiern eher unseriös. Eine gute Möglichkeit, den Besuchern Ihre Praxis auch visuell vorzustellen, sind hingegen Bilder der Behandlungsräume, der aktuellen Mitarbeiter oder Fotos (▶ Kap. 2), die Ihre Tätigkeit versinnbildlichen. Bieten Sie beispielsweise Akupunktur an, etwa um den Würgereflex zu minimieren, können Sie beruhigende Abbildungen der Natur darstellen. Stellen Sie auch ansprechende Grafiken zur Verfügung, anhand derer Sie Zahnerkrankungen, Anatomien des Gebisses, Behandlungen oder zahntechnische Materialien veranschaulichen.

> **Tipp**
>
> Günstige Fotos für Ihre Website finden Sie bei ▶ www.photocase.com und ▶ www.de.fotolia.com. Kostenlose Bildlizenzen gibt es bei ▶ www.pixelio.de.

Sie können auch auf Pressefotos von zahntechnischen Unternehmen oder Laboren zurückgreifen, die sich meist in den Presse-Centern auf Firmen-Websites befinden. Hier sollten Sie sich allerdings überlegen, ob Sie mit dem jeweiligen Unternehmen in Verbindung gebracht werden wollen, denn Sie müssen die Quelle des Bildes mit angeben – das hat schnell einen werblichen Charakter.

Wenn Sie Bilder auf Ihrer Website platzieren, können Sie diese in unterschiedlichen Formaten anbieten. Auf der Website sind Fotos und Grafiken aus Platzgründen oft sehr klein. Daher können Sie dem Nutzer die Möglichkeit bieten, die Bilder zu vergrößern. Das funktioniert technisch folgendermaßen: Das kleine Foto auf der Website fungiert dabei als Link. Klicken die Besucher das Bild an, öffnet sich in einem neuen Fenster das gleiche Foto in einem Großformat. Ähnliches erreichen Sie mit einem Lightbox-Effekt, bei dem sich das größere Bild in einem Overlay auf der Seite selbst öffnet.

So können Patienten Einzelheiten besser erkennen. Zudem haben so alle Bilder und Grafiken auf Ihrer Website zunächst die gleiche Größe und passen sich einheitlich ins Layout ein.

3.4.4 Online-Terminvereinbarung

Die Verwaltungsaufgaben in Ihrer Praxis häufen sich? Das Telefon steht kaum still? Und Ihre Zahnmedizinischen Fachangestellten können gerade nicht rangehen, weil sie Ihre Patienten am Empfang und im Behandlungszimmer versorgen? Bei vielen Anrufen handelt es sich um Terminanfragen. Hier können Sie Ihre Mitarbeiter entlasten, indem Sie auf Ihrer Website eine Online-Terminvergabe anbieten. Auch Patienten lieben diesen Service: Laut einer Studie des Webportals jameda aus dem Jahr 2015 wünschen sich 80 Prozent der Patienten diesen Service von ihren Ärzten. Dabei können sie sich im Internet per E-Mail, Kontaktformular oder sogar per Log-in in den Praxis-Kalender für einen Termin anmelden. Die Praxis-Mitarbeiter müssen die Daten dann nur noch in den Praxis-Kalender übertragen, sofern dies nicht schon automatisch geschieht.

Falls Sie unsicher sind, ob Ihre Patienten Termine überhaupt online vereinbaren wollen, können Sie mit einer kleinen Variante einrichten, die wenig Aufwand bedeutet: die Terminvereinbarung via E-Mail. Bei dieser Lösung bieten Sie Ihren Patienten eine E-Mail-Adresse, über die sie Termine anfragen können. Vorteil für die Mitarbeiter: Sie können die E-Mails bearbeiten, wenn sie gerade Zeit dafür haben. Bei Anrufen ist das nicht möglich. Benutzen Sie dafür nicht Ihre öffentliche info@praxis-mustermann.de-Adresse, denn hier läuft in der Regel alles auf: Spam, Werbung, Informationen. Da kann es schnell mal passieren, dass eine eilige Terminanfrage untergeht. Richten Sie daher für die Terminvergabe eine eigene Adresse ein. Eine Variante ist beispielsweise termin@ praxis-mustermann.de. Auf dieser Adresse laufen dann ausschließlich Terminanfragen auf. Der Posteingang dieser Adresse muss natürlich mehrfach täglich geprüft werden.

> **Tipp** |
>
> Testen Sie, wie groß der Bedarf Ihrer Patienten an der Online-Terminvereinbarung ist. Erhalten Sie viele E-Mails, können Sie überlegen, eine größere Lösung zu wählen. Haben Sie aber Patienten, die lieber zum Telefon greifen, können Sie sich den Aufwand und die Kosten dafür sparen.

Als zweite Variante gibt es die Möglichkeit, den Praxis-Kalender schon auf der Internetpräsenz einsehen zu lassen. Dazu müssen die belegten Termine natürlich anonymisiert sein. Besucher Ihrer Website dürfen nur sehen, dass beispielsweise der Termin um 11 Uhr am Donnerstag belegt ist, nicht welcher Patient dort eingetragen ist. Patienten können so direkt nach freien Terminen fragen. Der Abstimmungsaufwand verringert sich dadurch.

Die aufwändigste Lösung ist, den Online-Kalender in die Praxis-Software zu integrieren. Patienten können sich dann online direkt in den Kalender eintragen. Dies entlastet die Mitarbeiter am stärksten, hat aber noch weitere Vorteile: Bei den meisten Anbietern können Zahnärzte die freien Termine genau definieren. So können freie Terminslots gesondert für Kassenpatienten und für Privatpatienten angelegt und freigehalten werden. Ebenso gibt es die Möglichkeit, Termine für Zuzahlerleistungen vorzuhalten. Damit können Zahnärzte die Termine gleich wirtschaftlich planen.

Viele Anbieter von Praxis-Software geben mittlerweile die Möglichkeit, Termine online zu vereinbaren. Hier sind alle Kosten sofort auf einen Blick ersichtlich. Die Anbieter externer Lösungen wie ▶ www.terminland.de oder ▶ www.imilia.de müssen die Schnittstellen zur Praxis-Software erst noch perfektionieren (◘ Abb. 3.4). Achten Sie darauf, falls Sie eine externe Lösung wählen, dass die Programmierung der Schnittstelle im Angebot enthalten ist und der Anbieter sich verpflichtet, Ihnen ein funktionstüchtiges System bereitzustellen. Falls Sie eine externe Lösung kaufen, die Schnittstelle aber nicht funktioniert und Ihre Mitarbeiter doch wieder alle Termine per Hand übertragen müssen, ist das ärgerlich. Die meisten externen Anbieter wissen aber um diese Problematik und kennen die Schnitt-

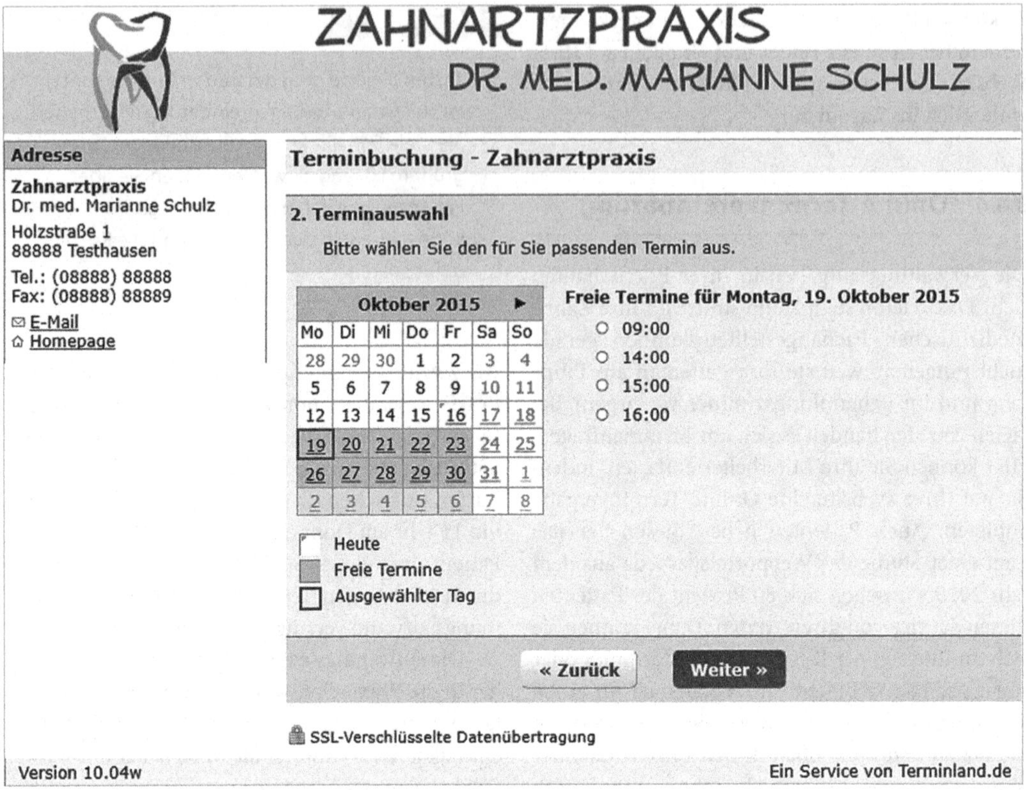

Abb. 3.4 Praxisbeispiel: Screenshot der Online-Terminvereinbarung Terminland

stellen, zumindest zu den großen Praxis-Software-Systemen.

Als weiterer guter Patientenservice bietet sich ein Termin-Erinnerungsservice per SMS an. Hierfür benötigen Sie jedoch die Erlaubnis Ihrer Patienten – so ist die Regelung für Werbe-SMS nach Paragraph 7, Absatz 2, Ziffer 3 des Gesetzes gegen den unlauteren Wettbewerb (▶ Abschn. 2.3).

Der geeignete Zeitpunkt für die Erinnerung ist bei normalen Untersuchungen zwei Tage vor dem geplanten Termin. Wenn Ihr Team innerhalb von 24 Stunden keine Rückmeldung erhalten hat, sollte eine ZFA anrufen. Falls sie dann eine Absage erhält, bleibt immer noch Zeit, einen Ersatz zu finden. Wenn hingegen eine aufwändigere Behandlung geplant ist, etwa eine ambulante Operation oder ein teures Diagnose-Verfahren, sollte eine ZFA ruhig eine Woche vorher an den Termin erinnern.

Wenn Sie fest entschlossen sind, SMS-Erinnerer in Ihrer Praxis einzusetzen, sprechen Sie den Anbieter Ihrer Praxis-Software an, denn viele haben die Funktion bereits eingebunden. Die Compugroup Medical AG hat dies beispielsweise in ihrer Software CGM Life eServices zur Online-Terminbuchung integriert. Hier verschicken Praxis-Mitarbeiter SMS direkt über den PC. So können Sie auch vorgefertigte Texte für Termin-Erinnerer anlegen, damit Sie diese nicht jedes Mal neu schreiben müssen.

3.4.5 RSS-Feeds

Sie können Ihre Patienten auf Ihrer Website regelmäßig mit Neuigkeiten rund um Ihre Praxis versorgen – mittels RSS-Feed. Dies ist ein spezieller Service für Ihre Patienten, mit dem sie immer über aktuelle Meldungen informiert sind, ohne extra Ihre Internetpräsenz besuchen zu müssen. RSS (Really Simple Syndication) bedeutet so viel wie „wirklich einfache Verbreitung". Die Nutzer Ihres Feeds lesen die Meldungen dann über einen Feed-Reader, den Internetbrowser oder andere Einbindungen – die

Anwendungsmöglichkeiten sind breit, auch eine Einbindung bei Facebook ist möglich. Ein RSS-Feed ist eine spezielle Datei, in der Ihre aktuellen Berichte so umgewandelt werden, dass ein Client diese übersichtlich darstellen kann. Haben Sie erst einmal einen RSS-Feed eingerichtet, aktualisiert sich dieser automatisch. Er liefert Ihren Patienten also regelmäßig eine neue Übersicht über Nachrichten, die Sie auf Ihrer Website erneuert haben. Sie stellen beispielsweise eine neue Pressemitteilung auf Ihrer Website ein, und schon können die Abonnenten Ihres RSS-Feeds die Presse-Information abrufen, ohne Ihre Website besuchen zu müssen.

Als Website-Betreiber können Sie einen RSS-Button auf Ihrer Internetpräsenz einbinden. Legen Sie genau fest, von welchen Unterseiten Ihrer Website Nachrichten in den RSS-Feed einfließen sollen. Die Nutzer Ihrer Website müssen dann nur noch den Button anklicken oder in ihre Lesezeichenleiste ziehen, und schon erhalten sie regelmäßig die neuesten Informationen zu Ihrer Praxis. Der Unterschied zum Newsletter liegt darin, dass Ihre Patienten sich nicht bei Ihnen mit E-Mail-Adresse und persönlichen Daten anmelden müssen, um an Informationen zu gelangen. Die Nutzer entscheiden selbst, ob Sie Nachrichten von Ihnen erhalten wollen. Sie können die abonnierten RSS-Channels dann per Browser oder speziellem RSS-Reader (z. B. feedly) empfangen und lesen.

Sie sollten jedoch darauf achten, dass Sie nur dann einen RSS-Feed anbieten, wenn Sie auch regelmäßig Neuigkeiten auf Ihrer Website veröffentlichen. Beschränken Sie den Feed auf Ihre Nachrichtenseite, wie Aktuelles, so dass nicht jede Kleinigkeit, die Sie auf Ihrer Website ändern, sofort an die RSS-Nutzer gelangt.

Weiterhin sollten Sie Ihren Feed auch bei den verschiedenen RSS-Verzeichnissen anmelden. Zum einen wird Ihre Website dadurch besser gefunden, und zum anderen können weitere Partnerseiten Ihren RSS-Feed einbinden. Das verschafft Ihnen ebenfalls einen Bonus bei Suchmaschinen (▶ Kap. 4).

3.4.6 Gästebuch

Einige Zahnärzte binden auf ihren Websites ein Gästebuch ein. Dies ist auf den ersten Blick eine gute

Möglichkeit, mit den Patienten direkt zu kommunizieren. Patienten können sich auf Ihrer Website mit anderen Patienten austauschen, Ihren Rat anfordern und so vom heimischen Wohnzimmer aus direkt Kontakt zu Ihnen herstellen.

Aber Vorsicht: Manche hinterlassen in diesen Kommunikations-Elementen aus ehrlicher Dankbarkeit Lobeshymnen. Hier geraten Sie als Website-Betreiber in eine rechtliche Problemzone. Denn laut § 11 Absatz 1 Satz 11 des Heilmittelwerbegesetzes (HWG) dürfen Zahnärzte „außerhalb der Fachkreise" keine Werbung für „Arzneimittel, Verfahren, Behandlungen, Gegenstände oder andere Mittel" mit der Meinung Dritter machen. Dies gilt auch und besonders für Dank-, Anerkennungs- oder Empfehlungsschreiben. Überwiegend positive Bewertungen in Ihrem Gästebuch preisen Ihre Leistung als Zahnarzt an und gelten somit als unzulässige Werbung. Wenn Sie sich dazu entschließen, ein Gästebuch auf Ihrer Website einzubinden, kontrollieren Sie regelmäßig die veröffentlichten Beiträge. Entfernen Sie gegebenenfalls übertriebene Komplimente, so dass Sie sich rechtlich nicht angreifbar machen. Auf der anderen Seite kann es auch Neider oder unzufriedene Patienten geben, die Kritik oder gar Beschimpfungen in Ihr Gästebuch schreiben, was ebenfalls schädlich für Sie wäre. Weiterhin sollten Sie darauf achten, dass Dritte keine sonstigen rechtswidrigen Inhalte in Ihrem Forum oder Gästebuch posten. Es ist strittig, wer für die Einträge haftet.

Es ist unerlässlich, dass kommunikative Plattformen regelmäßig betreut werden. Patienten, die einen Beitrag hinterlassen, warten vielleicht auf eine Antwort oder freuen sich, wenn Sie ihren Eintrag zeitnah kommentieren. Sie sehen: Ein Gästebuch bedarf eines erhöhten Pflegeaufwandes – beherzigen daher folgenden Tipp, um möglichen Schaden abzuwenden.

> **Tipp**
>
> Bevor Sie Beiträge in Ihrem Gästebuch veröffentlichen, prüfen Sie die Kommentare. Es sollte den Benutzern also nicht möglich sein, ihren Beitrag direkt zu posten. Sie müssen immer als eine Kontroll-Instanz gegenlesen. Ist der Kommentar rechtlich in Ordnung, können Sie ihn freischalten.

3

Ein Gästebuch anzulegen ist auch auf Praxis-Websites erlaubt. Trotzdem laufen Sie Gefahr, dass Kollegen oder die Zahnärztekammern Sie wegen wettbewerbswidrigem Verhalten abmahnen. Andere Zahnärzte können sich dabei auf das Gesetz gegen den unlauteren Wettbewerb (UWG) oder das HWG beziehen. Bekommen Sie ein Abmahnungsschreiben von einem Anwalt, können Sie eine Einwilligungserklärung unterschreiben und das Gästebuch von der Website entfernen. Zusätzlich müssen Sie dann die Anwaltskosten tragen. Sie können auch vor Gericht ziehen, was weitaus teurer werden könnte, wenn das Gericht Ihre Rechtsansicht nicht teilt. Werden Sie von einer Zahnärztekammer abgemahnt, kommen erst einmal keine Kosten auf Sie zu.

> ❗ **Sollten Sie also kommunikative Elemente auf Ihrer Website einbinden wollen, informieren Sie sich im Vorfeld genau über die Vorschriften und kontrollieren Sie die Einträge regelmäßig.**

Eine gute Alternative zu einem Gästebuch ist eine Kommentar-Funktion unter jedem Text Ihrer Website. Dazu richten Sie auf jeder Unterseite ein Feld ein, in dem Patienten direkt zu dem jeweiligen Thema Kontakt zu Ihnen aufnehmen, Fragen stellen oder einfach Behandlungsmethoden kommentieren können. Die Besucher können Ihren Namen und Ihre E-Mail-Adresse angeben, müssen dies jedoch nicht. Beispielsweise können Sie die Felder vordefinieren: Name: Anonym; E-Mail: anonym@anonym.de. Verfasst ein Patient einen Kommentar, wird Ihnen dieser per E-Mail zugestellt. Sie prüfen dann die Inhalte und können direkt auf Fragen oder Anmerkungen antworten. Gerade im Hinblick auf das HWG ist es wichtig, dass Sie vorher alle Kommentare kontrollieren, denn auch hier dürfen keine Lobeshymnen auf Ihre Leistungen erfolgen. Ihre Antwort darf natürlich auch nichts enthalten, was gegen das Fernbehandlungsverbot verstößt oder auf unlautere Werbung oder ein Heilsversprechen hinausläuft.

Der Vorteil dieser Kommentar-Funktion ist, dass Besucher oft viele offene Fragen haben, wenn sie beispielsweise einen Text zum Thema Wurzelspitzenresektion oder Weisheitszahn-OP lesen. Über die Funktion können sie direkt Kontakt zu Ihnen aufnehmen und ihre Fragen stellen. Dadurch bieten Sie

Besuchern einen besonderen Service und heben sich von Ihrer Konkurrenz ab. Das kann gerade für die Neupatienten-Gewinnung von Vorteil sein. Natürlich ist auch hier entscheidend, dass die Kommentare regelmäßig bearbeitet und vor allem beantwortet werden – am besten noch am gleichen Tag.

3.5   Usability der Website

Die Usability, also die Nutzerfreundlichkeit Ihrer Website, ist ein bedeutsames Kriterium. Nicht alle Ihrer Patienten sind mit dem Internet groß geworden und surfen täglich im Netz. Daher ist es wichtig, dass sich Ihre Website einfach bedienen lässt und übersichtlich gestaltet ist. Eine unübersichtliche Navigation und kompliziert formulierte Texte führen schnell dazu, dass Besucher die Internetpräsenz nach wenigen Klicks wieder verlassen. Daher sollten einige Kriterien erfüllt sein:

3.5.1   Einfach strukturierte Navigation

Achten Sie darauf, eine klar strukturierte Navigation anzulegen. Dabei gilt die Faustregel, dass die Besucher Ihrer Website mit idealerweise drei Klicks an ihrem Such-Ziel ankommen sollten. Das bedeutet, dass Ihre Internetpräsenz sich in drei Unterebenen gliedert. Die Navigation muss zudem so genau sein, dass die Nutzer zu jedem Zeitpunkt wissen, wo auf Ihrer Website sie sich gerade befinden. Binden Sie dazu am besten eine Pfadanzeige als Orientierungshilfe ein. Das kann beispielsweise eine „Breadcrumb"-Navigation („Brotkrumen"-Navigation) sein. Diese Orientierungshilfe wird üblicherweise ober- oder unterhalb der Hauptnavigation angezeigt, sofern diese horizontal verläuft. Die „Breadcrumb"-Navigation zeigt immer ganz genau an, wo auf der Website sich die Nutzer gerade befinden. Dies hat mehrere Vorteile. Hat Ihre Internetpräsenz viele Unterseiten, verlieren die Besucher schnell den Überblick. Geben Sie aber eine Orientierungshilfe an, finden die Nutzer sich einfacher zurecht. Zudem sollten die einzelnen Punkte der „Breadcrumb"-Navigation verlinkt sein, sodass die Patienten mit einem Klick zurück zu den zuvor besuchten Unterseiten gelangen. So müssen Sie sich nicht umständlich durch die Hauptnavigation klicken.

Eine „Breadcrumb"-Navigation kann folgendermaßen aussehen:

Startseite > Schwerpunkte > Prophylaxe > Professionelle Zahnreinigung

In diesem Fall wäre ein Besucher beispielsweise über die Startseite auf den Hauptmenüpunkt Schwerpunkte gelangt. Dort hat er sich für den Themenkomplex Prophylaxe interessiert und liest nun den Abschnitt über die Zahnreinigung. Dieser Besucher befindet sich also auf der vierten Ebene Ihrer Website. Möchte er jetzt etwas zu einem anderen Unterpunkt der Kategorie Prophylaxe erfahren, klickt er direkt in der „Breadcrumb"-Navigation auf „Prophylaxe", ohne umständlich über die Hauptnavigation zu gehen.

3.5.2 Individuelle Titel und URLs der Unterseiten

Die Startseite ist durch Ihre Domain, ▶ www.praxis-mustermann.de, gekennzeichnet. Entsprechend sollten auch die Dateinamen der Einzelseiten sein, die das letzte Element der URL (Uniform Resource Location) bilden. Die URL ist die Webadresse einer Einzelseite, zum Beispiel ▶ www.dr-mustermann.de/leistungen/zahnreinigung. Sie dient zur Orientierung und ist auch aus Gesichtspunkten der Suchmaschinenoptimierung entscheidend.

Ebenfalls sollten Unterseiten individuelle Titel erhalten. Diese Titel erscheinen im Reiter der Website und beschreiben kurz den Inhalt der Unterseite:

Zahnreinigung | Praxis Dr. Mustermann, oder: Praxisteam | Praxis Dr. Mustermann

Wenn die Nutzer sich durch Ihre Website klicken, wird ihnen im Reiter des Browsers angezeigt, auf welcher Unterseite sie sich befinden. Auch die Suchmaschinen nutzen die individuellen Titel für die Anzeige der Suchergebnisse. (Mehr Informationen zu URLs und Titeln erhalten Sie in ▶ Kap. 4.)

3.5.3 Interne und externe Links

Auf nahezu jeder Website gibt es auch Links. Interne Links führen auf andere Unterseiten der eigenen Internetpräsenz. Externe Links dienen als Hilfe-

stellung oder führen zu weiterführenden Informationen von anderen Website-Betreibern. Sie lotsen also zu anderen Websites. Externe Links sollten sich immer in einem neuen Fenster öffnen, damit die Besucher jederzeit auf Ihre Website zurückfinden. Kennzeichnen Sie Links immer einheitlich: Meistens sind sie blau und unterstrichen. Das ist kein Muss, trotzdem sollten sich Links vom normalen Text-Layout in Farbe oder Unterstreichung unterscheiden.

Klickt ein Nutzer einen Link an, sollte sich dieser verändern: Dies geschieht meistens durch einen Farbwechsel. Besuchte Links sind dann zumeist lila und heben sich so von noch nicht besuchten Links ab. Damit die Besucher die Information erhalten, wohin der Link führt, können Sie sogenannte Mouse-over verwenden. Fahren die Nutzer mit dem Pfeil der Mouse über den Link, ohne ihn anzuklicken, zeigt ein kleines Textfeld an, wohin der Link führt. Dies kann die Internet-Adresse des Links sein oder ein erklärender Hinweis.

3.5.4 Textvolumen und -strukturierung

In den jeweiligen Unterkategorien erwarten die Besucher informative Texte. Beschreiben Sie Behandlungsmethoden oder Ihre angebotenen Leistungen ruhig ausführlich und detailliert. Das ist auch unter Gesichtspunkten der Suchmaschinenoptimierung wichtig (▶ Kap. 4). Überfordern Sie die Leser aber nicht mit langen, unstrukturierten Texten ohne Absätze und Zwischenüberschriften. Immer wenn Sie einen Gedanken abgeschlossen haben, setzen Sie einen Absatz und eventuell eine neue Überschrift. Dadurch wird der Textfluss unterbrochen und die Leser können die Inhalte besser aufnehmen. Gliedern Sie die Texte also in lesbare Portionen. Achten Sie zudem darauf, laienverständlich zu schreiben. Vermeiden Sie Fachbegriffe bzw. erklären Sie diese. Die Texte sollten ausreichend informieren und die einzelnen Themengebiete detailliert darstellen.

Denken Sie dabei immer aus Patientensicht. Was möchten die Patienten wissen, wenn sie Ihre Website aufsuchen? Bieten Sie Ihren Usern die Möglichkeit an, sich lange Texte ausdrucken zu können – als Druckversion oder als PDF. Auf Papier-Ausdrucken können Patienten direkt Stellen markieren und Rückfragen notieren, falls sie etwas nicht verstanden haben, und mit zum Arztgespräch nehmen oder ein paar Tage später in Ruhe durchlesen.

| **Tipp** | |

Betreuen Sie verschiedene ausländische Patienten, bieten Sie den gesamten Inhalt Ihrer Seite auf Englisch an. Haben Sie viele russisch- oder türkischsprechende Patienten und beherrscht in Ihrem Team jemand diese Sprache, lassen Sie die Website-Inhalte in die entsprechende Sprache übersetzen.

Fazit

Ob eine Website benutzerfreundlich ist, hängt von vielen Faktoren ab. Klicken Sie Ihre Internetpräsenz auch selbst an und schauen, ob alle Links funktionieren und Sie Ihre Texte gut strukturiert finden. Prüfen Sie, ob sie sich in der Navigation der Website zurechtfinden und zu jedem Zeitpunkt wissen, auf welcher Unterseite sie sich gerade befinden. Durch dieses kleine Testszenario können Sie sich so schon einen ersten Eindruck darüber verschaffen, ob Ihre Website den Usability-Anforderungen genügt. Darüber hinaus sollte dieser Test auch von mindestens einer ganz unabhängigen Person durchgeführt werden, da Sie ja bereits Ihre Inhalte kennen. Idealerweise, aber selten umsetzbar, können Sie die Testperson Ihrer Zielgruppe bei der Nutzung Ihrer Seite beobachten.

3.6   Vorschriften zur barrierefreien Website

Viele öffentliche Gebäude oder auch Verkehrsmittel sind bereits barrierefrei. Es gibt rollstuhlgerechte Rampen oder Fahrstühle an S-Bahnhöfen sowie zur Orientierung Textansagen für Sehbehinderte. Im Internet bleiben bislang viele Informationen körperlich eingeschränkten Personen verschlossen, weil die Internetseiten die Inhalte nicht barrierefrei darstellen. Viele Menschen mit Behinderungen nutzen dennoch begeistert das Internet, weil es ihnen neue Möglichkeiten bietet, aktiv und einfach am öffentlichen Leben teilzuhaben. Somit sollten

auch Websites behindertengerecht aufbereitet sein. Barrierefreie Websites dienen Menschen mit Behinderungen, Menschen, die in ihrer Bewegungsfreiheit eingeschränkt sind und auch – tatsächlich! – Nutzern von Smartphones, da einige Kriterien der Web-Barrierefreiheit dafür sorgen, das Websites auf Mobilgeräten besser dargestellt werden.

Am 1. Mai 2002 trat in Deutschland das Gesetz zur Gleichstellung behinderter Menschen (BGG) in Kraft. Nach § 4 BGG ist eine Website barrierefrei, wenn Menschen mit Behinderungen sie uneingeschränkt und ohne die Hilfe Dritter nutzen können. Die Inhalte barrierefreier Websites sollen also für jeden Nutzer uneingeschränkt abgerufen werden können: für ältere Menschen, Personen mit technisch veralteten Computern, Sehbehinderte, Gehörlose, Handy-Nutzer usw.

Das größte Problem dabei stellen Internet-Techniken dar, die es Menschen mit Behinderungen erschweren, bestimmte Website zu nutzen. Daher sind u. a. folgende Punkte zu beachten:

Die wichtigste Grundlage für eine barrierefreie Website ist, die HTML-Bausteine in einer logischen Reihenfolge und Codierung einzusetzen. Formatieren Sie z. B. in dem Seiten-Quelltext eine Überschrift einfach nur im Fettdruck, kann beispielsweise ein Screen-Reader dies nicht als Überschrift erkennen. Es kommt also nicht primär auf das tatsächliche Aussehen der Website als vielmehr darauf an, die HTML-Codes richtig einzusetzen. Ein weiterer positiver Nebeneffekt ist, dass auch Web-Spider, also Programme, mit deren Hilfe etwa Suchmaschinen Websites nach Inhalten durchsuchen, logisch aufgebaute Seiten-Quelltexte besser erfassen können und bevorzugen. Das hat zur Folge, dass Suchmaschinen barrierefreien Websites oft ein höheres Ranking zuweisen.

Bilder können leider nicht in gleicher Qualität für Sehbehinderte aufbereitet werden. Daher sollten ihnen immer beschreibende Texte im Seiten-Quelltext zugeordnet sein, die Bilder also mit alt- und title-Attributen versehen werden. Außerdem müssen Texte immer auszudrucken und auf jedem noch so alten Computer darzustellen sein.

Weiterhin müssen Sehbehinderte und Menschen mit beeinträchtigtem Sehvermögen die Schriftgröße und den Kontrast der Website im Browser skalieren können, um sie ihrer individuellen Sehleistung anzupassen.

Achten Sie darauf, dass Ihre Website klare Schriftarten und starke Kontraste enthält. Verwenden Sie Farben und Kontraste, die für das menschliche Auge angenehm zu lesen und auch von farbenblinden Besuchern leicht zu unterscheiden sind. Stellen Sie beispielsweise ein Balkendiagramm mit roten und grünen Balken dar, haben farbenblinde Nutzer Probleme mit der farblichen Unterscheidung.

Patienten, die an einer körperlichen Behinderung leiden und keine Computermaus bedienen können, sollten Ihre Website mühelos auch mit der Tastatur benutzen können. Dazu müssen die Besucher jederzeit erkennen, wo in der Navigation sie sich gerade befinden.

Falls Sie aufwändige Animationen oder Oberflächen verwenden, stellen Sie alternativ eine Low-Tech-Variante der Website zur Verfügung.

Barrierefreies PDF erstellen

Praxis-Websites enthalten oftmals auch selbst erstellte PDFs, z. B. Feedbackbögen oder Wegbeschreibungen, die sich die Patienten ausdrucken können. Damit auch Menschen mit Sehbehinderungen diese PDFs lesen können, müssen sie speziell formatiert werden. Im Folgenden sind die Basisschritte für ein barrierefreies PDF-Dokument auf Grundlage eines Word-Dokuments erläutert:

Basisschritte für ein barrierefreies PDF-Dokument

1. Grundlegend ist eine eindeutige Struktur des Dokuments.
2. Strukturieren Sie Ihr Word-Dokument mit Hilfe der vorgegebenen Formatvorlagen (Überschriften, Standardtext etc.).
3. Nutzen Sie für Layouttechniken die vorgesehenen Hilfsmittel (z. B. „Seitenlayout" > „Spalten" statt Tabulator).
4. Versehen Sie Grafiken mit Alternativtexten („Grafik formatieren" > „Alternativtexte").
5. Um die Vorlesefunktion eines Screen-Readers zu unterstützen, muss die Sprache des Dokuments angegeben sein („Überprüfen" > „Dokumentenprüfung").
6. Beim Speichervorgang unter „Optionen" die Dokumentenstrukturtags aktivieren.

Vor allem bei komplexeren Dokumenten ist es notwendig, sich detailliert mit den Richtlinien für barrierefreie PDF-Dokumente zu beschäftigen und über die oben genannten Schritte hinaus weitere umzusetzen.

3.7 Zertifizierung von gesundheitsbezogenen Websites

Jeder kann sich seine eigene Website erstellen. Doch natürlich gibt es auch bei Zahnarzt-Websites enorme qualitative Unterschiede. Schon aus rechtlicher Sicht unterliegen Internetpräsenzen von Zahnärzten besonderen Anforderungen, wie Berufsrecht und HWG. Trotzdem kommt es vor, dass Texte lauter Fachausdrücke beinhalten, Links zu anderen Seiten nicht funktionieren und kein roter Faden innerhalb der Website erkennbar ist. Nutzer finden sich auf der Website nicht zurecht, und sehbehinderte Patienten können die Inhalte gar nicht erfassen, weil die Seite nicht barrierefrei gestaltet ist.

Nicht in jedem Zahnarzt steckt ein Webdesigner – das muss auch nicht sein. Wenn Sie sichergehen wollen, dass Ihre Website nicht nur ansehnlich, sondern auch für Patienten verständlich ist, die rechtlichen Vorschriften einhält und auch unter SEO-Gesichtspunkten optimal aufgebaut ist, lassen Sie Ihre Internetpräsenz zertifizieren. Weiterhin sind die Gütesiegel für Patienten ein Anzeichen dafür, dass Ihre Seite vertrauenswürdig ist.

In Deutschland gibt es folgende große Gütesiegel:

3.7.1 Aktionsforum Gesundheitsinformationssystem (afgis) e. V.

Das Forum wurde 1999 vom Bundesministerium für Gesundheit initiiert und 2003 in einen Verein überführt. Die Qualitätsprüfung basiert auf Selbstauskunft. Das bedeutet, dass die Zahnärzte zu ihrer Website, deren Inhalte und Ziele befragt werden. Ob die Angaben der Inhalte richtig sind, wird von afgis nicht überprüft. Laut Forum wird vor allem das Ziel verfolgt, Transparenz über das Angebot und den Anbieter herzustellen. Das Gütesiegel weist auf die Transparenz folgender Punkte hin:

Kriterien für das Gütesiegel von afgis

- Der Anbieter der Website muss klar erkenntlich sein.
- Ziel, Zweck und Zielgruppe der Information wird abgefragt.
- Die dargestellten Daten sollten aktuell sein.
- Die Nutzer müssen die Möglichkeiten haben, sich rückzumelden.
- Werbung und redaktionelle Beiträge müssen kenntlich getrennt sein.
- Die Finanzierung muss belegt werden.
- Die Kooperationen und Vernetzungen sollten aufgezeigt werden.
- Datenschutz und Datenverwendung müssen gewährleistet sein.

3.7.2 Health on the Net Foundation (HON)

Die Foundation wurde 1995 als gemeinnützige Nichtregierungsorganisation (NGO) in der Schweiz gegründet und ist das älteste weltweit bekannte Qualitätslabel für Gesundheitsinformationen. Bis 2009 basierte die Erhebung auf Selbstauskunft. Seitdem wird zusätzlich zur Selbstauskunft ein System zur Evaluation aufgebaut. Die Qualität von gesundheitlichen Websites wird mit Hilfe eines 8-Punkte-Katalogs geprüft. Der „HON code of conduct" (HONcode) prüft, ob Internetseiten zuverlässig und glaubwürdig sind und stellt zusätzlich eine Suchmaschine zur Verfügung, mit deren Hilfe Nutzer nach HON-zertifizierten Internet-Quellen suchen können. Die Foundation fragt nach den Informationsquellen, die benutzt wurden und ermittelt, ob die Daten zeitgemäß, unabhängig und angemessen sowie leicht zugänglich sind. Die Prinzipien der HON-Prüfung:

Der 8-Punkte-Katalog der HON

- Die Verfasser der Informationen sollten Sachverständige sein.
- Die Informationen und Hilfestellungen ergänzen und unterstützen medizinische Beratung, sie ersetzen diese nicht.
- Der Datenschutz der Besucher wird gewährleistet.
- Die Referenzen zu den Informationsquellen sowie ein Datum müssen klar zugeordnet werden können.
- Die Verfasser müssen beschriebene Behandlungsmethoden, Produkte und Dienstleistungen durch ausgewogene wissenschaftliche Quellen belegen.
- Die Website sollte transparent sein und Möglichkeiten zur Kontaktaufnahme bereitstellen.
- Die Betreiber sollten die Finanzierung offenlegen. Gibt es Sponsoren? Wer ist die Finanzquelle?
- Werbung und redaktionelle Inhalte müssen getrennt werden.

3.7.3 DISCERN-Instrument

Mit Hilfe der DISCERN-Kriterien kann geprüft werden, ob eine Publikation zuverlässig als eine Informationsquelle zur Entscheidungsfindung genutzt werden kann. Eine Gruppe von Wissenschaftlern aus Oxford hat DISCERN entwickelt, das dann von der Abteilung Epidemiologie, Sozialmedizin und Gesundheitssystemforschung der Medizinischen Hochschule Hannover zusammen mit dem „Ärztlichen Zentrum für Qualität in der Medizin" (ÄZQ) ins Deutsche übersetzt wurde. DISCERN ist ein Kriterien-Katalog, der 16 Fragen umfasst. Anhand dessen soll geprüft werden, ob eine Information zuverlässig ist und die Verfasser Behandlungsalternativen transparent darstellen:

Einige Inhalte des DISCERN-Kriterien-Katalogs

- Eine Publikation muss klare Ziele haben.
- Sie muss diese Ziele erreichen.
- Die Ziele müssen für die Nutzer bedeutsam sein.
- Die Publikation muss die Informationsquellen nennen.
- Es muss eine Angabe vorhanden sein, wann die Informationen erstellt wurden.
- Die Publikation soll ausgewogen und unbeeinflusst sein.
- Wenn zusätzliche Quellen genutzt wurden, müssen diese genannt werden.
- Sie beschreibt, wie Behandlungsmethoden wirken.
- Die Verfasser sollten den Nutzen und die Risiken der Verfahren sowie die Folgen einer Nicht-Behandlung beschreiben.
- Außerdem muss klar werden, wie sich die Behandlungsmethoden auf die Lebensqualität auswirken.
- Die Publikation muss verdeutlichen, dass mehr als nur ein Verfahren bestehen könnte.
- Zudem muss sie auf eine gemeinsame Entscheidungsfindung hinweisen.

(nicht erfüllt) bis 5 (Ziel erfüllt). Zudem sind die Prüfpunkte unterschiedlich gewichtet. Dadurch können bedeutsame Fragen stärker berücksichtigt werden. Die Gutachter prüfen u. a. in folgenden Kategorien:

Einige Prüfpunkte der Website-Zertifizierung der Stiftung Gesundheit

- Erfüllt die Website die geltenden rechtlichen Anforderungen?
- Wurden publizistische Sorgfaltsangaben eingehalten?
- Ist die Publikation zuverlässig?
- Wie gut ist die Qualität der Informationen über die Auswahl von Behandlungsoptionen?
- Wie gut ist die Qualität von Community-Eigenschaften und Foren?
- Bietet die Website Unterstützung bei der Navigation?
- Bietet die Website Unterstützung bei der inhaltlichen Orientierung?
- Sind Informationen angemessen und anschaulich präsentiert?
- Ist die Website barrierefrei?
- Ist die Website SEO-optimiert?

3.7.4 Das Gütesiegel der Stiftung Gesundheit

Bei der Stiftung Gesundheit prüfen externe Gutachter die Websites der Anbieter auf ihre publizistische und rechtliche Güte, auf die Usability sowie die Suchmaschinenfreundlichkeit. Die Prüfung erfolgt also nicht über eine Selbstauskunft. Am Ende erhalten die Betreiber ein umfangreiches Gutachten mit Empfehlungen. So können sie Fehler beheben und ihre Website verbessern. Grundlage des Verfahrens sind die anerkannten DISCERN-Kriterien der Oxford University zur Einschätzung der Qualität von Patienteninformationen. Die wesentlichen Informationen hat die Stiftung übernommen, sie aber im Laufe der Zeit auf Websites angepasst und auf über 100 Prüfpunkte ausgeweitet. Die Gutachter bewerten die einzelnen Kriterien von 0

3

Experten-Interview Prof. Dr. Uwe Sander, Studiendekan Abteilung Information und Kommunikation der Fachhochschule Hannover

Nach welchen Kriterien testen Sie die Usability einer Zahnarzt-Website?

„Wir verwenden verschiedene Methoden, um medizinische Websites zu begutachten und zu testen. In einem Projekt mit der Stiftung Gesundheit haben wir eine gutachterliche Zertifizierung entwickelt, welche sich auf folgende Bereiche bezieht: publizistische bzw. inhaltliche Qualität, technische Fragen einschließlich Suchmaschinenoptimierung und rechtliche Sicherheit."

Welche sind die größten Fehler, die Zahnärzte auf ihrer Website machen können?

„Strukturieren Zahnärzte längere Texte nicht durch Überschriften, entsteht eine Bleiwüste. Dann lesen nur wenige Nutzer diese Texte. Sind Inhalte in medizinischer Fachsprache gehalten, versteht die Zielgruppe Laien diese Informationen nicht.

Fehlen bei Abbildungen zusätzliche Texte, benachteiligen die Website-Betreiber sehbehinderte Besucher."

Wie können Zahnärzte selbst überprüfen, ob ihre Website nutzerfreundlich ist?

„Zahnärzte können Freunde oder Bekannte bitten, die Website zu testen. Sie sollten diesen Probanden Aufgaben geben. Dies könnte beispielsweise sein, über die Seite einen Termin zu vereinbaren, eine spezielle Therapieform zu finden oder Informationen über das Team und die Ausstattung der Praxis zu erhalten."

Was raten Sie Zahnärzten, die eine eigene Website erstellen wollen?

„Zunächst ist es wichtig, andere Websites zu sichten, um Ideen zu bekommen. Ein Konzept sollte folgen. Darin werden die Ziele definiert. Ein spezielles Leistungsan-

gebot – beispielsweise Schmerztherapie durch Akupunktur – sollte in den Vordergrund rücken. So können Zahnärzte neue Patientengruppen erschließen. Ein geeigneter und professioneller Dienstleister, der sich mit Medizinseiten auskennt oder vor Ort gut erreichbar ist, könnte erheblich dazu beitragen, dass die Website gelingt."

Welche Vorteile hat eine Zertifizierung der eigenen Website?

„Zahnärzte haben die Möglichkeit, ihre Website von verschiedenen Institutionen wie HON, afgis oder der Stiftung Gesundheit zertifizieren zu lassen. Alle genannten Verfahren tragen dazu bei, dass sich die Website in Gestaltung, Inhalt, Funktion und Sicherheit verbessern kann. Nach der Prüfung erhalten Zahnärzte Zertifikate, die das Vertrauen der Nutzer positiv beeinflussen."

Suchmaschinenoptimierung (SEO): Bei Google gefunden werden

Mirko Gründer

A. Köhler, M. Gründer, *Online-Marketing für die erfolgreiche Zahnarztpraxis,*
Erfolgskonzepte Zahnarztpraxis & Management,
DOI 10.1007/978-3-662-48573-6_4, © Springer-Verlag Berlin Heidelberg 2016

Das Internet mag die revolutionärste Erfindung des späten 20. Jahrhunderts sein, aber ohne Suchmaschinen wäre es heute praktisch wertlos. Niemand könnte der Informationsflut Herr werden, wenn die Stichwortsuche von Google & Co. sie nicht zugänglich machen würde. Sie hilft uns tagtäglich, die Nadel im Heuhaufen zu finden. Über 90 Prozent der Internetnutzer orientieren sich mit Hilfe von Suchmaschinen im Internet.

Wer mit seiner Praxis-Website im Internet präsent sein will, muss dafür sorgen, dass man sie mit Suchmaschinen finden kann. Wenn die Zahnarzt-Website bei den wichtigen Suchbegriffen in den Trefferlisten der Suchmaschinen gar nicht auftaucht, aber auch schon, wenn sie erst auf der zweiten Ergebnisseite auftaucht, ist es Zeit zu handeln. Es gibt viele Strategien, die eigene Internetpräsenz für Suchmaschinen attraktiver zu gestalten. Mit eben diesem Ziel beschäftigt sich die Suchmaschinenoptimierung (abgekürzt SEO, nach dem englischen „Search Engine Optimization").

4.1   Grundlagen

Hinter der Suchmaschinenoptimierung steckt weder Hexerei noch Betrug, sondern viel analytisches Knowhow und harte Arbeit. Suchmaschinenoptimierer analysieren, wie Suchmaschinen funktionieren, und passen Internetseiten so gut wie möglich an diese Kriterien an: Sie optimieren sie für die Suchmaschinen.

4.1.1   Wie funktionieren Suchmaschinen?

Millionen von Menschen benutzen täglich viele Male eine Suchmaschine, ohne sich zu fragen, wie die Ergebnisse eigentlich zustande kommen. Suchmaschinen sind riesige Sammel- und Sortiermaschinen für Informationen aus dem Netz. Natürlich kann eine Suchmaschine nicht für jede einzelne Suchanfrage das gesamte Internet durchforsten – die Datenmasse wäre kaum zu bewältigen, und es würde sehr lange dauern. Deshalb betreibt jede Suchmaschine unzählige Datensammler: eigenständige Programme, Crawler oder Spider genannt, die ständig im Netz unterwegs sind, sich Websites anschauen und die wichtigsten Daten erfassen. Diese Informationen werden in einem riesigen Index archiviert. Dieser Index der Suchmaschine ist gut sortiert und kann blitzschnell abgefragt werden. Aus ihm holt sich die Suchmaschine ihre Ergebnisse.

Was sich mit Suchmaschinen finden lässt, ist also durch zwei Faktoren limitiert: die Wahrnehmungsfähigkeiten des Crawlers und den Zeitpunkt seines Besuchs einer Website. Denn die Informationen, die der Crawler von einer Website analysieren kann, sind begrenzt. Crawler verstehen grundsätzlich nur Texte. Für die Inhalte von Videos und Bildern sind sie im Wesentlichen blind, ebenso für das Design einer Seite. Von seinem Besuch nimmt der Crawler also nur Wörter mit, die sich in irgendeiner Form im Programmcode der Website befinden. Der zweite limitierende Faktor ist der Zeitpunkt des letzten Crawlerbesuchs auf einer Internetseite. Wurden Änderungen an der Seite vorgenommen, nachdem der Crawler seine Informationen gesammelt hat, kennt die Suchmaschine diese Änderungen nicht. Sie können erst in den Suchergebnissen auftauchen, wenn der Crawler die Seite erneut besucht hat. Das kann je nach Bedeutung der Seite einige Tage bis Wochen dauern.

Aber wie kommt die Sortierung der Ergebnisliste zustande? Warum steht ein Ergebnis auf Platz eins, ein anderes auf Platz 164, wenn doch beide Websites das Suchwort enthalten? Die Relevanz von Treffern bestimmen die Suchmaschinen nach komplexen Algorithmen, in denen viele verschiedene Kriterien zusammenfließen. Welche Kriterien das im Einzelnen sind, ist Geschäftsgeheimnis der Suchmaschinenanbieter. Bei Google kommen aktuell mehr als 300 Parameter zum Einsatz, um die Rangfolge von Suchergebnissen zu errechnen.

Natürlich sind einige der Kriterien leicht zu erschließen, andere sind sogar offiziell bestätigt. Ein Beispiel: Fast ein Mythos unter den Besitzern von Internetseiten ist Googles PageRank. Diese Kennziffer ist nach Larry Page, einem der Erfinder der Suchmaschine, benannt und war einst der Grundstein für Googles phänomenalen Siegeszug. Sie beruht darauf, dass Googles Crawler registrieren, welche Links auf Internetseiten verweisen. Vereinfacht gesagt haben Seiten, die besonders oft von anderen Seiten verlinkt werden, einen hohen PageRank, Sei-

■ Abb. 4.1 Funktionsweise
einer Suchmaschine

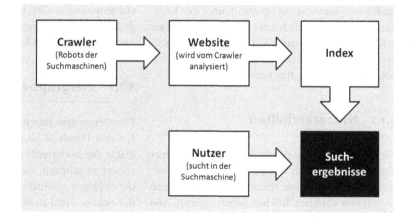

■ **Abb. 4.1** Funktionsweise einer Suchmaschine

ten mit wenig solcher „Backlinks" einen niedrigen. Google betrachtet Links als Empfehlungen für die verlinkte Seite. Und so ist der PageRank praktisch eine Skala für die Popularität einer Seite im Netz. Diese kann als ein Kriterium genutzt werden, um die Seiten in einer Suchmaschinen-Trefferliste zu hierarchisieren. Der PageRank selbst gilt heute eher als Relikt und hat nur noch geringen Einfluss auf die Sortierung der Suchergebnisse. Wie vieles anderes aus der Frühzeit der Suchmaschinen war er zu leicht zu manipulieren, seitdem kluge Webmaster Links tauschten, verkauften oder Kommentarfelder von Blogs mit Links vollstopften. Die modernen Mechanismen sind komplexer und schwerer zu manipulieren (■ Abb. 4.1).

Die Vorherrschaft von Google

Für den weitaus größten Teil der Deutschen ist das Suchen im Internet gleichbedeutend mit „Googeln". Zwar gibt es Hunderte von Suchmaschinen, doch die Mehrzahl von ihnen fristet ein Nischendasein. Neun von zehn Internetsuchen in Deutschland werden mit Google durchgeführt. Selbst die Microsoft-Suchmaschine Bing ist mit einem Marktanteil von unter 4 Prozent völlig abgehängt. Für die Suchmaschinenoptimierung im deutschen Sprachraum bedeutet dieses seit mehreren Jahren stabile Quasi-Monopol, dass man sich lediglich mit den Mechanismen von Google auseinandersetzen muss. Andere Suchmaschinen müssen nur in die Kalkulation einbezogen werden, wenn auch ausländische, insbesondere außereuropäische Zielgruppen erreicht werden sollen. So kommt etwa in China die

hierzulande fast unbekannte Suchmaschine Baidu auf einen Markanteil von zwei Dritteln, in Russland führt die Suchmaschine Yandex mit ca. 60 Prozent Marktanteil die Liste an.

4.1.2 Nutzerangepasste Ergebnisse

Bei modernen Suchmaschinen sieht nicht mehr jeder Suchende dieselben Ergebnisse. Längst haben Suchmaschinenbetreiber damit begonnen, allerlei nutzerbezogene Kriterien in die Suche einzubeziehen. So erhält beispielsweise ein Nutzer in Mainz, der das Suchwort „Kieferorthopäde" bei Google eingibt, andere Ergebnisse, als wenn jemand an einem Computer in Ingolstadt dasselbe sucht. Google registriert dabei über die Kennung des anfragenden Computers den Standort des Nutzers. Bei Suchanfragen, die üblicherweise lokal gemeint sein dürften, bietet die Suchmaschine dem Nutzer primär Ergebnisse in der Nähe seines Standortes an.

Aber auch über die Lokalisierung hinaus nimmt Google längst Anpassungen vor, die auf dem persönlichen Such- und Klickverhalten eines Nutzers basieren. Dafür werden praktisch alle Interaktionen eines Nutzers mit Google protokolliert und so eine Art Nutzerprofil erstellt. Die Daten dafür stammen vor allem von den vielen Millionen Android-Handys, auf denen Google praktisch jede Nutzerbewegung analysieren kann. Über das Klickverhalten, Lesezeichen und ähnliche Indizien will Google so jedem Nutzer Ergebnisse liefern, die immer besser auf seine Interessen und Bedürfnisse zugeschnitten sind. Diese Entwicklung ist dem Kampf der Suchmaschinen um für die Nutzer relevante Ergebnisse geschuldet. Denn davon hängt der Erfolg der Suchmaschine ab – dass man mit ihr tatsächlich das findet, was man gebrauchen kann.

4.1.3   Nutzerverhalten

Nicht jede Position in den Suchergebnissen zu einer Suchanfrage ist gleich viel wert. Das liegt ganz wesentlich an der Art, wie Nutzer sich Informationen im Internet aneignen. Studien haben ergeben, dass die Wahrnehmung viel selektiver und ungeduldiger abläuft als beispielsweise beim Lesen eines Buchs oder einer Zeitung. Nutzer überfliegen schnell Texte, sie lesen nicht gründlich. Hängen bleiben sie nur, wenn etwas durch Platzierung, Hervorhebung oder sonstige, auch individuell verschiedene Kriterien ihre Aufmerksamkeit in besonderem Maße auf sich zieht.

Bei der Wahrnehmung von Suchergebnislisten wirkt sich diese Eigenheit umso stärker aus: Die weitaus größte Aufmerksamkeit widmen Nutzer den ganz oben stehenden Suchergebnissen, wie Studien belegen. Die Wahrscheinlichkeit, dass ein Ergebnis angeklickt wird, liegt für das topplatzierte Ergebnis bei über 50 Prozent. Beim Zweitplatzierten sind es schon nur noch ca. 14 Prozent, beim Dritten nicht einmal mehr 10. Die Ergebnisse der zweiten Seite schauen sich die meisten Suchmaschinennutzer überhaupt nicht mehr an. Wenn also eine Praxis-Website erst auf Seite zwei oder den nachfolgenden auftaucht, ist die Positionierung praktisch wertlos. Nur vordere Ergebnisse bringen tatsächlich Besucher.

4.2   Analyse

Kein Zahnarzt würde einem Patienten mit Zahnschmerzen einen Zahn aufbohren, ohne ihn zuvor zu untersuchen und herauszufinden, ob dieser Zahn tatsächlich der Grund für den Schmerz ist. Wenn eine Website nicht so gut in den Suchergebnissen erscheint, wie es sich die Betreiber wünschen, wird jedoch oft aus dem Bauch heraus gehandelt und Maßnahmen mit vagen Vermutungen begründet. Dies wird in den meisten Fällen jedoch wenig nützen. Denn echte Suchmaschinenoptimierung ist

ein empirisches Geschäft und beginnt mit einer gründlichen Anamnese, wobei man einen Schritt nach dem anderen gehen muss.

4.2.1   Zielgruppen bestimmen

Die allermeisten Internetseiten schaffen es lediglich für eine Handvoll Suchanfragen auf die vorderen Plätze der Suchergebnislisten. Es gilt also, zielorientiert zu arbeiten, die begrenzten Ressourcen in die richtigen Maßnahmen zu investieren und auf das richtige Pferd zu setzen. Der erste Schritt ist die Frage: Wen soll die Seite überhaupt ansprechen? Wer soll über die Suchmaschinen zu der Seite finden? Eine Praxis-Website ist natürlich für die Patienten, lautet die einfache Antwort. Aber wie so oft im Leben ist diese Antwort zu simpel. Wie jede Art des Marketings arbeitet auch Suchmaschinenoptimierung dann am besten, wenn die Zielgruppen klar definiert werden. Um welche Patienten geht es also genau? Soll die Website neue Patienten auf die Praxis aufmerksam machen? Wenn ja, welche Art von neuen Patienten soll in die Praxis geführt werden? Geht es darum, Patienten über die Praxis auf dem Laufenden zu halten? Und was zeichnet diese Gruppen jeweils unter Berücksichtigung der Schwerpunkte der Praxis aus? Handelt es sich zum Beispiel größtenteils um alte bzw. junge Menschen, Frauen oder Männer, um Menschen mit einem bestimmten Lebensstil oder besonderen Gewohnheiten und Hobbys? Sollen Menschen nur im engen, lokalen Umfeld angesprochen werden oder überregional oder gar international?

Tipp	

Versuchen Sie, die Zielgruppen aufzulisten und so präzise wie möglich zu charakterisieren. So schaffen Sie sich die optimale Arbeitsgrundlage für alle weiteren Schritte.

4.2.2   Wonach sucht die Zielgruppe?

Auf die Definition der Personengruppen, die mit einer Website angesprochen werden sollen, folgt die Keyword-Analyse. Als Keywords werden hierbei jene Suchworte und Wortkombinationen bezeichnet, die ein Internetnutzer in die Suchmaschinenmaske eingibt. Die Identifikation der Keywords, mit denen eine Zielgruppe nach den Angeboten der zu optimierenden Website sucht, ist der neuralgische Punkt der Suchmaschinenoptimierung. Doch wie findet man die richtigen Keywords? Der wichtigste Kniff ist, nicht von Angebots- bzw. Anbieterseite her zu denken. Es geht um das Problem, das die Menschen in die jeweilige Praxis führt.

Zahnärzte sollten sich – für jede Zielgruppe einzeln – folgende Fragen stellen:

Suchverhalten der Patienten ermitteln
- Mit welchen Worten beschreibt die Mehrheit der Zielgruppe das, was ich mache? Was für jemanden suchen sie, wenn sie mich suchen?
- Mit welchen Wünschen kommen die meisten Menschen in meine Praxis? Welche Symptome sind am häufigsten?
- Mit welchen Worten beschreiben die Patienten ihr Problem zu Beginn, bevor sie im Gespräch Fachbegriffe aufschnappen?

Patienten kommen nicht wegen einer Parodontitis zum Zahnarzt. Sie kommen wegen Zahnschmerzen. Und genau das würden sie auch googeln: „zahnschmerzen" wird monatlich via Google 18.100-mal gesucht, „parodontitis" nur 9900-mal.

Zuweilen ist es schwer, sich vorzustellen, wie Außenstehende über etwas reden das man selbst jahrelang studiert hat und täglich tut. Hilfreich ist zweierlei: Zum einen sollten Zahnärzte ihren Patienten, besonders beim ersten Gespräch, genau zuhören und dabei besonders auf deren Wortwahl achten. Zweitens ist es hilfreich, ein wenig Zeit mit Recherche in Gesundheitsforen oder Frage-Antwort-Internetseiten zu verbringen. Es muss darum gehen, empirische Grundlagen für die Keywordwahl zu schaffen und weniger aus dem Bauch heraus zu entscheiden oder schlichtweg zu raten.

Das beste Recherche-Werkzeug liefert Google höchstpersönlich mit seinem Keyword-Planer. Hier kann man auf Googles eigene Statistik-Daten zugreifen und herausfinden, wie oft bestimmte Begriffe und Wortkombinationen tatsächlich gegoogelt werden. Das Tool hilft übrigens auch beim Brainstorming: Es schlägt selbstständig andere Begriffe vor, die es für thematisch verwandt hält.

> **Tipp**
>
> Probieren Sie den Keyword-Planer aus und erfahren Sie so, welche Keywords tatsächlich auch der Allgemeinheit geläufig sind. Sie finden den Keyword-Planer im Tools-Bereich von Google AdWords. Um ihn zu nutzen, müssen Sie einmalig ein Konto bei Google AdWords anlegen.

Überwiegend wohnt der Patientenstamm einer Zahnarztpraxis im direkten Umfeld. Lediglich bei seltenen Spezialisierungen ist ein überregionales Marketing sinnvoll. Man kann daher davon ausgehen, dass Patienten nach einem Zahnarzt am Wohnort oder in dessen Nähe suchen werden. Es ist also für Zahnarztpraxen sinnvoll, sich überwiegend auf Keywords zu konzentrieren, die einen Orts- oder Stadtteilnamen enthalten. Dafür sprechen auch Ressourcenfragen: Es ist nicht nur sinnvoll, sondern auch durchaus möglich, mit einer optimierten Praxis-Website für ein Keyword wie „zahnarzt flensburg" Platz 1 der Ergebnisliste zu erobern. Auf je mehr Keywords man sich konzentriert, desto aufwändiger ist die Optimierung und desto schwieriger wird es, mit diesen Keywords auch tatsächlich gute Ergebnisse zu erreichen.

Beispiele für wichtige Keywords einer Zahnarzt-Website
- Zahnarzt/Zahnärztin,
- Zahnersatz,
- Zahnschmerzen,
- Prophylaxe,
- Zahnreinigung,
- Bleichen/Whitening/Bleaching,
- Zahnpflege,
- Wurzelbehandlung,
- Mundgeruch.

Hinzu kommt natürlich stets der Praxisort als grundlegendes Keyword.

4.2.3 Ziele definieren

Der dritte Schritt ist weniger eine Analyse-Aufgabe als vielmehr eine Entscheidung, die getroffen werden muss: Was genau soll mit der Optimierung erreicht werden? Eine Praxis-Website wird nie die Durchsetzungskraft von Wikipedia oder großen Nachrichtenportalen haben. Es gilt, die verfügbaren Ressourcen auf klar definierte Ziele zu fokussieren. Nicht alle Zielgruppen können gleich gut über das Internet erreicht werden, und die zu erwartenden Gewinne sind von Zielgruppe zu Zielgruppe und Schwerpunkt zu Schwerpunkt unterschiedlich.

> **Tipp**
>
> Wählen Sie Zielgruppen aus, die Sie sinnvoll und gewinnbringend im Netz ansprechen können. Und wählen Sie die Keywords aus, auf die sich die Optimierung konzentrieren soll. Bei harter Konkurrenz gilt: Manchmal ist der erste Platz für ein weniger häufig gegoogeltes Keyword mehr wert als der vierte Platz bei dem Top-Keyword.

4.2.4 Erfolgskontrolle und Weiterentwicklung

Die Ergebnisse, die in den beschriebenen drei Schritten gewonnen wurden, stellen die Grundlage für eine strategisch sinnvolle Suchmaschinenoptimierung dar. Sie haben aber keine Erfolgsgarantie und sind auch nicht ewig gültig. Das Internet verändert sich in atemberaubender Geschwindigkeit. Noch extremer ist es bei den Suchmaschinen: Fast monatlich werden kleine Stellschrauben von den Betreibern der Suchmaschinen verändert, die die Sortierung und Darstellung der Suchergebnisse beeinflussen. In regelmäßigen Prozessen muss kontrolliert werden, ob die ergriffenen Maßnahmen tatsächlich zielführend sind und ob bereits Erreichtes sicher ist. Diese Kontrollprozesse lassen sich automatisieren und mit wenig Aufwand durchführen, vorausgesetzt, man richtet sie einmal korrekt ein.

Werkzeuge für die Analyse

Es gibt zahlreiche Werkzeuge, mit denen sich valide Daten über die Besucherströme der Website und über ihre Performance in den Suchmaschinen gewinnen lassen. Im Folgenden sind einige der populärsten Möglichkeiten kurz vorgestellt.

Website-Analyse

Für die Erfassung der Besucherströme der eigenen Website gibt es mächtige Tools, die auch das letzte Quäntchen Information aus jedem Besucher herauspressen.

Google Analytics Dies ist das am weitesten verbreitete Tool. Es ist kostenlos, einfach einzurichten und bietet eine unglaubliche Datenfülle, die kaum Wünsche offen lässt. Der Haken: Sein Datenhunger ist so enorm, dass es zu einem der Lieblingsfeinde der Datenschützer geworden ist. Zudem werden die Analysedaten auf den Google-Servern gespeichert und liegen damit potentiell in den Händen des U.S.-Konzerns und nicht des einzelnen Website-Betreibers. Informationen und Anleitungen findet man unter ► http://www.google.com/analytics

Piwik Dies ist eine gute, ebenfalls kostenlose Alternative für alle, die sich stärker dem Datenschutz verpflichtet fühlen und sich nicht von externen Anbietern abhängig machen wollen. Es wird als Software auf dem eigenen Server installiert und kann datenschutzkonform eingesetzt werden. Dies bedeutet jedoch kaum Einschränkungen in der Funktionalität: Piwik kann alles, was selbst Profis von solch einem Werkzeug erwarten. Es ist allerdings etwas anspruchsvoller in Installation und Bedienung als Google Analytics. Informationen und Anleitungen findet man unter ► http://piwik.org

Google Search Console Ob in Verbindung mit Google Analytics oder allein – die Google Search Console (früher: Webmaster Tools) sollte jeder Website-Inhaber nutzen. Sie erlaubt einerseits bis zu einem gewissen Grad Kontrolle darüber, wie die Website bei Google dargestellt wird. Andererseits liefert sie auch einige Statistiken darüber, wie sich die Website in der Google-Suche schlägt. Hierfür muss man die Website einmalig anmelden und verifizieren unter ► https://www.google.com/webmasters

SEO-Analyse

Webanalyse-Tools erfassen nur die Vorgänge auf der Website selbst. Sie bringen nicht in Erfahrung, wie sich eine Seite für bestimmte Keywords in den Suchmaschinen schlägt oder wie gut sie im Internet verlinkt ist. Für solche Aufgaben bedarf es völlig anderer Werkzeuge. SEO-Analysetools beobachten das gesamte Internet, um Vergleichsdaten für jeden Zweck bereitzustellen. Mit ihrer Hilfe lässt sich nicht nur in Erfahrung bringen, was real auf einer Website geschieht. Mit solchen Tools kann man Konkurrenten im Auge behalten, passendere Keywords finden, die Verlinkung analysieren und weitere Optimierungspotentiale identifizieren.

Hier einige für Deutschland relevante Anbieter:

Sistrix Toolbox Die Toolbox der Bonner Firma Sistrix baut auf einem riesigen Datenbestand auf, der von der Firma seit Jahren mit eigenen Crawlern im Internet gesammelt wird. Mit der Toolbox lassen sich SEO- und auch SEM-Kampagnen hervorragend kontrollieren und Daten für die weitere Optimierung gewinnen. Die Stärken liegen in der Verlinkungs-Analyse und in der Überwachung der Suchmaschinenperformance einer Website. Für Letzteres hat Sistrix eine eigene Skala entwickelt, den Sistrix-Sichtbarkeitsindex, der sich mittlerweile in Deutschland als gute Kennzahl für die Suchmaschinenpräsenz etabliert hat. Die Nutzung der Toolbox ist kostenpflichtig. Informationen findet man unter ▶ http://www.sistrix.de

SEOlytics Noch breitere Analyse-Möglichkeiten bietet die Hamburger Firma SEOlytics mit ihrer gleichnamigen Software. Besonders im Bereich der Verlinkungen hält SEOlytics hilfreiche Funktionen bereit, die aber vielfach nur noch für echte SEO-Profis interessant sind. Nützlich sind die tagesaktuelle Überwachung der Suchergebnis-Positionen und umfangreiche Funktionen zur Überwachung von Social-Media-Plattformen. Auch die Nutzung von SEOlytics ist kostenpflichtig. Informationen findet man unter ▶ http://www.seolytics.de

Searchmetrics Suite Searchmetrics ist eine Firma aus Berlin. Die Searchmetrics Suite ist der dritte Big Player unter den SEO-Analysetools. Auch sie steht den beiden zuvor erwähnten in nichts nach. Ihre besondere Stärke liegt in darin, dass sie nicht nur Analysedaten liefert, sondern auch Vorschläge zur Optimierung der eigenen Website macht. Auch hier muss man in die Nutzung Geld investieren. Informationen findet man unter ▶ http://www.searchmetrics.com/de

Kostenlose Tools Wenn sich die kostspieligen SEO-Toolboxen nicht rechnen: Im Internet gibt es natürlich auch eine Vielzahl mehr oder weniger guter kostenloser Tools, die einzelne Aufgaben der SEO-Analyse wie etwa eine Backlink-Analyse ebenfalls erledigen können. So kann man unter ▶ http://www.seitenreport.de die eigene Website automatisiert auf Schwachstellen abklopfen lassen. Aber Achtung: Diese kostenlosen Tools liefern selten belastbare Daten und sind darüber hinaus häufig schon nach wenigen Monaten wieder aus dem Netz verschwunden.

> **Die wichtigsten Kriterien der SEO-Analyse**
> - Monatliche Besucherzahlen und ihre Herkunft (die sogenannten Referrer zeigen, von welchen Suchmaschinen oder anderen Websites die Besucher kamen).
> - Die Keywords, die Besucher von Suchmaschinen dort eingaben, um zu Ihnen zu gelangen.
> - Die Position Ihrer Seiten in den Suchergebnissen für die von Ihnen festgelegten Keywords.
> - Die Verlinkung Ihrer Website im Internet (Anzahl und Zusammensetzung der Backlinks).

Wichtig sind insbesondere die Entwicklung dieser Informationen über die Monate hinweg und die Tendenzen, die sich daraus abzeichnen. Auf der Basis dieser Daten können Sie auch überprüfen, ob Optimierungsmaßnahmen funktionieren oder nicht. Natürlich lassen sich zusätzlich Hunderte andere Daten erfassen und eventuell gewinnbringend analysieren. Aber Vorsicht: Schnell wird die Datenmenge unübersichtlich und die Auswertung sehr zeitaufwändig.

4

4.3   Die wichtigsten Maßnahmen

Durch die Analyse sind die wichtigsten Grundlagen gelegt, um eine Website für die Suchmaschinen zu optimieren. Doch worauf ist konkret zu achten? Im Folgenden werden die wichtigsten Optimierungsfelder dargestellt und einige elementare Maßnahmen erläutert.

4.3.1   Struktur der Website

Der strukturelle Aufbau einer Internetpräsenz ist für die Crawler der Suchmaschinen ebenso wichtig wie für normale Besucher. Crawler sind dafür gebaut, das Verhalten von wirklichen Surfern möglichst weit nachzuahmen. Wenn also ein Mensch eine Website leicht verständlich und gut bedienbar findet, wird sie normalerweise auch Suchmaschinen keine Hürden bieten.

Der hierarchische Aufbau

Der hierarchische Aufbau bestimmt wesentlich, welche Autorität die einzelnen Seiten innerhalb einer Website besitzen. Eine einfache Homepage ist – grob vereinfacht – wie ein Stammbaumdiagramm aufgebaut: mit der Startseite als Elternelement, von dem alle Kinder- und Enkelelemente abzweigen. Die wichtigste Seite ist in aller Regel die Startseite (▶ Abschn. 4.3.3). Das gilt nicht nur für menschliche Nutzer, die hier häufig schon entscheiden, ob eine Website für sie interessant ist. Auch Suchmaschinen widmen der Startseite besondere Aufmerksamkeit und schätzen ihre Inhalte als besonders wichtig ein.

Der Aufbau ist aber auch noch in anderer Hinsicht von Bedeutung. Eine Website sollte so strukturiert sein, dass die Crawler der Suchmaschinen sie leicht und schnell erfassen können. Crawler bewegen sich wie Menschen durch eine Internetpräsenz, indem sie in den Menüs Links anwählen und so von Unterseite zu Unterseite springen. Wie geduldig sie dies tun und ob sie dabei alles finden, was es zu sehen gibt, hängt ganz wesentlich von der internen Verlinkung der Website ab. Bei einer guten Verlinkung sollte es möglich sein, mit maximal drei Klicks von jeder Seite einer Webpräsenz zu einer beliebigen anderen Seite zu gelangen. Bei einer Praxis-Website sollte dieses Ziel in der Regel erreichbar

sein und angestrebt werden. Nicht nur die Crawler, sondern auch die menschlichen Besucher werden es zu schätzen wissen (▶ Kap. 3).

> **Tipp**
>
> Zumindest die Startseite sollte über einen Direktlink von jeder Einzelseite schnell erreichbar sein. Im Idealfall gilt dies auch für die wichtigsten Rubriken.

Die Domain

Eine gute Domain ist einer der wichtigsten Faktoren für Erfolg bei den Suchmaschinen. Im Idealfall kommen wichtige Keywords in der Domain vor. Eine solche Domain nennt man „Keyword-Domain".

Strebt man eine Topplatzierung zum Beispiel für das Keyword „zahnarzt chemnitz" an, ist eine Domain wie ▶ www.zahnarzt-chemnitz.de ein erheblicher Wettbewerbsvorteil. Oftmals werden derartige Domains jedoch bereits vergeben sein. Durch die Ergänzung weiterer Keywords lässt sich dieses Problem meist umgehen, also beispielsweise: ▶ www.zahnarzt-dr-mueller-chemnitz.de oder ▶ www.zahnarzt-marktstrasse-chemnitz.de.

Es lohnt sich also, schon bei der Domainauswahl die SEO-Ziele im Auge zu haben. Über die Stränge schlagen sollte man aber auch hier nicht: Lange Domains mit vielen Keywords scheinen zwar auf den ersten Blick toll, sind aber sehr nutzerunfreundlich. Hier sollte man stets einen guten Kompromiss suchen.

Bei der Domainregistrierung ist es empfehlenswert, großzügig zu verfahren und zum Beispiel Variationen der Hauptdomain zu registrieren (mit und ohne Bindestrichen, mit und ohne Umlauten usw.). Auch die wichtigsten Top-Level-Domains gehören mit in das Domain-Portfolio. Zwar ist in Deutschland die Top-Level-Domain „de" Standard, doch sollten auch die Domains mit den Endungen „com", „net" und „org" gesichert werden. All dies dient vor allem der Absicherung gegen missgünstige Wettbewerber.

Auch wenn Sie mehrere nützliche Domains registriert haben, sollten Sie nur eine davon für Ihre Homepage nutzen. Alle anderen Domains dienen nur als Sekundärdomains und werden auf die Hauptdomain weitergeleitet.

❗ **Betreiben Sie auf gar keinen Fall dieselbe Seite unter mehreren verschiedenen Domains. Dies gilt als Duplicate Content und ist eine der Todsünden der Suchmaschinenoptimierung.**

Auch wenn diese Argumente dafür zu sprechen scheinen, sich nun schnell eine gute Keyword-Domain auszudenken und die gute alte Domain ▶ www.dr-mustermann.de aufzugeben, ist hier eine nüchterne Abwägung nötig. Eine neue Domain bedeutet für die Suchmaschinen in aller Regel, dass es sich um eine völlig neue Website handelt. Eine über viele Jahre erkämpfte Autorität ist unter Umständen verloren, wenn die Domain gewechselt wird. Die meisten Backlinks der alten Domain werden ebenfalls wertlos. Es gilt also, Gewinn und Verlust nüchtern gegeneinander abzuwägen. Im Zweifel kann hier ein SEO-Experte Rat geben und den Umbau begleiten.

URL-Design

Jede einzelne Seite einer Website verfügt über eine eigene eindeutige Adresse, die URL (Uniform Resource Location). Der vordere Teil der URL besteht – grob gesagt – aus dem Domainnamen, auf den der Dateiname der einzelnen Seite folgt. Zwischen beiden stehen unter Umständen noch die Namen von Ordnern, in die die einzelnen Seiten einsortiert sind. Die URL einer Seite zur Professionellen Zahnreinigung in der Rubrik „Prophylaxe" könnte idealerweise so aussehen: ▶ http://www.zahnarzt-markt-strasse-schwerin.de/prophylaxe/zahnreinigung.html

Wie im Beispiel zu sehen, ist es möglich, allein durch die Benennung von Ordnern und Seiten weitere Keywords direkt in der URL unterzubringen. Diese sehr effektive Technik wird oft aus reiner Bequemlichkeit nicht genutzt. Das Web ist voll von URLs wie dieser: ▶ http://www.zahnarzt-markt-strasse-schwerin.de/cat12/id546.html. Hier wurde viel wertvolles Potential verschenkt.

Sichten Sie Ihre Website, ob die URLs aussagekräftig und Keywords enthalten sind. Benennen Sie Dateien und Ordner um, die aussagefrei oder zu allgemein sind, zum Beispiel die Seite „team.html" in „zahnarzt-mustermann-praxisteam.html", die Seite „leistungen" in „zahnmedizinische-behandlungen.html" usw.

Tipp

Achten Sie bei Umformulierungen der URLs unbedingt auf die internen Links, etwa im Menü Ihrer Website, damit diese nicht weiterhin zu den alten URLs verweisen. Am besten übertragen Sie diese Umbenennung einem Webdesigner, der mit Tools überprüfen kann, ob nichts übersehen wurde.

Content-Management-Systeme und Permalinks

Content-Management-Systeme (CMS) erzeugen die Dateinamen der Seiten meist automatisch, was in der Regel zu kryptischen Zahlenketten mit Parametern führt. Diese weder nutzer- noch suchmaschinenfreundlichen URLs lassen sich bei den meisten modernen CMS durch sogenannte „Permalinks" ersetzen, die keine dynamischen Parameter mehr enthalten und eher den oben beschriebenen festen HTML-Adressen entsprechen. Es muss also in jedem Fall ein CMS her, das solche Permalink-URLs ermöglicht und dann die optimale Gestaltung dieser URLs aufmerksam umgesetzt werden.

Tipp

Verwenden Sie in Dateinamen und Ordnern Bindestriche (-) zur Trennung von Wörtern, keine Unterstriche (_), wie sie Programmierer gern benutzen. Suchmaschinen kommen mit Bindestrichen besser zurecht.

Sitemap

Eine Sitemap listet alle Seiten einer Homepage auf. Auf vielen Internetseiten gibt es eine Sitemap, die Nutzern die Orientierung erleichtern soll. Diesen Service kann man auch den Suchmaschinen bieten. Für die Crawler der Suchmaschinen sind spezielle Sitemaps im XML-Dateiformat gute Orientierungen über den Umfang der Website. Sie erleichtern und beschleunigen deren Erfassung erheblich. XML-Sitemaps sind schnell und unkompliziert zu erstellen. Der zügigste Weg ist, einen Onlineservice wie den unter ▶ http://www.xml-sitemaps.com kostenlos bereitgestellten zu benutzen. Die erstellte und heruntergeladene XML-Datei wird dann unter dem Namen sitemap.xml in das Haupt-Verzeichnis der Website gelegt. Die Suchmaschinen-Crawler finden sie dort automatisch. Bei jeder Änderung an der Website, bei der Seiten hinzugefügt, entfernt oder umsortiert wurden, muss dieser Prozess wiederholt werden.

> **Tipp**
>
> Viele Content-Management-Systeme können XML-Sitemaps automatisch oder mittels entsprechender Plugins erstellen. Dies ist der bequemste Weg für Seitenbetreiber.

Duplicate Content

Suchmaschinen möchten Nutzern bei einer Suchanfrage möglichst viele unterschiedliche Treffer bieten. Oft kommt aber ein passender Text im Internet gleich mehrfach vor, zum Beispiel ein Artikel aus Wikipedia, den jeder Website-Besitzer ganz legal bei sich als Erklärungstext wiedergeben darf. Damit Suchende im Suchergebnis nicht mehrmals denselben Text auf unterschiedlichen Websites angeboten bekommen, entscheiden sich Suchmaschinen in solchen Fällen für eine Variante, die Priorität erhält, und blenden die anderen Versionen aus. Dieser Duplicate Content – mehrmals identisch im Netz vorkommender Inhalt – ist für Seitenbetreiber ein Problem. Die Suchmaschine entscheidet, welche Version sie als „Original" wertet und als einzige im Suchergebnis anzeigt. Hat man also Texte auf der Website, die woanders auch vorkommen, kann es passieren, dass die eigene Seite gar nicht im Suchergebnis auftaucht.

> **Tipp**
>
> Vermeiden Sie es, Texte von anderen Quellen zu übernehmen – auch wenn dies lizenzrechtlich möglich wäre. Die kopierten Texte bringen Ihnen kaum einen Vorteil, sondern können schlimmstenfalls sogar den Ruf Ihrer Website bei der Suchmaschine beschädigen.

Besonders negativ kann es sich auswirken, wenn die gesamte Internetpräsenz an mehreren Orten im Internet verfügbar ist – also vollständig gespiegelt ist. Gewöhnlich wertet die Suchmaschine nur eine davon als echt und gibt diese als Suchergebnis aus, der Rest fällt unter den Tisch. Auf den guten Ruf einer Website bei der Suchmaschine hat dieses Phänomen keinen guten Einfluss.

Ursache für eine so gespiegelte Domain kann zweierlei sein: Möglicherweise wird ein und dieselbe Seite auf mehreren Domains betrieben. Das ist zwar technisch und rechtlich kein Problem, wird aber von Suchmaschinen gar nicht geschätzt. Die zweite Variante: Jemand hat die gesamte Seite kopiert und woanders auf eigene Rechnung ins Netz gestellt. Auch dies ist technisch kein Problem, aber ein veritabler Verstoß gegen das Urheberrecht. In diesem Fall kann und sollte man rechtliche Schritte einleiten.

Der erste Fall kommt erfahrungsgemäß sehr häufig vor. Er entsteht, wenn ein Website-Besitzer mehrere Domains registriert und alle auf dieselbe Website schalten lässt. Das korrekte Verfahren wäre jedoch, nur eine Hauptdomain direkt für die Website zu nutzen und alle anderen sekundären Domains auf diese Hauptdomain umzuleiten. Dies können Betreiber in den Domaineinstellungen der meisten Webhoster relativ einfach regeln. Bei dieser Lösung gibt es keinerlei Probleme mit Duplicate Content.

Was Suchmaschinen nicht mögen

Neben Duplicate Content gibt es weitere Phänomene, die bei Suchmaschinen unbeliebt sind bzw. mit denen die Crawler technisch nicht umgehen können. Hier einige Dinge, die Sie bei Ihrer Website aus SEO-Sicht meiden sollten:

Frames Als Gestaltungselement gehören die Frames in die Urzeit des Internets und sind schon lange out. Trotzdem nutzen manche Webdesigner sie immer noch. Für die Crawler der Suchmaschinen ist es schwierig bis unmöglich, von einem Frame in den nächsten zu springen. Was effektiv bedeutet, dass sie in der Regel nur den äußersten Frame erfassen und nicht bis zu den eigentlichen Inhalten der Seite vordringen können. Unbedingt vermeiden!

▣ Abb. 4.2 Screenshot: Titel im Browser. (Zahnärztliche Praxisgemeinschaft John+Chanteaux)

Flash Mit Flash lassen sich hübsche Animationen erstellen und sogar komplette Internetseiten dynamisch und ästhetisch ansprechend gestalten. Aber Vorsicht: Die Crawler können die Inhalte der Flash-Animationen nur schlecht auslesen. Eine Flash-Website, die für den User einen schönen optischen Eindruck macht, ist für die Suchmaschinen oft nur Textchaos. Flash-Animationen sollten daher zur Sicherheit höchstens unterstützend eingesetzt werden.

Javascript Bei Javascript ist die Lage noch diffiziler. Diese Technik ermöglicht dynamische Elemente auf einer Website und wird von den Crawlern der Suchmaschinen grundsätzlich akzeptiert. Hier gilt es, stets im Einzelfall zu testen, was suchmaschinenkompatibel ist und was nicht.

Manipulationstaktiken In der Frühzeit der Suchmaschinen gab es viele Manipulationstaktiken, die heute nicht mehr funktionieren und sogar zu harten Abstrafungen führen können. Clevere Webmaster brachten etwa wichtige Keywords auf der Seite unter, indem sie sie mit weißer Schrift auf weißem

Hintergrund darstellten. Für Besucher unsichtbar und daher nicht weiter störend, konnten die Crawler der Suchmaschinen dies anfangs nicht von normalem Text unterscheiden. Inzwischen reagieren die Suchmaschinen auf derartige Strategien jedoch negativ. Ähnliches gilt für künstlich mit Keywords überladene Texte ("Keyword-Stuffing"). All dies sollte man natürlich auch heute noch tunlichst vermeiden.

4.3.2 Head der Website

Der Head einer HTML-Seite ist für den normalen Surfer unsichtbar. Die Informationen darin sind für Maschinen gedacht, zum Beispiel die Browser oder für die Crawler der Suchmaschinen. In ihnen sind beispielsweise Zeichencode, Herkunftsland und Sprache der Website genannt. Jede einzelne HTML-Seite hat einen eigenen Head. Um den Head betrachten zu können, muss man den Quelltext aufrufen (im Browser mit einem Rechtsklick in die Seite und dann im sich aufklappenden Kontextmenü die Option „Quelltext aufrufen" auswählen). Je nach Geschmack und Gründlichkeit des Webdesigners kann der Head mehr oder weniger Angaben umfassen (◘ Abb. 4.2). Aus Suchmaschinensicht sind allerdings nicht alle von diesen „Meta-Tags" genannten Einträgen von Interesse. Die wirklich wichtigen sind im Folgenden erläutert.

Inhaltsbezogene Meta-Tags
Title

Der Title ist aus SEO-Sicht der wahrscheinlich wichtigste Eintrag im Head. Was hier steht, wird vom Browser als Seitentitel in der Titelleiste verwendet und von den Suchmaschinen als blau dargestellter Link in den Suchergebnissen benutzt. Schon dies ist Grund genug, auf die Title-Benennung Mühe zu verwenden. Denn ein guter Linktext in der Ergebnisliste hat neben der Platzierung den größten Einfluss darauf, ob das Ergebnis angeklickt wird oder nicht. Aber die Bedeutung des Titles erschöpft sich nicht darin. Die Suchmaschinen messen den Worten, die im Title vorkommen, große Bedeutung bei. Hier ist der rechte Ort für Keywords. Dabei zählt jedes Wort, aber auch ihre Reihenfolge: Das Wichtigste gehört an den Anfang. Man sollte also nicht das erste Wort an einen Artikel oder ein „Dr." verschwenden. Suchmaschinen stellen in den Ergebnisseiten höchstens 65 Zeichen des Titles dar. Wenn man die Titles von vornherein auf diese Maximallänge beschränkt, hat man alles unter Kontrolle.

❶ Auch wenn es Arbeit macht: Der Title soll die Seite, die er betitelt, individuell beschreiben. Verwenden Sie also für jede Einzelseite einen eigenen Title, wiederholen Sie sie nicht. Kommt ein Title mehrfach vor, folgert die Suchmaschine, dass er keine Unterscheidungskraft besitzt, und ignoriert ihn!

Description

Nach dem Title besitzt die Description die größte Bedeutung für die Suchmaschinenoptimierung des Heads. Der hier eingegebene Text liefert die Beschreibung, die von Suchmaschinen als zweizeiliger schwarzer Text unter dem Link auf den Ergebnisseiten angezeigt wird. Gibt es keine Description im Head der Seite, sammelt die Suchmaschine willkür-lich passend scheinende Textschnipsel von der Seite zusammen und stellt sie dort dar.

Auch hier sollte gründlich mit passenden Keywords gearbeitet werden, denn die Suchmaschinen nehmen diesen Text ernst. Es gilt im Grundsatz dasselbe wie beim Title: Die Description soll die Seite, die sie beschreibt, auch wirklich individuell beschreiben. Jede Seite verdient eine eigene Description. Wiederholungen schwächen den Effekt.

Google stellt nur maximal ca. 150 Zeichen der Description auf der Ergebnisseite dar. Wenn Sie also das Beste aus der Description herausholen wollen, beschränken Sie sie von vornherein auf diese Länge.

Keywords

Der Meta-Tag „Keywords" hat kaum noch nennenswerte Bedeutung für die Suchmaschinen. In der Frühzeit des Internets war er wichtig, doch schnell wurde klar, dass auf diesem Weg zu viel manipuliert wird. Seitdem ignorieren die Suchmaschinen ihn weitgehend, und es lohnt kaum, Mühe und Zeit hineinzustecken.

❶ Weil es immer wieder zu Verwirrung führt: Der Meta-Tag „Keywords" und sein Inhalt mag unwichtig sein. Die Keywords an sich sind es nicht. Sie sind die Grundlage der Suchmaschinenoptimierung und müssen an jedem wichtigen Ort prominent vorkommen.

> **Tipp**
>
> Stellen Sie bis zu zehn der wichtigsten Keywords zusammen, die für die Website insgesamt von Bedeutung sind, und lassen Sie sie identisch in den Head jeder Einzelseite einbauen. Mehr Aufwand lohnt nicht. Maximal könnten Sie für jede Rubrik der Seite ein individuelles Set zusammenstellen.

Ortsbezogene Meta-Tags: Die „Geo-Tags"

Die Geo-Tags sind ein ganzes Bündel von Meta-Informationen, die eine genauere Lokalisierung dessen, was auf der Website angeboten wird, ermöglichen sollen. Durch die starke Zunahme lokalisierter Suche gewinnt dieser Aspekt schnell an Bedeutung und ist für Zahnarzt-Websites wegen der überwiegend lokalen Ausrichtung von besonderer Wichtigkeit.

Geo-Tags liefern genaue Angaben zu Land, Bundesland, Ort, Postleitzahl und den konkreten Koordinaten (geographische Länge und Breite), die von den Crawlern der Suchmaschinen verstanden und archiviert werden. Neben dem Ort als Keyword in den Texten auf der Seite liefern die Geo-Tags also ein weiteres Indiz, das der Suchmaschine die lokale Zuordnung ermöglicht.

So könnte eine hypothetische Zahnarztpraxis, die am Hauptsitz des Bundesgesundheitsministeriums in Bonn ihre Praxis-Räume hätte, folgende Geo-Tags im Head ihrer Seiten einbauen:

- `<meta name="zipcode" content="53123" />`
- `<meta name="city" content="bonn" />`
- `<meta name="country" content="germany" />`
- `<meta name="geo.region" content="de-nw" />`
- `<meta name="geo.placename" content="bonn" />`
- `<meta name="geo.position" content="50.720224;7.062138" />`
- `<meta name="icbm" content="50.720224, 7.062138" />`

Nicht wundern: Die Angaben sind teilweise redundant. Es gibt verschiedene Geo-Tag-Systeme, die nebeneinander existieren. Daher zur Sicherheit beide einfügen.

Tipp

Im Internet gibt es Services, mittels derer Sie sich unter Angabe einer Adresse ein Set von Geo-Tags erzeugen lassen können, das Sie nur noch in den Head kopieren müssen, zum Beispiel ▶ http://www.geo-tag.de/generator/de.html.

Technikbezogene Meta-Tags
Robots

Dieser Meta-Tag enthält Anweisungen für die Crawler der Suchmaschinen, wie sie die Seite behandeln sollen. Folgende mögliche Einstellungen sind relevant:

Einstellungen in Robots

- index bzw. noindex: Hiermit erlaubt bzw. verbietet man dem Crawler, die Seite in den Index der Suchmaschine aufzunehmen. Seiten, die im Head auf „noindex" gestellt sind, werden nie in irgendeiner Suchmaschine gefunden werden können. Diese Einstellung kann durchaus sinnvoll sein, wenn man zum Beispiel Duplicate-Content-Probleme vermeiden will oder bestimmte Inhalte vor dem Abspeichern im Suchmaschinenindex bewahren möchte.
- follow bzw. nofollow: Hiermit erlaubt bzw. verbietet man dem Crawler, den Links, die er auf der Seite findet, weiterzuverfolgen. Von hier abzweigende Unterseiten werden also vom Crawler nicht mehr angeschaut.

In der Regel sollte dieser Meta-Tag so aussehen: `<meta name="robots" content="index, follow" />`. Eine so markierte Seite ist vollständig für die Suchmaschine geöffnet.

Canonical

Der Canonical-Tag wurde 2009 von den Suchmaschinenbetreibern selbst eingeführt und sollte Website-Besitzern dazu dienen, die mit Duplicate Content verbundenen Probleme in den Griff zu bekommen. Sollte es aus irgendwelchen Gründen notwendig sein, mehrere identische Seiten unter verschiedenen Domains zu betreiben (wovon grundsätzlich abzuraten ist), kann der Canonical-Tag die Probleme abfangen, die eigentlich entstehen müssten. Grundsätzlich würden die Suchmaschinen die doppelten Contents abwerten und sich eine der Varianten aussuchen, die als einzige in den Suchmaschinen auftauchen würde. Durch den Canonical-Tag lässt sich dies nicht verhindern, man kann damit jedoch beeinflussen, welche der Varianten angezeigt wird.

Wenn also unter ▶ www.domain-a.de/seite1.html und unter ▶ www.domain-b.de/seite1.html identische Inhalte auftauchen, würden schlimmstenfalls beide Seiten darunter leiden müssen. Der Besitzer kann jedoch auf beiden Seiten den folgenden Tag in den Head einbauen: `<link rel="canonical" href="▶ http://www.domain-a.de/seite1.html" />`.

Daraus erfährt die Suchmaschine, dass die ▶ www.domain-a.de Priorität genießt, und behandelt die beiden Seiten entsprechend.

Für eine Praxis-Website sollte es normalerweise keine Notwendigkeiten geben, die gegen die weit sauberere Lösung der Domain-Weiterleitungen sprechen. Korrekte Canonical-Tags auf allen Seiten schaden jedoch nie.

Content-Type

Dieser Tag bezeichnet den auf der Website verwendeten Zeichencode. Er ist wichtig für die Crawler, um den Text, vor allem die Umlaute und Sonderzeichen, korrekt lesen und indexieren zu können. Wenn beispielsweise Umlaute in den Textausschnitten auf der Suchergebnisseite nicht korrekt dargestellt sind, liegt dies meist daran, dass die Crawler die Zeichen wegen eines falschen oder fehlenden Content-Type-Tags fehlerhaft interpretiert haben. Eine für deutsche Websites typische Variante ist <meta http-equiv="content-type" content="text/html; charset=utf-8" />.

Language

Dieser Meta-Tag benennt die Sprache, in der die Seite verfasst ist. Der Crawler der Suchmaschine sollte zwar auch von selbst darauf kommen – aber sicher ist sicher. Für eine deutschsprachige Seite sieht der korrekte Meta-Tag so aus: <meta name="language" content="de" />.

4.3.3 Inhalt optimieren

Nach dem unsichtbaren Head zum wirklich Wichtigen: den eigentlichen Inhalten, also jenen Texten und Bildern, die der menschliche Seitenbesucher lesen und ansehen kann. Sie sind auch für die Suchmaschinen der wichtigste Teil der Seite, und zwar aus dem einfachen Grund, dass Suchmaschinen ihren Nutzern gute, inhaltsstarke Ergebnisse ausliefern wollen. Grundsätzlich ist es so, dass die Crawler der Suchmaschinen nur normalen Text lesen können. Daher stehen Keyword-optimierte Text-Inhalte an der Spitze der relevanten Inhalte. Doch auch die anderen möglichen Inhalte (Bilder, Dokumente, Tondateien und Videos) können suchmaschinenoptimiert werden.

Suchmaschinenadäquate Texte

Schauwert durch schicke Animationen und attraktive Grafiken nutzt bei Suchmaschinen nichts – die Crawler können nicht sehen, sondern nur lesen. Die Suchmaschine benötigt Futter in Form von Texten, die mit den wichtigen Keywords angereichert sind. Es genügt allerdings nicht, diese Begriffe so oft wie möglich überall auf der Website unterzubringen. Die Crawler sind intelligent genug, um künstlich mit Keywords vollgestopfte Texte zu erkennen. Ganz abgesehen davon schrecken sie so die Besucher ab – und diese sind und bleiben ja das eigentliche Zielpublikum.

Zudem versuchen die Crawler das Leseverhalten von Menschen nachzuahmen und bewerten manche Textelemente höher als andere. Man kennt es aus der Medienforschung: Manche Textteile fallen mehr ins Auge. Diese Hingucker werden von den Suchmaschinen als besonders wichtig eingeschätzt:

- Überschriften und Zwischentitel,
- Hervorhebungen im Text (fett, kursiv),
- Textanfang und Textende,
- Aufzählungen mit Spiegelstrichen, Punkten oder anderen Elementen,
- Bildunterschriften.

Die größere Aufmerksamkeit der Suchmaschinen auf diese Textbausteine bedeutet: Hier ist der beste Platz für die Keywords.

Tipps für das suchmaschinengerechte Schreiben Lösen Sie sich davon, Wiederholung stets vermeiden zu wollen. Verwenden Sie aus SEO-Gründen sogar unbedingt denselben Begriff mehrmals im Text, damit man merkt, dass er wichtig ist. Die „Keyword-Dichte", also die Häufigkeit des Vorkommens eines bestimmten Keywords, ist ein wichtiges Argument für Suchmaschinen.

Vorsicht mit Fachbegriffen. Schreiben Sie laienverständlich. Es sei denn, die Zielgruppe sind Ihre Fachkollegen.

Verwenden Sie nur Abkürzungen, wenn Sie sicher sind, dass sie allgemein bekannt sind. Dasselbe gilt umgekehrt: Beispielsweise bringt eine Seite, auf der mehrfach der Begriff „Ceramic Reconstruction" vorkommt, wenig, wenn „CEREC" der gängigere Ausdruck ist.

Schreiben Sie für jedes Keyword eine eigene Schwerpunktseite. Diese ist dann die „Landing Page" für das Keyword, also die Seite, die beim Googeln des Keywords in den Suchergebnissen erscheinen soll. Verwenden Sie nicht mehrere Keywords auf einer solchen Landing Page – Sie schwächen damit nur alle Keywords zugleich. Vergessen Sie dabei nicht, Inhalt und Meta-Tags aufeinander abzustimmen.

Das Aushängeschild: Die Startseite

Die Startseite ist die wichtigste einzelne Seite einer Internetpräsenz. Sie ist das Aushängeschild und erster Eindruck nicht nur für Besucher, sondern auch für die Suchmaschinen. Da auch die meisten Links aus dem Netz auf sie verweisen, ist sie zudem die stärkste einzelne Seite. Diese Möglichkeiten gilt es optimal zu nutzen. Wichtigstes Kriterium für eine für Suchmaschinen attraktive Startseite ist: ausreichend verwertbarer Text.

Noch immer gibt es viele Praxis-Websites, die ihre Startseite an eine sogenannte Intro-Page verschwenden. Intro-Pages bestehen meist aus einer großflächigen Grafik oder Animation, die Besucher willkommen heißt oder anderweitig auf die Seite einstimmen will, und aus sehr wenig Text. Sie sind Relikte aus den Tagen, als es noch kein Internet gab – reiner Zierrat ohne Funktion für die Seitenbesucher.

> **Tipp**
>
> Wenn Sie eine nützliche Website kreieren wollen, verzichten Sie auf den Schauwert des Intros und bieten Sie Besuchern gleich das, wofür sie gekommen sind: Informationen. Internetnutzer sind in hohem Grade ungeduldig. Strapazieren Sie das wenige an Geduld nicht mit nutzlosen Intro-Pages.

Aus SEO-Sicht ist es noch schlimmer: Da Intro-Pages meist praktisch keine Texte enthalten, finden Suchmaschinen dort nichts Verwertbares. Aus ihrer Sicht ist die Startseite der Website also leer. Auf diese Weise geht kostbares SEO-Potential verloren.

Der Text auf der Startseite sollte nicht zu lang sein, aber dennoch die wichtigsten Keywords enthalten. Eine kurze Beschreibung der wichtigsten Praxis-Schwerpunkte ist normalerweise die beste Strategie. Floskelhafte Philosophien wie „Ihre Zähne sind uns wichtig" sind wirklich überflüssig, denn sie haben praktisch keine Unterscheidungskraft, und ihr Informationswert für Patienten ist auch eher dürftig. Auch eine Überschrift wie „Willkommen auf unserer Praxis-Website" ist wertlos. Diese Floskel bietet dem Besucher keine Zusatzinformation, er fühlt sich auch nicht besser aufgehoben. Die Hauptüberschrift auf der Startseite ist einer der wichtigsten Orte auf der gesamten Website, also gehören Keywords hinein: „Praxis Dr. Müller – Ihr Kieferorthopäde in Mainz" wäre zum Beispiel eine weit bessere Variante. Sie lässt sich noch durch die wichtigsten Praxis-Schwerpunkte ergänzen.

Bilder optimieren

Bilder sind als Blickfang und optisches Gestaltungselement wichtig. Auch aus Suchmaschinensicht können sie interessant sein, vor allem, seit die Suchmaschinen häufiger multimediale Ergebnisse in die Suchergebnislisten einblenden. Aber: Die Bilder selbst werden von den Suchmaschinen nicht analysiert. In einem Bild befindlicher Text kann nicht entziffert werden, Gesichter und Gegenstände werden bislang nicht zuverlässig identifiziert. Die Suchmaschine weiß also nicht, was oder wer auf dem Bild dargestellt ist. Daraus folgt: Die Suchmaschine braucht Hinweise, für welche Keywords das Bild relevant ist. Für diese Hinweise gibt es drei mögliche Quellen:

Der Dateiname Wenn man SEO ernst nimmt, darf eine Bilddatei nicht als DSC009645.jpg oder bild02.jpg benannt werden. Stattdessen sollte es mueller-kieferorthopaede-mainz.jpg heißen, wenn auf dem Bild der Praxis-Inhaber zu sehen ist. Statt team.jpg wäre praxisteam-kieferorthopaedie-mainz.jpg besser. Kurz: In den Dateinamen gehören Keywords.

Das alt-Attribut Beim Einbinden eines Bildes in den HTML-Code besteht die Möglichkeit, dem Bild eine Beschreibung zuzuweisen, das sogenannte alt-Attribut. Es kann eine kurze Beschreibung des Bildes enthalten und wird von den Suchmaschinen als solche betrachtet. Übrigens wird es Blinden auch als

Beschreibung des Bildes vorgelesen, verbessert also die Barrierefreiheit Ihrer Website (▶ Kap. 3).

Der Text Textinhalte, die in direktem Umfeld des Bildes stehen, werden ebenfalls als relevant eingestuft. Besonders wichtig ist hier natürlich die Bildunterschrift.

> **Tipp**
>
> Verwenden Sie manche Bilder mehrfach auf verschiedenen Seiten der Website, lohnt es sich durchaus, Dateinamen und alt-Attribut jeweils für die individuelle Seite anzupassen.

Videos und Tondateien

Für multimediale Inhalte wie Videos und Tondateien gilt Ähnliches wie das eben für Bilder Erläuterte. Auch hier kann die Suchmaschine von sich aus praktisch keine Kenntnisse über den Inhalt der Medien gewinnen. Sie müssen durch Dateinamen und beschreibende Texte näher charakterisiert werden. Die Methoden sind die gleichen wie bei Bildern.

PDF-Dokumente

PDF-Dateien sind wunderbares Suchmaschinenfutter. Suchmaschinen lieben sie, weil sie sie gut lesen und archivieren können und überdies annehmen, dass in PDFs abgelegte Informationen dauerhafter sind als die flüchtigen Inhalte von Webseiten. Besonders für weiterführende Informationen – zum Beispiel zu Behandlungsangeboten – eignen sich PDF-Dokumente hervorragend. Auch das PDF-Dokument sollte keyword-optimiert geschrieben werden. PDFs werden so wie normale Webseiten von den Suchmaschinen analysiert und gefunden. Es sollten also, grundsätzlich dieselben Schreibregeln angewandt werden wie bei Internettexten. Wie bei Bildern sollte der Dateiname so sprechend wie möglich sein und unter Benutzung von Keywords gewählt werden.

Auch PDF-Dokumente haben Meta-Tags. Jedem Dokument können Title, Description und Keywords zugeordnet werden. Versehen Sie unbedingt alle online gestellten PDFs mit diesen Tags – aus denselben Gründen, aus denen es sich für Webseiten lohnt. Mit dem Standardprogramm Acrobat Reader ist dies nicht möglich, es gibt jedoch spezielle Tools dafür.

Eine kostenfreie Lösung ist zum Beispiel das kleine Programm „PDF Info" der Firma Bureausoft, das man unter ▶ www.bureausoft.com herunterladen kann. Mit ihm lassen sich schnell und einfach die wichtigsten Tags einer PDF-Datei erstellen bzw. ändern.

Damit Menschen mit Sehbehinderungen ihre selbst erstellten PDFs auf Word-Basis, beispielsweise Feedbackbögen, vorgelesen bekommen können, müssen diese nach bestimmten Regeln formatiert werden. (Wie das funktioniert, lesen Sie in ▶ Kap. 3.)

Landing Pages und Service-Seiten

Umfangreiche und informative Inhalte sind das, was eine Website auf der Suchmaschinenliste am schnellsten und nachhaltigsten nach oben bringt. Ein koordinierter Aufbau von Landing Pages – speziell für bestimmte Keywords – ist dabei die beste Strategie. Ein guter Ort für solche Seiten ist die auf fast allen Praxis-Websites vorhandene Rubrik „Leistungen", auf der Zahnärzte Diagnose- und Behandlungsangebote vorstellen. Auch einzelne Seiten von zur Fachrichtung passenden Krankheiten oder Symptomen können als Landing Pages wichtige Keywords abdecken. Dabei ist es wichtig, nicht die medizinischen Indikationen als Keywords zu benutzen. Die Menschen googeln nach „zahnschmerzen", „zähneputzen" und „bohren", nicht nach dem, was zahnmedizinisch-wissenschaftlich dahintersteckt. Solche Info-Seiten zu erstellen macht natürlich Arbeit: Kosten, Nutzen und Spaß an der Arbeit sind gegeneinander abzuwägen.

Ein schöner Weg, weitere Besucher auf die Website zu ziehen und zugleich bestimmte Keywords gezielt zu stärken, ist die Einbindung kleiner Service-Seiten. Hier ist vor allem Kreativität gefragt.

Beispiele für die Einbindung von Service-Seiten Um die Relevanz des Praxis-Ortes als Keyword zu steigern, könnten Sie eigene Info-Seiten dazu anlegen. Das ist ganz einfach: etwas Geschichte, wichtige Sehenswürdigkeiten und vielleicht eine persönliche Liebeserklärung an die Stadt. Dazu ein paar gute Fotos und interessante Links. Mit einer solchen Seite wird der Suchmaschine deutlich signalisiert, dass die Praxis-Website etwas mit dem Ort zu tun hat. In Großstädten ist es lohnenswert, sich je nach Einzugsgebiet auf einzelne Stadtteile zu konzentrieren.

Für Fachzahnärzte bietet es sich als Patientenservice an, eine Seite mit Adressen von Kollegen im regionalen Umfeld anzulegen, deren Fachgebiete die eigenen ergänzen. Es müssen ja nicht alle sein, nur jene, die man für empfehlenswert hält. Hier können Zahnärzte auch deren Websites verlinken und im Gegenzug absprechen, von ihnen verlinkt zu werden. Solche Kooperationen tun beiden Seiten gut.

Ein schöner Service ist auch ein Bereich mit Neuigkeiten aus dem Fachgebiet oder Lokalnachrichten, die für die Zielgruppe interessant sein könnten (mehr dazu ▶ Kap. 5).

Für derartige Ideen ist vor allem Kreativität gefragt. Lassen Sie sich durch Beispiele inspirieren.

4.3.4 Backlink-Aufbau

In vielerlei Hinsicht ist die Optimierung der Website selbst, deren Grundlagen auf den vorangehenden Seiten beschrieben wurde, die Pflicht der Suchmaschinenoptimierung. Die Kür und damit das, was am Ende den eigentlichen Erfolg ausmacht, ist der Ausbau der Verlinkungen. Suchmaschinen betrachten jeden Link, der von irgendwo aus dem Internet auf eine Seite verweist, als Empfehlung für diese Seite. Diese Backlinks genannten Verlinkungen werden von den Crawlern registriert und gezählt. Je mehr Backlinks eine Site hat, desto beliebter ist sie im Internet. Und desto mehr Macht hat sie in den Suchmaschinen.

Die Qualität von Backlinks

Allerdings ist nicht jeder Backlink gleich viel wert. Ein Backlink von einer Seite, die ihrerseits besonders viele Backlinks besitzt, ist unter Umständen wertvoller als ein Backlink von 1000 Seiten ohne nennenswerte Linkpower. Ein guter Indikator dafür, wie wertvoll ein Backlink ist, ist der Google PageRank der linkgebenden Seite. Aber es wird noch komplizierter: Website-Betreiber haben die Möglichkeit, einen Link durch das sogenannte NoFollow-Attribut für Suchmaschinen praktisch zu entwerten. Hierbei wird dem einzelnen Link im Quelltext das Kommando „nofollow" zugeordnet, das die Suchmaschinen anweist, den Link nicht zu zählen. Abgesehen von wenigen Ausnahmen (z. B. Wikipedia) sind NoFollow-Links also praktisch wertlos und stärken die eigene Seite nicht.

Strategien zum Backlink-Aufbau

Um sich ein rentables Linknetzwerk aufzubauen, können Website-Betreiber gute Links mieten oder kaufen. Allerdings sind diese Strategien bei den Suchmaschinen sehr unbeliebt. Das heißt: Links müssen sich verdient werden, und zwar durch gute Inhalte, die von anderen Menschen freiwillig oder auf behutsame Anregung hin verlinkt werden. Oder durch das bewusste Streuen von Links an Orten, wo dies erlaubt ist: in Foren, Kommentarfeldern von Blogs oder auf Frage-Antwort-Seiten. Doch auch hier muss behutsam vorgegangen werden, denn die Betreiber sehen das „Link-Spammen" nicht gern. Zudem ist diese Variante sehr aufwändig und bringt meist nur minderwertige Links ein. Mit den folgenden Strategien ist das Aufwand-Nutzen-Verhältnis besser einzuschätzen:

Pressearbeit Die effektivste und dauerhafteste Maßnahme für den Backlink-Aufbau ist die regelmäßige Pressearbeit (▶ Kap. 2). Wenn sie Backlinks einbringen soll, muss man allerdings darauf achten, dass der Haupttext der Pressemitteilung einen Link zur Webseite enthält – wenn möglich, zu einem Angebot mit weiterführenden Informationen. Einfache Links im Fuß der Pressemitteilungen werden von Website-Betreibern und Journalisten oft weggelassen, wenn sie den Text im Internet publizieren.

Profile im Internet Hier ist zuerst an die vielen Online-Suchverzeichnisse und (Zahn-)Arztbewertungsportale zu denken, die praktisch alle Ärzte und Zahnärzte in Deutschland mit kurzen Praxis-Profilen auflisten (▶ Kap. 5 und ▶ Kap. 2). Die meisten dieser Verzeichnisse bieten auch die Möglichkeit, im Profil zur Praxis-Website zu verlinken.

> **Tipp**
>
> Prüfen Sie alle (Zahn-)Arzt-Suchverzeichnisse daraufhin, ob Ihre Praxis gelistet ist und ob Sie kostenlos einen Link zur Website platzieren können. Egal, wie Sie persönlich zu diesen Angeboten stehen – die Möglichkeit der Verlinkung dort ist sehr wertvoll für die Suchmaschinenoptimierung.

Nebenbei können Sie gleich die Praxis-Daten (Adresse, Sprechzeiten) aktualisieren, falls nötig. Bedenken Sie, dass auch in diesen Verzeichnissen Patienten nach Zahnärzten suchen – nicht nur bei Google.

Neben den gesundheitsspezifischen Verzeichnissen gibt es auch eine Vielzahl von Branchenverzeichnissen und allgemeinen Info- und Bewertungsseiten, wie beispielsweise ▶ www.yelp.de, ▶ www.meinestadt.de oder ▶ www.webadresse.de. Auch hier können Zahnärzte bestehende Einträge ergänzen oder einen ganz neuen anlegen und dabei einen Link platzieren. Ähnliches gilt für regionale oder städtische Portale. Aber auch die meisten Seiten im Internet, bei deren Inhalten Nutzer direkt mitarbeiten, stellen ihren Nutzern sogenannte Profilseiten zur Verfügung. Das gilt für die Sozialen Netzwerke ebenso wie für die Wikipedia oder Foren und Frage-Antwort-Portale (▶ Kap. 5). Auf solchen Profilseiten können Zahnärzte gewöhnlich neben Namen, Kontaktdaten und Beschreibung auch einen Link zur Homepage eintragen. Meist kann man als Nutzer über die öffentliche Sichtbarkeit des Profils oder einzelner Daten daraus entscheiden.

❶ **Tragen Sie am besten nur Dinge ein, die die Welt auch erfahren soll, und stellen Sie das ganze Profil öffentlich. Nur dann ist es sicher, dass die Crawler der Suchmaschinen auch auf das Profil zugreifen können.**

Linkpartner Ein verbreiteter Weg zu Backlinks ist die Vereinbarung von Link-Partnerschaften. Diese beruhen gewöhnlich auf Gegenseitigkeit: Jede Seite gibt der anderen einen Link. Achten Sie dabei darauf, dass Ihre Partner thematisch zu Ihnen passen. Für Sie bietet sich ein Partnersystem mit Kollegen an, aber auch Apotheken, Krankenhäuser, Dentallabore u. a. kommen in Frage.

Webverzeichnisse Die meisten der sogenannten Webverzeichnisse sind nicht zu empfehlen. Sie stammen noch aus den Anfangstagen des Internets, bevor es gute Suchmaschinen gab, und listen unzählige Websites in einem sortierten Katalog auf. Oft schaden Backlinks dort mehr als sie nutzen. Eine Ausnahme gibt es allerdings: das „Open Directory Project" bzw. DMOZ. Ein Eintrag in dieses Freiwilligenprojekt lohnt sich durchaus.

> **Tipp**
>
> Versuchen Sie, Ihre Website in das DMOZ aufnehmen zu lassen. Informationen über das Verfahren finden Sie unter ▶ http://www.dmoz.org/docs/de/add.html. Es kann erhebliche Zeit dauern, bis der Eintrag freigeschaltet wird. Üben Sie sich in Geduld, Nachfragen bringt hier nichts.

Social Signals

Die Sozialen Netzwerke ermöglichen den Suchmaschinen einen noch direkteren Zugang zu dem, was Nutzer wirklich mögen, als es die Backlinks konnten. Deshalb wird die Bedeutung sogenannter Social Signals immer größer: Gute Inhalte werden heute geteilt, bewertet und kommentiert, sei es bei Facebook, Twitter, Pinterest oder ähnlichen Portalen. Diese Faktoren werden an Bedeutung zweifellos noch weiter zunehmen. Für Websiteinhaber bedeutet dies, dass sie die Wirkung ihrer Inhalte in den Networks im Auge haben und idealerweise auch anstoßen und aktiv befördern sollten.

4.3.5   Optimierung für Google Maps

Wegen der besonderen Bedeutung dieses Dienstes wird hier die Optimierung für Google Maps detaillierter beschrieben. Google Maps bezieht seine Informationen über Unternehmen aus dem Google-eigenen Branchenportal namens Google My Business. Ein Eintrag dort ist besonders wichtig, da Google die Branchenergebnisse oft mit einer kleinen Karte direkt in den Suchergebnissen darstellt. Damit ziehen diese Einträge viel Aufmerksamkeit auf sich. User erkennen diese Ergebnisse an dem kleinen umgedrehten roten Tropfen. Auch die immer stärkere mobile Nutzung des Internets, bei der Google Maps oft als lokale Suche und Navigation benutzt wird, steigert die Bedeutung des My-Business-Eintrags.

Hier können Sie als Praxis-Inhaber selbst tätig werden, der Aufwand ist überschaubar. Erstellen Sie ein Profil unter ▶ https://www.google.de/intl/de/business und geben Sie ihre Praxisdaten ein. Laden Sie auch gern ein paar Fotos hoch und nehmen Sie sich die Zeit, einen aussagekräftigen Beschreibungstext zu verfassen. Aus Sicherheitsgründen müssen Sie sich am Ende natürlich als tatsächlicher Inhaber verifizieren.

> **Tipp**
>
> Die Ergebnisse, die Google aus den My-Business-Profilen holt, sind sehr auffällig dargestellt und ziehen viel Aufmerksamkeit in den Suchergebnislisten auf sich. Nutzen Sie unbedingt die Möglichkeit, sich hier korrekt und so ausführlich wie möglich zu präsentieren.

Seit 2010 zeigt Google zusammen mit den Suchergebnissen aus Google Maps auch Bewertungen an. Die goldenen Sternchen, mit denen diese Bewertungen in den Suchergebnislisten zusammengefasst werden, erregen zusätzliche Aufmerksamkeit. Jeder Zahnarzt sollte ein Auge darauf haben, wie er hier wirkt.

4.3.6 Professionelle Beratung

Die wenigsten Webdesigner kennen sich bisher gut mit Suchmaschinenoptimierung aus. Und es ist sehr aufwändig, sich selbst in die inzwischen umfangreiche Literatur einzulesen. Für eine Beratung, wie die eigene Website suchmaschinentauglicher wird, können Zahnärzte Profis engagieren. Suchmaschinenoptimierung ist eine Boombranche, Anbieter schießen wie Pilze aus dem Boden. Alte Platzhirsche wie Abakus aus Hannover oder Sumo aus Köln sehen sich breiter Konkurrenz ausgesetzt. Der passende Dienstleister muss nicht immer ein Branchenprimus sein – unter Umständen fühlen Sie sich bei einem kleineren Anbieter besser betreut.

> **Tipp**
>
> Wenn Sie einen Profi engagieren wollen, prüfen Sie, ob er etwas von dem Handwerk versteht: Wie lange ist er schon in der Branche tätig? Kann er Referenzen vorweisen? Auch ein spezielles Knowhow im Umgang mit dem Gesundheitsmarkt, der eigenen Regeln und Mechanismen unterliegt, ist von Vorteil.

4.4 SEM: Werben mit Suchmaschinen

Eine zusätzliche Möglichkeit, Aufmerksamkeit in den Suchmaschinen auf sich zu lenken, ist Suchmaschinenmarketing (englisch: Search Engine Marketing, daher die gebräuchliche Abkürzung SEM). Alle großen Suchmaschinen ermöglichen das Schalten von Anzeigen, die den Suchenden bei bestimmten Suchbegriffen über oder neben den Suchergebnissen eingeblendet werden. Wegen der Marktdominanz von Google konzentriert sich der nächste Abschnitt ausschließlich auf das Google-eigene Anzeigensystem: die Google AdWords.

4.4.1 Wie funktionieren AdWords-Anzeigen?

Google AdWords bietet dem Werbenden die Möglichkeit, eine selbst verfasste Anzeige, die auf seine Website verlinkt ist, sehr zielgenau zu platzieren. Während in der normalen Werbung die Streuverluste sehr hoch sind, weil nicht beeinflusst werden kann, in welcher Situation die Anzeige dem Kunden unter die Augen kommt, ist die Lage beim Suchmaschinenmarketing ideal. Eine Anzeige wird dem Kunden genau dann angezeigt, wenn er ohnehin gerade nach etwas in dieser Richtung sucht. Als Werbender kann man jeder Anzeige ein Set von Keywords zuordnen. Wenn dann jemand nach diesen Keywords sucht, wird die Anzeige über oder neben den Suchergebnissen eingeblendet. Bezahlen muss man dafür nur, wenn die Anzeige auch angeklickt wird – die reine Einblendung ist gratis.

> **Tipp**
>
> Ein schöner Nebeneffekt: Da die reine Einblendung kostenlos ist, steigern Sie ihre Bekanntheit sogar dann, wenn niemand Ihre Anzeige anklickt. Denn unterschwellig wird die Präsenz der Anzeige trotzdem vom Nutzer wahrgenommen. Eine effektive kostenlose Variante des Brandings.

Natürlich ist es eher selten, dass sich ein Zahnarzt als einziger Werbender für ein Keyword interessiert. Meist wollen Dutzende Konkurrenten ihre Anzeigen ebenfalls den Suchenden zeigen. Dieses Problem wird durch eine Art Versteigerungssystem gelöst. Der Werbende kann jeder Anzeige zuweisen, wie viel Geld er bereit wäre, für den Klick eines Kunden auf die Anzeige zu bezahlen. Dargestellt werden die Anzeigen, die das höchste Gebot abgegeben haben. Damit die Kosten nicht aus dem Ruder laufen, lässt sich ein Tagesbudget festlegen, das nicht überschritten werden darf.

4.4.2 Anzeigen einrichten

Zunächst müssen Sie unter ▶ www.google.de/adwords ein Konto einrichten. Danach kann es zügig losgehen. Im nächsten Schritt müssen Sie eine Kampagne mit einem zusammengehörigen Set von Anzeigen erstellen. In den Einstellungen für die Kampagne können Sie die wichtigsten finanziellen Einstellungen global festlegen: das Maximalgebot für einen Klick und das Tageslimit. Die Anzeigen selbst bestehen stets aus drei Elementen: der Überschrift, die zugleich der anklickbare Link ist, der Beschreibung und der grün dargestellten Webadresse. Alle drei Elemente lassen sich flexibel gestalten – nur die mögliche Zeichenanzahl ist begrenzt. Jeder Gruppe von Anzeigen können Sie nun eine beliebige Menge von Keywords zuweisen, bei denen die Werbung angezeigt werden soll.

Im Sommer 2011 hat der Bundesgerichtshof eine lange offene Streitfrage entschieden: Werbende dürfen bei AdWords auch Marken- oder Firmennamen von direkten Konkurrenten als Keywords nutzen, sodass ihre Anzeigen angezeigt werden, wenn Nutzer eigentlich nach dem Wettbewerber suchen. Im Anzeigentext darf jedoch nicht der täuschende Eindruck erzeugt werden, man wäre selbst der Konkurrent.

4.4.3 Erfolgskontrolle

Speziell für Einsteiger empfiehlt sich ein vorsichtiges Vorgehen, da sich die eigentlichen geringen Klick-Kosten schnell zu erheblichen Summen addieren können. In der Kampagnenübersicht ist jederzeit ein hervorragender Überblick darüber

möglich, wie häufig eine Anzeige angezeigt und geklickt wurde und wie viele Kosten sie verursacht. In den ersten Monaten einer AdWords-Kampagne sollte ein Praxis-Mitarbeiter diese Werte regelmäßig überprüfen. Wenn notwendig, lassen sich jederzeit Nachjustierungen am Klick-Gebot, den Anzeigen und den Keywords machen. Auch die ganze Kampagne können Sie jederzeit einfrieren oder löschen.

4.4.4 SEO oder SEM?

Um es ganz deutlich zu sagen: Suchmaschinenmarketing ist vor allem als unterstützende Maßnahme sinnvoll. Denn echte Suchmaschinentreffer sind allemal besser. Nicht nur, weil bei ihnen die Klicks kostenlos sind, sondern auch, weil viele Internetnutzer werbeblind sind, also Werbung schlichtweg ignorieren. Zudem nimmt die Nutzung von sogenannten AdBlockern zu. Das sind kleine Programme, die im Browser die Werbung einfach wegschalten, sodass der Surfende die Anzeigen gar nicht mehr angezeigt bekommt. Sinnvoll ist SEM dort, wo eine gute Platzierung in den Suchergebnissen (noch) nicht möglich ist oder wo das Budget keine Rolle spielt. Dann sollten Sie ohnehin alle Register ziehen und die zusätzliche Präsenz durch Anzeigen nutzen.

Interview mit Jonas Weber, ehemaliger Mitarbeiter Search Quality Evaluator bei Google und heute selbstständiger SEO-Berater in München

Wie beurteilen Sie die Wichtigkeit von SEO speziell im Gesundheitsmarkt? Sollten Zahnärzte in SEO investieren, und wenn ja, warum?

„Lokale Unternehmen wurden bei den letzten Updates von Google ganz klar bevorzugt. Das macht es regional operierenden Zahnärzten mit weniger Aufwand und Kosten möglich, sich prominenter in Google zu platzieren. Das ist auch wichtig: Nur wenn die lokal platzierten Zahnarztpraxen in Suchmaschinenoptimierung investieren, können die aggressiven überregionalen Ärzte-Verzeichnisse und Informationsportale für Suchen wie „Fachbereich + Stadt" oder „Behandlungsmethode + Stadt" auf die hinteren Seiten verdrängt werden."

Welche SEO-Maßnahmen sind für einen Zahnarzt am wichtigsten?

„Zunächst braucht der Zahnarzt eine Website mit vielen relevanten Textinformationen, die Google auslesen und bewerten kann. Dazu sollte ein Google-Plus-Profil angelegt werden, um in den lokalen Suchtreffern von Google besser gelistet zu werden. Ein ausführliches Profil mit Bildern ist ein Ranking-Vorteil, auf den überregionale Ärzte-Portale nicht zurück-

greifen können. Zusätzlich sollte der Zahnarzt versuchen, seine Website von vielen relevanten Websites verlinken zu lassen. Dies steigert die Reputation bei Google."

Welche Fehler sollte der Zahnarzt unbedingt vermeiden?

„Auf keinen Fall sollte der Zahnarzt gegen die Richtlinien von Google verstoßen, sonst kann es bis zu einem Ausschluss aus den Suchergebnissen kommen bzw. die eigene Website wird für wichtige Suchbegriffe nicht mehr in Google angezeigt. Dazu gehören zum Beispiel nicht-richtlinienkonforme Maßnahmen, wie künstliche Reputationslinks einkaufen, Texte verstecken, Google andere Inhalte anzeigen als dem Besucher etc."

Lohnt sich Suchmaschinenmarketing für Zahnärzte? Worauf sollte ein Zahnarzt besonders achten, wenn er SEM betreiben will?

„Bei Suchmaschinenmarketing handelt es sich um eine Pull-Marketing-Disziplin, das heißt, niemand wird mit Werbung unerwünscht berieselt. Im Gegenteil, der Suchende fragt danach. Diese sehr relevanten Anzeigen werden somit in der Regel

als nützlich betrachtet. Es ist darauf zu achten, die eigenen Leistungen nicht überregional zu bewerben – kein Patient wird für einen Zahnarzt von Berlin nach München fahren. Zielführender ist es, auf wichtige lokale Suchanfragen wie „Fachbereich + Stadt(teil)" Werbung zu schalten."

Wenn ein Zahnarzt einen Dienstleister für SEO-/SEM-Maßnahmen engagieren will, was sollte er beachten?

„Wichtig ist eine sehr detaillierte Auflistung der Maßnahmen, die die Agentur unternehmen wird. Es gilt, von beiden Seiten klare Ziele zu definieren. Mit monatlichen Reports über Arbeitszeiten, Platzierungen und Besucherzahlen kann der Zahnarzt die Arbeit kontrollieren. Ihm sollte aber bewusst sein, dass SEO-/SEM-Maßnahmen monatlich schon mindestens einen drei- bis vierstelligen Betrag kosten können, wenn er in einer größeren Stadt auf die vorderen Suchergebnisse kommen will. Je umkämpfter und lukrativer eine Stadt und der jeweilige Fachbereich, umso höher der Aufwand. Vergleichen wir dies mit den Kosten von Printanzeigen, ist SEO/SEM aber eine sehr kostengünstige Marketingdisziplin."

Social Media-Marketing

Alexandra Köhler, Mirko Gründer

A. Köhler, M. Gründer, *Online-Marketing für die erfolgreiche Zahnarztpraxis*,
Erfolgskonzepte Zahnarztpraxis & Management,
DOI 10.1007/978-3-662-48573-6_5, © Springer-Verlag Berlin Heidelberg 2016

Das Internet ist sozial – bei vielen Webangeboten können die Nutzer miteinander kommunizieren. Soziale Netzwerke (Social Networks), Foren und Blogs haben gemeinsam, dass sie die Menschen an den Computerbildschirmen zusammenbringen. Das Internet wird so zum Präsentations- und Kommunikationsraum.

Auch für Zahnärzte liegt darin eine Herausforderung, der sie sich in Anbetracht der beeindruckenden Nutzerzahlen und der damit verbundenen Bedeutung dieser modernen Medien stellen müssen. Denn hier entstehen auch neue Marketing- und Kommunikationsmöglichkeiten: Zahnärzte können direkt mit Patienten in Dialog treten – und umgekehrt. Jedoch müssen Zahnärzte bei ihren Aktivitäten auch stets das HWG im Hinterkopf haben, denn Äußerungen Dritter dürfen sie nicht zu Werbezwecken einsetzen. Das betrifft vor allem Dankesschreiben, Anerkennungs- und Empfehlungsschreiben. Auch die Hinweise auf solche sind untersagt. Insofern sind Gästebücher auf Websites und die Pinnwand bei einer eigenen Facebook-Präsenz stetig zu kontrollieren. Im ersten Teil dieses Kapitels lernen Sie die wichtigsten Social Media-Instrumente und Beispiele aus der Praxis kennen.

Jedoch bringt diese schnelllebige und vernetzte Welt auch einen Nachteil mit sich: Niemand ist mehr davor gefeit, dass jemand anderes im Netz über ihn spricht. Auch dann nicht, wenn man selbst gar nicht im Netz aktiv ist. Solange es sich um positive Äußerungen handelt, stellt das kein Problem dar. Ärgerlich und eventuell sogar berufsschädigend wird es, sobald Patienten zahnärztliche Leistungen oder den Praxis-Service in Bewertungsportalen oder Foren negativ beurteilen. Mehr dazu lesen Sie im Interview am Ende dieses Kapitels. Leider gibt es in den Sozialen Netzwerken richtige „Hass-Gruppen", in denen Menschen, Unternehmen und Produkte kritisiert und schlechtgemacht werden. Nur wenn Sie davon erfahren, haben Sie eine Chance zu reagieren. Der letzte Teil des Social Media-Marketing-Kapitels zeigt Ihnen, wie Sie Ihren zahnärztlichen Ruf im Auge behalten und wie Sie ein erfolgreiches Reputationsmanagement aufbauen können.

5.1   Social Media Dienste im Überblick

Soziale Netzwerke gibt es bereits seit Mitte der 1990er-Jahre. Allerdings blieben sie lange eine Randerscheinung, die überwiegend von kleineren Gruppen zur Pflege von Bekanntschaften genutzt wurde. So ließen sich etwa Schulfreundschaften auch über große Entfernungen fortführen. Mit dem Siegeszug des Internets auch im privaten Bereich begannen die Netzwerke ab 2003 zu boomen.

Die Sozialen Netzwerke sind die großen Aufsteiger der vergangenen Jahre und längst kein Tummelplatz von Teenagern mehr: In der Altersgruppe ab 35 Jahre wachsen alle Internet-Communities seit Jahren besonders schnell. Daher sind die Sozialen Netzwerke auch für die Patienten- und Mitarbeiterkommunikation von Zahnarztpraxen interessant. Am bekanntesten und auch am bedeutsamsten ist der Branchenprimus Facebook. Marc Zuckerberg gründete Facebook im Frühjahr 2004 – knapp acht Jahre später wurde das Unternehmen börsennotiert. 2014 kaufte Facebook Inc. den Messenger-Dienst ▶ www.WhatsApp.com. Es folgen weitere beeindruckende Zahlen:

Facebook bleibt die unangefochtene Nummer 1 mit 1,44 Milliarden aktiven Nutzern weltweit; in Deutschland mit über 28 Millionen Nutzern. Die Reichweite und Stärke dieser Angebote nimmt weiter zu, doch es gibt auch immer wieder Verlierer und neue Aufsteiger in den Top 20 der Sozialen Netzwerke: Auf Platz zwei folgt Google+. Dicht gefolgt von dem längst bekanntem Mikro-Blog-Dienst Twitter (mehr dazu unter ▶ Abschn. 5.1.5). Ebenfalls geläufig sind wohl schon die Plätze 6 und 8: Instagram und LinkedIn. Enorm ihren Traffic steigern konnten Pinterest und Reddit (Platz 9 und 10). Die großen Verlierer sind hingegen Jappy, Stayfriends und Spin. Zu Beginn der Social-Network-Welle waren hierzulande die VZ-Netzwerke (wegen Verzeichnisse „VZ") StudiVZ, SchülerVZ und MeinVZ sehr beliebt. Im April 2013 wurde SchülerVZ jedoch geschlossen und mittlerweile ist MeinVZ auch aus den Top 20 heraus geflogen. Instant Messanger Dienste und Chat Apps setzen ebenfalls ihr beeindruckendes Wachstum fort: WhatsApp, WeChat, Facebook Messenger und Viber berichten im Jahr 2015 jeweils von mehr als 100 Millionen

---

Offizielle Nutzer- und Umsatzahlen von Facebook aus dem Börsenbericht 1/2015

- 1,44 Milliarden aktive Nutzer hat Facebook im Monat weltweit.
- 307 Millionen Menschen in Europa nutzen Facebook.
- 936 Millionen Menschen nutzen Facebook jeden Tag.
- 800 Millionen Menschen nutzen WhatsApp.
- 700 Millionen Menschen nutzen Facebook Gruppen.
- 600 Millionen Menschen nutzen den Messenger.
- 300 Millionen Menschen nutzen Instagram.
- 45 Milliarden Nachrichten werden pro Tag verschickt.
- 4 Milliarden Videoaufrufe generiert Facebook pro Tag.
- 2 Millionen Werbeaccounts auf Facebook.
- 1,25 Milliarden Menschen nutzen Facebook mobil; 581 Millionen Menschen davon nutzen Facebook nur noch mobil.

---

neuen monatlich aktiven Nutzern in den vergangenen 12 Monaten.

5.1.1 Was ist ein Soziales Netzwerk?

Bevor wir tiefer in die einzelnen Instrumente einsteigen, soll an dieser Stelle nochmal der Begriff und die Bedeutung von „Social Network" erklärt werden. Soziale Netzwerke sind Internetportale, auf denen sich Nutzer ein Profil anlegen und mit anderen Nutzern kommunizieren können. Das Profil ist sozusagen das eigene Zuhause im Netzwerk und zugleich eine Art Steckbrief, der Auskunft über seinen Besitzer gibt. Ein Porträtfoto, Name, Wohnort und Kontaktdaten, Beruf, oft auch Angaben zum Lebensweg und zu Vorlieben und Abneigungen sind typische Bestandteile eines solchen Profils. Jeder Nutzer kann durch eigene Sicherheitseinstellungen entscheiden, wie viel von diesen Angaben öffentlich sichtbar ist.

Nutzer mit Profilen können im Netzwerk nach anderen Nutzern suchen und sich mit ihnen vernetzen. Bei Facebook heißt das dann „Freunde", beim Business-Netzwerk Xing sind es „Kontakte". Es muss sich dabei nicht um bereits bekannte Personen handeln. Durch die Angaben von privaten Vorlieben, etwa der Begeisterung für eine Musikband oder einen Fußballverein, oder aber von geschäftlichen Interessen, etwa das Angebot bestimmter Dienstleistungen, finden sich hier schnell neue Kontakte. Für diese festen Partner sind in der Regel mehr Details vom Profil sichtbar, und mit ihnen kann man über das Netzwerk regelmäßigen Kontakt halten.

Der Mindestnutzen dieser Kontakte ist es, immer über die aktuellen Adressdaten der Netzwerkpartner zu verfügen – sofern diese ihr Profil aktuell halten. Der eigentliche Sinn der Plattformen ist jedoch die Kommunikation. Nutzer können all ihren Freunden mitteilen, woran sie gerade denken, mit ihnen über aktuelle Themen diskutieren, Termine absprechen, sich gegenseitig Artikel oder Filme empfehlen, Fotos zeigen und vieles mehr. Die Betreiber legen viel Wert darauf, die Bandbreite der Interaktionsmöglichkeiten ständig zu erweitern.

5.1.2 Facebook

Die vielen Millionen User machen das Portal ▶ www.facebook.de für Marketingzwecke sehr interessant. Um daraus Nutzen zu ziehen, muss man jedoch zunächst Teil des Netzwerks werden. Geeignet ist für Unternehmen und Zahnarztpraxen dabei weniger die Einzel-Profilseite als Person, sondern die sogenannten Seiten, die Facebook Pages (ehemals Fanpage).

Als reines Netzwerk von Privatpersonen wäre Facebook rasch an seine Grenzen gestoßen. So wurde für Prominente, Unternehmen und Marken die Möglichkeit geschaffen, mit Seiten im Netzwerk präsent zu sein. Auf der Seite können sich Facebook-Nutzer als „Fans" registrieren, indem sie den „Gefällt-mir"-Button klicken. Diese Fans erhalten von nun an alle Informationen, die die Betreiber der Seite an der „Pinnwand" veröffentlichen, direkt in ihr Facebook-Profil.

Die Facebook Page hat sich schnell zu einem nützlichen Werkzeug für die Kundenkommunikation entwickelt. Der große Vorteil: Während bei klassischem Marketing viele Menschen angesprochen werden, die sich für die Markenbotschaft überhaupt nicht interessieren, kommuniziert die Seite nur mit echten Markenbotschaftern – mit Fans eben. Viele größere Firmen legen für sich oder ihre Produkte solche Seiten an. Die Seite von Nutella etwa zählt knapp 30 Millionen Fans aus aller Welt, die nicht nur die neuesten Nachrichten aus dem Brotaufstrich-Universum erfahren, sondern auf der Seite auch Schokocreme-Loblieder in den verschiedensten Sprachen hinterlassen.

Jeder Facebook-Nutzer kann Seiten anlegen. Es ist also keineswegs gesagt, dass beispielsweise eine Seite über Paul McCartney tatsächlich von dem Künstler (oder seiner Agentur) angelegt und betrieben wird. Sie kann auch schlicht „von Fans für Fans" angelegt worden sein.

> **Tipp**
>
> Schauen Sie am besten gleich nach, ob vielleicht einer Ihrer Patienten schon eine Facebook Pages Ihrer Praxis angelegt hat.

International bekannte Marken, wie Ikea, McDonalds und Adidas, haben es natürlich leicht, im Facebook-Universum Fans zu finden, die ihre Informationen gierig aufsaugen und in die Welt hinaustragen. Seiten von Zahnarztpraxen stehen demgegenüber noch ganz am Anfang. Einzelne Zahnarztpraxen haben in ihrem Corporate Design Profile von sich angelegt, präsentieren sich, ihre Leistungen und das Praxis-Team auf Unterseiten und posten regelmäßig Neuigkeiten und Tipps.

Man sollte sich nichts vormachen: Die Zielgruppe einer überwiegend mit kleinem Einzugsgebiet tätigen Zahnarztpraxis ist überschaubar, und Fanzahlen im vierstelligen Bereich sind eher selten. Aktuelle Zahnarztseiten schaffen es bislang von einer Handvoll Fans auf einige Hundert Personen. Eine Ausnahme ist beispielsweise eine Zahnarztpraxis in Frankfurt am Main mit über 3300 „Gefällt-mir"-Klicks. Sofern es sich ansonsten bei den anderen Seiten mit etwa einigen Hunderten

Likes um Patienten handelt, ist das ein durchaus akzeptables Ergebnis. So wird die Facebook-Seite zum direkten Draht zu den Stammpatienten. Mit etwas Ehrgeiz und Engagement ist das sogar noch ausbaufähig: Mit einem guten Angebot an allgemeinen Informationen kann ein Zahnarzt für die Netzwerk-Community schnell zur Autorität werden und immer mehr Fans anziehen, die seine Praxis gar nicht kennen, aber seine Facebook-Präsenz interessant finden. So kann Facebook neben der Praxis-Website zu einer zweiten Internetpräsenz werden, auf der um Patienten geworben wird.

Eine eigene Facebook-Seite erstellen

„Facebook for business" erklärt Schritt-für-Schritt, wie Unternehmen eine eigene Facebook-Seite einrichten. Generell kann jeder Nutzer Seiten erstellen, der als Privatperson ein Profil bei Facebook besitzt. Im ersten Schritt fordern Sie bei Facebook eine Internetadresse wie „facebook.com/zahnarztpraxis-stuttgart" an, über die Ihre Praxis dann ganz einfach gefunden werden kann.

> **Tipp**
>
> Binden Sie diese Adresse künftig in all Ihre Druckunterlagen, wie Visitenkarten, Flyer, etc., sowie in Ihre Website und E-Mail-Signatur ein.

Standardmäßig bestehen Pages zunächst aus zwei Hauptseiten:

Die Info-Seite Hier sind die wichtigsten Rahmendaten der Praxis aufgeführt. Zahnärzte können dort die Adresse, Kontaktdaten, Sprechzeiten und Beschreibungstexte angeben. Das sollte ruhig ausführlich geschehen, denn auch mit dieser Seite kann man von Patienten bei Google gefunden werden.

Die Pinnwand Auf der Pinnwand können alle Arten von Nachrichten, Tipps, Termine, etwa Vorträge für Patienten, und Statements veröffentlicht werden. Diese „Posts" werden chronologisch sortiert und bleiben langfristig erhalten. Da das Ganze an das Grundprinzip der Blogs erinnert, ordnet man Facebook insofern auch in die „Mikroblogs" ein. Auch Bilder, Videos oder Linkempfehlungen können Sie auf die Pinnwand einfügen. Alle registrierten Fans erhalten die hier geposteten News automatisch. Und anders als bei Anzeigen in der Presse ist Ihnen die Aufmerksamkeit der Empfänger gewiss, denn diese haben ein nachgewiesenes Interesse.

Die Grundstruktur lässt sich beliebig ergänzen. Mit sogenannten Facebook-Anwendungen können sich Zahnärzte frei gestaltbare Unterseiten erstellen, auf denen sie zum Beispiel das Praxis-Team oder die wichtigsten Schwerpunkte und Services vorstellen können. Diskussionen, Umfragen oder Bildergalerien runden das Bild ab. Um Patienten auch optisch zu signalisieren, dass sie sich auf der offiziellen Facebook-Präsenz der Praxis befinden, sollte vor allem das Praxis-Logo als Profilbild in die Seite eingebunden werden. Weitere Möglichkeiten zur Einbettung des Corporate Designs (▶ Kap. 1) in das Facebook-Schema bieten spezielle Facebook-Anwendungen.

Inhalte: Gesundheitstipps und Persönliches

Zahnärzte, die ihre Facebook-Präsenz nur dafür nutzen, Werbung zu verbreiten, werden nicht viele Fans generieren. Wichtig ist es, eine spannende Abwechslung aus persönlichen Anekdoten und Vorlieben, hilfreichen Tipps, interessanten Kommentaren zu aktuellen Themen sowie Werbebotschaften der Praxis hinzubekommen. Natürlich können Zahnärzte beispielsweise auf einen Tag der offenen Tür, auf Aktionen zur Mundhygiene oder auf die Bedeutung von Zahnfleischerkrankungen und mögliche Folgen hinweisen. Bewerten Sie darüber hinaus Gesetzesvorhaben der Regierung zu Gesundheitspolitik, etwa: Was ändert sich für Patienten durch das neue Patientenrechtegesetz? Aber streuen Sie auch Persönliches ein. Bei Facebook ist es durchaus angebracht, seine persönliche Seite zu zeigen. Berichten Sie Ihren Patienten von Ihren Hobbys, erzählen Sie Anekdoten aus dem Berufsalltag oder bejubeln Sie die Nationalmannschaft beim nächsten Fußballturnier. Zwei bis drei Meldungen pro Woche sind das Minimum. Die Sozialen Netzwerke sind schnelllebig, sie verändern sich stets, und Nachrichten von letzter Woche gelten fast schon als antik. Wenn Nutzer auf Ihre Seite kommen und nur ältere Einträge vorfinden, kommen sie nicht wieder.

> **Tipp**
>
> Mit der Seitenmanager-App von Facebook kann die eigene Seite auch von unterwegs verwaltet werden.

Falls es Ihnen an Ideen mangelt, welche Themen Sie bei Facebook posten können, vergleichen Sie ▶ Kap. 6 über die Themen-Findung beim Bloggen. Die dortigen Hinweise lassen sich hervorragend auf Facebook übertragen. Stöbern Sie zudem bei anderen Unternehmen. Facebook präsentiert auch verschiedene Erfolgsgeschichten. Die Ergebnisse können Sie sich beispielsweise nach Branche, Unternehmensgröße, Ziel und Produkt sortieren lassen.

Kommunikation über Facebook

Soziale Netzwerke sind Kommunikationsräume. In Communities wird lebhaft diskutiert, Posts werden ständig kommentiert, weitergeschickt und mit einem „Gefällt mir" versehen. Und mehr noch: User stillen ihren Wissensdurst durch Nachrichten, die sie hier erfahren, und Menschen, denen man sonst kein Gehör schenkt, organisieren sich zu politischen Bewegungen. Dies ist der Kitt, der das Netzwerk zusammenhält. Zahnärzte, die diesen offenen Austausch scheuen, sollten von Facebook die Finger lassen.

Dass Zahnärzte bei der Kommunikation im sozialen Netz aufgrund ihres Berufsrecht und des HWG besondere Vorschriften beachten müssen, wurde bereits deutlich und können Sie auch noch einmal in ▶ Kap. 7 nachlesen. Lobende Kommentare über Ihre zahnmedizinischen Fähigkeiten mögen schmeichelhaft sein, sind jedoch rechtlich fragwürdig und sollten vorsichtshalber entfernt werden. Grundsätzlich sind alle Mitarbeiter, die an der Facebook-Präsenz beteiligt sind, gründlich in die rechtlichen Beschränkungen einzuweisen.

Zahnärzte müssen beim Umgang mit Facebook besonders auf den Schutz von Patientendaten achten. Wenn ein neuer Account bei Facebook angelegt wird, fragt das Soziale Netzwerk, ob das Adressbuch zum „Freunde-Finden" verwendet werden soll. Auf PC oder Smartphones von Zahnärzten befinden sich im Adressbuch häufig Patienten-Informationen, die dann von Facebook importiert werden. So können dann Patienten Einladungen zu Facebook erhalten, in denen ihnen andere Patienten mit Name und Bild als mögliche Bekannte, die schon auf Facebook sind, präsentiert werden. Das ist nicht mit dem geltenden Datenschutzrecht vereinbar und verstößt gegen die ärztliche Schweigepflicht. Danach darf ein Zahnarzt nicht einmal Auskunft darüber geben, ob eine bestimmte Person bei ihm in Behandlung ist oder war. Dies kann, selbst wenn es unabsichtlich geschieht, als Ordnungswidrigkeit mit einem Bußgeld bis zu 150.000 Euro bestraft werden.

> **❯** Facebook geht bei einer Neuanmeldung automatisch davon aus, dass Sie möglichst viel von sich preisgeben und gefunden werden wollen – das schließt etwa die Suche über Google ein. Für Ihre Praxis ist das das Ziel, als Privatperson möchten Sie vielleicht weniger Details zu Ihrem Leben, sprich Beziehungsstatus, private Fotos etc. preisgeben. Gehen Sie für beides ganz genau die Kontoeinstellungen durch und entscheiden Sie für Ihre Seiten, wer was sehen, erfahren und tun darf.

Ohne Frage – ein Social Media-Profil richtig zu führen, benötigt Interesse am Geschehen, kostet Ideen, Zeit und Engagement. So sollten Sie oder eine ZFA mehrmals täglich auf Ihre Seite schauen. Zum einen kann es vorkommen, dass User Fragen stellen. Dann ist es wichtig, zeitnah zu antworten. Zum anderen kann es passieren, dass sich ein unzufriedener Patient kritisch äußert. In solchen Fällen müssen Sie natürlich reagieren. Falls sich ein Patient beispielsweise beschwert, er sei unfreundlich behandelt worden, dann sollten Sie freundlich darauf reagieren und erklären, wie es dazu kam. Jeder hat mal einen schlechten Tag. Mit einer offenen, ehrlichen Erklärung und Entschuldigung lässt sich so etwas, wie im Alltag, in der Regel schnell aus der Welt schaffen. Für Beleidigungen sollten Sie Ihre Facebook-Präsenz jedoch nicht zur Verfügung stellen. Löschen Sie solche Beiträge.

Dienliche Statistiken

Überprüfen Sie in regelmäßigen Abständen, wie viel Traffic auf Ihren Seiten herrscht, wie viele Menschen Ihre Beiträge mit „Gefällt mir" markieren, kommentieren und teilen und was für Personen hinter den Klicks stecken. Dafür gibt es Statistiken direkt auf Ihrer Facebook-Seite. Ebenfalls wird hier dokumentiert, wie User Ihre Seite entdeckt haben, zu welcher Tageszeit sie diese besuchen, demografische Daten über die Besucher, wie Alter und Geschlecht und noch vieles mehr. Mit diesen Statistiken können Sie Ihre Zielgruppe besser verstehen und so die Seite noch ansprechender gestalten, um mit den Kunden in Verbindung zu bleiben.

Werbeanzeigen schalten

Natürlich gibt es auf Facebook auch die Möglichkeit, gegen Bezahlung Werbeanzeigen für verschiedene Marketing-Ziele, etwa mehr „Gefällt mir"-Anzeigen oder Klicks auf die eigene Website, zu veröffentlichen – nicht über klassische Banner (▶ Kap. 2 ▶ Abschn. 2.2.3), sondern integriert in die anderen Geschichten und Neuigkeiten, die für die User von Interesse sind. Dabei können Zahnärzte definieren, welche Personen Sie mit der Anzeige erreichen möchten, etwa anhand des Standorts – runtergebrochen bis auf die Umgebung der Praxis – oder nach demografischen Daten, wie Alter, Geschlecht und den Sprachen, die sie sprechen. Und natürlich zieht Facebook auch seinen Nutzen aus allen anderen Angaben der User für Werbezwecke: Welche Interessen haben die User, die zu meinen Werbezielen passen? Dazu kann man aus hunderten Kategorien, wie Musik, Filme, Sport, Spiele, Einkaufen etc., auswählen. Welches Verhalten legen User an den Tag, beispielsweise Einkaufsverhalten. Und über welche Verbindungen verfügen die User, die Ihre Seite mit „Gefällt mir" geklickt haben?

In Facebooks Werberichtlinien wird definiert, was erlaubt ist und wie etwa Anzeigen auszusehen haben. Ob das Kosten/Nutzen-Verhältnis stimmt, müssen Zahnärzte je nach Marketingziel und Budget jeweils selbst abwägen.

Plattform-Entwicklungen im Blick behalten

Das Internet steht nicht still. Entsprechend entwickeln Anbieter, wie in diesem Fall Facebook, ihre Plattform beständig weiter. So gibt es beispielsweise seit Herbst 2011 die neue Profil-Funktion: Timeline – die Lebens-Chronik. Die Chronik archiviert hierbei automatisch alle Aktivitäten, wie gepostete Fotos, Videos und Statusmeldungen – selbst die Zeit vor Facebook können User jetzt umfangreich ergänzen, etwa mit Bildern von der Einschulung oder der eigenen Hochzeit. Ein interaktiver Lebenslauf bzw. ein multimediales Tagebuch entsteht. User können dabei bestimmen, welche wichtigen Ereignisse in Großansicht angezeigt werden. Wenn sie diese Funktion aktivieren, haben sie sieben Tage Zeit, das eigene Profil durchzusehen und zu bearbeiten, anschließend ist es auch für andere User sichtbar. Ebenfalls wird bei der Benutzung von bestimmten Social Apps das eigene Konsumverhalten in der Chronik dokumentiert, also jeder gelesene Artikel oder angeschaute Clip – dessen sollte sich jeder bewusst sein.

Passend zur Chronik zeigt ein Feature Nutzern, welche Posts ihre Freunde vor einem Jahr gemacht haben. Auf Deutsch heißt die Funktion „an diesem Tag". Dann hat Facebook beispielsweise noch „Sticker" eingeführt: große Emoticons, die süß, witzig und frech die Kommunikation unterhaltsamer machen sollen. Und User können seit Juni 2013 Bilder zusätzlich zu einem Kommentar einfügen. Ebenfalls können Post und Kommentare mit Hilfe des Stift-Symbols nun nachträglich editiert werden. Wie auch beim Kurznachrichtendienst Twitter können User jetzt auch bei Facebook Hashtags (#) zur Kennzeichnung von Begriffen, die sie als Schlagworte verwenden, nutzen. Und als letztes Beispiel, für eine Zahnarztpraxis weniger von Nutzen, als wie für Teilnehmer von Gruppenreisen: Facebook ermöglicht es, dass mehrere Nutzer Schnappschüsse in ein gemeinsames Fotoalbum hochladen und bearbeiten. Bis zu 50 Personen erstellen so zusammen ein Album und fügen jeweils bis zu 200 Fotos hinzu.

Solche Entwicklungen haben nicht sofort und direkt Auswirkungen auf das Social Media-Marketing. Zahnärzte sollten jedoch stets über neue Funktionen im Bilde sein und schauen, ob sich auch für sie ein Nutzen ergibt.

5.1.3 Google+

Ende Juni 2011 hat der Internetgigant Google ein Soziales Netzwerk gestartet: Google+ (oder „Google Plus"). Bereits in den ersten vier Wochen der Testphase konnte das Projekt über 20 Millionen Nutzer verzeichnen. Diese Social Media Plattform weist viele Ähnlichkeiten zu Facebook auf, aber auch einige wichtige Unterschiede. Hervorzuheben ist natürlich dabei die enge Integration mit weiteren Google-Diensten, wie der Suchmaschine, gMail, Google Maps, Google Drive, Google Chrome, Google Play, Google Earth, Picasa und YouTube. Dies sorgt natürlich für eine schnelle Verbreitung des Netzwerks und des eigenen Profils. Jedoch hat Google bereits die zwingende Voraussetzung eines G+-Profils als Identität, um sich bei YouTube anzumelden beendet und dies könnte auch bald bei anderen Google-Produkten gelten. Und wie sehen die Google+ Zahlen aus? Offiziell sind dieses nicht bekannt. WeAreSocial geht Anfang des Jahres 2015 von 15 Millionen registrierten, aber nur 3,1 Millionen aktiven Nutzern in Deutschland aus.

Um Teil von Google+ zu werden, ist ein Google-Account notwendig. Anschließend können sich User ihr Profil in Wort und Bild anlegen. Im „Stream" können User – analog zu Facebooks „Pinnwand" – Beiträge veröffentlichen, Fotos und Videos teilen. Mit dem + 1-Knopf können Inhalte, wie beim „Gefällt-mir"-Button, im persönlichen Netzwerk oder in der Google-Suche bewertet und empfohlen werden.

In Circles (Kreisen) teilen Google+-User ihre Kontakte ein. Die Kontakte sind nicht notwendigerweise gegenseitig wie bei Facebook, wodurch Google+ weit mehr Abstufungen ermöglicht – was der Wirklichkeit näher kommt als die pauschale Facebook-„Freundschaft". Eine beliebige Anzahl an Kreisen kann gezogen werden, um besser differenzieren zu können. Tippen Nutzer eine Statusmeldung ein oder laden sie ein Foto hoch, können sie entscheiden, welchen Kreisen sie diese Informationen preisgeben. Auch spielen die Kreise beim Filtern des Streams eine Rolle. So können User in den neuesten Nachrichten bestimmter Personengruppen stöbern.

Auch Produkte, Marken, Vereine, Organisationen, Unternehmen und damit ebenfalls Zahnarztpraxen können, analog zu den Seiten von Facebook, eine Seite bei Google+ einrichten, die explizit für Unternehmen Goggle+-Pages genannt werden. Unternehmen können über die neuen Seiten eine Fanbasis aufbauen und Inhalte mit ihren Fans teilen. Aber sie können erst dann Verbindung zu den Mitgliedern des Netzwerks aufnehmen, wenn sie selbst von den Anwendern kontaktiert und in einen Kreis aufgenommen wurden. Ebenfalls können Unternehmen ihre Kontakte in verschiedene Kreise einteilen und bestimmte Mitteilungen gezielt an Kundengruppen richten. Seiten kennzeichnen sich durch ein kleines viereckiges Pages-Icon mittig oben. Links daneben zeigt ein Haken-Icon, ob sich der Betreiber der Seite hat identifizieren lassen, sprich, ob es sich um einen „bestätigten Namen" handelt. Mit der Videokonferenz-Funktion „Hangout" können Zahnärzte beispielsweise Gespräche mit Labors, Kollegen oder Patienten führen.

5.1.4   YouTube

YouTube ist eine der größten Social Media Erfolgsgeschichten. Hier folgen beeindruckende Zahlen vom Unternehmen selbst:
- YouTube hat mehr als eine Milliarde Nutzer. Laut Allensbach sollen es in Deutschland vier Millionen Nutzer sein, die YouTube häufig oder regelmäßig nutzen.
- YouTube gibt es in 75 Ländern und 61 Sprachen.
- Täglich werden hier Videos mit einer Gesamtdauer von mehreren hundert Millionen Stunden wiedergegeben und Milliarden Aufrufe generiert.
- Die Anzahl der Stunden, die Nutzer jeden Monat auf YouTube ansehen, steigt jährlich um 50 Prozent im Vergleich zum Vorjahr.
- Pro Minute werden 300 Stunden Videomaterial auf YouTube hochgeladen.
- Die Hälfte der Aufrufe werden über Mobilgeräte generiert.
- Der über Mobilgeräte generierte Umsatz steigt pro Jahr um über 100 Prozent.
- Über eine Million Werbetreibende nutzen die Google-Anzeigenplattformen; die meisten davon sind kleine Unternehmen.

Lesen Sie mehr für die Verwendung von YouTube in Ihrer Zahnarztpraxis im ▶ Kap. 2 ▶ Abschn. 2.2.2 Praxis-Imagefilm sowie Aufklärungsvideos für Patienten.

5.1.5   Xing

Als digitales Adressbuch und Netzwerk für Geschäftskontakte nutzen viele das Business-Netzwerk ▶ www.xing.de. Im Jahr 2003 wurde das Unternehmen gegründet, seit 2006 ist es börsennotiert. Gegenwärtig beschäftigt die XING AG über 700 Angestellte. Insgesamt zählte Xing im Juni 2015 im Kernmarkt Deutschland, Österreich und der Schweiz knapp 9 Millionen Mitglieder. Hier vernetzen sich Berufstätige aller Branchen, sie suchen Jobs, Mitarbeiter, Aufträge, Kooperationspartner, fachlichen Rat oder Geschäftsideen. Aufgrund dieser thematischen Ausrichtung und Zielgruppe stellt es für Zahnärzte weniger einen Ort für Patienten-Kommunikation dar. Für den Aufbau und Unterhalt eines Netzwerks von Geschäftspartnern, Dienstleistern und Ratgebern ist es jedoch der richtige Ort. Zudem kann es der Imagepflege und dem Informationsaustausch in dieser Zielgruppe dienen.

> **Tipp**
>
> Wenn Sie sich einen Überblick verschaffen wollen, was Xing für Zahnärzte zu bieten hat: Auf der Themenseite „Zahnmedizin" unter ▶ http://www.xing.com/t/de/ZAHNMEDIZIN finden Sie Diskussionen über Jobangebote und Events sowie Firmen oder Personen, die sich mit Zahnmedizin beschäftigen.

Ein Profil aufbauen

Wie bei allen Netzwerken ist das Profil das eigene Zuhause bei Xing. Hier haben User die Chance, Gesicht zu zeigen, ihre Qualifikationen zu präsentieren und Referenzen anzugeben. Dabei gibt es das kostenlose Basisprofil sowie die kostenpflichtige Premium-Mitgliedschaft mit beispielsweise Profilbesucher-Statistiken und -analysen sowie mehr Suchfelder und -filter. Kosten: Das 3-Monats-Abo kostet in der ersten Laufzeit mit 20 Prozent Nachlass 23,85 Euro, sonst 29,85 Euro. Ein 12-Monats-Abo kostet erstmals 76,20 Euro, danach 95,40 Euro (Stand Juli 2015).

Folgende Angaben gehören zu einem Profil.

Basisangaben Hier geben Sie Ihren Namen, Unternehme und Ihre Funktion an.

Foto Anders als bei Facebook ist hier der professionelle Eindruck gefragt. Ein professionelles Porträtfoto in Anzug oder Hemd passt am besten. Schnappschüsse aus dem Urlaub o. Ä. sind ungeeignet.

Profilspruch In einem kurzen Satz sollen Sie Profilbesuchern erzählen, wer Sie sind.

Ich biete/Ich suche Diese Xing-spezifischen Felder sollen es Nutzern ermöglichen, bei Xing Menschen zu finden, die das suchen, was man selbst kann, oder anbieten, was man gerade braucht. Nutzer sollten dies ausführlich ausfüllen, denn die interne Suchfunktion basiert ganz wesentlich darauf. Viele geübte Netzwerker nutzen die in diesen Feldern hinterlegten Informationen, um Kontakt aufzunehmen und Geschäfte anzubahnen.

Berufserfahrung/Ausbildung/Sprachen/Qualifikationen Hier genügen die wichtigsten und prestigeträchtigsten Stationen des Werdegangs. Mit einem aufgeblasenen Lebenslauf überlädt man sein Profil schnell.

Auszeichnungen Referenzen sind perfekt, um die eigene Kompetenz und Zuverlässigkeit als Geschäftspartner zu demonstrieren. Für Ärzte gilt es hier, die Bestimmungen des Heilmittelwerbegesetzes im Auge zu behalten!

Organisationen Hier geben Sie an, welchen Fachgesellschaften, Verbänden oder sonstigen Organisationen Sie angehören.

Interessen Geben Sie hier Ihre Interessen an -manchmal lassen sich auch Geschäftspartner über gemeinsame Präferenzen finden, etwa Fan des gleichen Fußballvereins oder ein Hobby, das einen verbindet. Füllen Sie daher dieses Feld auch aus.

Kontaktdaten Für viele Nutzer ist Xing vor allem ein Adressbuch ihrer Geschäftspartner. Daher müssen die geschäftlichen Kontaktdaten für alle Kontakte stets vollständig und aktuell verfügbar sein. Die privaten Kontaktdaten hingegen darf man getrost per Datenschutzeinstellungen verbergen.

Mit den Angaben, die Sie im Profil machen, können Sie von anderen gefunden werden – ob über die Xing-Suche oder über Google. Es lohnt sich also, auf die Formulierungen etwas Mühe zu verwenden, wenn Sie neue Kontakte finden wollen, die Sie geschäftlich voranbringen.

> **Tipp**
>
> Vergessen Sie nicht, Ihr Profil in den Datenschutzeinstellungen öffentlich einsehbar zu machen, damit es auch über Suchmaschinen auffindbar ist. Ebenso können Sie von Ihrer Website auf Ihr Xing-Profil verlinken.

Das persönliche Profil lässt sich weiter vertiefen, indem man es mit einem Firmenprofil kombiniert. Um eine Unternehmensseite für die Praxis anzulegen, müssen jedoch mehrere Mitarbeiter bei Xing sein. Eine koordinierte Praxis-Präsenz bei Xing kann wie folgt aussehen.

Eine koordinierte Praxis-Präsenz bei Xing
- Alle Zahnärzte der Praxis und am besten auch die wichtigsten nicht-ärztlichen Mitarbeiter sollten ein Xing-Profil anlegen. Achtung: Nicht nur der Inhaber, sondern jeder einzelne Mitarbeiter wird damit zum Repräsentanten der Praxis!
- Als derzeitigen Arbeitgeber müssen alle Mitarbeiter den gleichlautenden Praxis-Namen angeben.
- Zu diesem Praxis-Namen kann nun der Praxis-Inhaber ein Unternehmensprofil einrichten. Es enthält in der kostenlosen Standard-Form ein Logo, Kontaktdaten und eine Freitext-Beschreibung sowie eine Auflistung aller bei Xing registrierten Mitarbeiter. Auf diese Weise entsteht auf Xing ein komplettes Praxis-Profil für die Geschäftskontakte.

Austausch in Fachgruppen

Neben Profil und Kontaktliste bietet Xing die Möglichkeit, unter einem beliebigen Thema eine Gruppe zu eröffnen oder dieser beizutreten und sich mit den darin sammelnden Mitgliedern über dieses Thema zu diskutieren. Ob es über aktuelle politische Themen oder fachspezifische Innovationen geht – die Bandbreite ist groß.

Das Business-Netzwerk Xing zählt nach eigenen Angaben insgesamt mehr als 74.000 unterschiedliche Gruppen aller Branchen und kann auch mehrere zahnärztliche Gruppen vorweisen. In der offiziellen „Xing Xpert Ambassador Group Health Care: Ärzte", die gleichermaßen für Zahnärzte gilt, geht es inhaltlich um Nachrichten aus der Gesundheitsbranche, praxisrelevante Rechtsprechung, Tipps zum Praxis-Management, Buchtipps sowie Kollegen- und Expertenaustausch bei Fragen oder Problemen.

> **(Zahn-)Ärztliche Gruppen-Beispiele**
> - Offizielle Xing Xpert Ambassador Group: Health Care
> - Offizielle Xing Xpert Ambassador Group: Health Care: Medizintechnik
> - Zahnarzt
> - Zahnmedizin
> - Praxis-Marketing beim Arzt und Zahnarzt
> - Der Weg zum Privatpatienten
> - ABC – der modernen Praxisführung – für Ärzte und Zahnärzte
> - Patienten überzeugen: Erfolgreiche Patientenberatungsgespräche und Abwehr von Dumpingangeboten
> - DentalBörse
> - Dentale Implantologie
> - Kieferorthopädie
> - Ästhetik – ein Zusammenspiel zwischen Zahnarzt und Dentallabor
> - 3D-Navigation in der dentalen Implantologie

Diese Gruppen sind ein geeigneter Ort, Xing-Mitglieder mit ähnlichen Interessen und Geschäftsfeldern kennenzulernen und Kontakte zu knüpfen. Es gibt offene Gruppen, in die man mit einem Mausklick eintreten kann, und andere Gruppen, wo Moderatoren prüfen, ob der User zur Gruppe passt. Für Letztere muss man gewöhnlich eine kurze Begründung schreiben, um Eintritt zu erhalten.

Jede Gruppe unterhält ein eigenes Forum, in dem jedes Mitglied Beiträge veröffentlichen und Diskussionen anstoßen kann. Hier eröffnet sich die Möglichkeit, sich als Experte für bestimmte Themen zu präsentieren, als jemand, der Lösungen für die Probleme anderer Mitglieder anzubieten hat. Daneben erhalten Nutzer die Chance, mit eigenen Fragen an Fachleute heranzutreten und so wichtige Denkanstöße zu bekommen.

> **Tipp**
>
> Xing ist der Marktführer bei den Business-Netzwerken im deutschsprachigen Bereich. Weltweit deutlich weiter verbreitet ist das amerikanische Netzwerk LinkedIn. Wenn Sie nach internationalen Geschäftskontakten suchen, ist LinkedIn die bessere Wahl.

5.1.6   LinkedIn

LinkedIn wurde 2002 gegründet und ging im Mai 2003 online. Bereits nach etwa einem Monat hatte das internationale Business-Netzwerk 4500 Mitglieder. Nun beschäftigt das Unternehmen 8700 Mitarbeiter. Aktuell ist es in 24 Sprachen verfügbar, in über 200 Ländern und hat 380 Millionen Mitglieder. In Deutschland liegt LinkedIn nach wie vor hinter XING: Anfang 2015 hat LinkedIn die sechs Millionen Marke im deutschsprachigen Raum geknackt, wobei die Schnittmenge derjenigen, die beide Plattformen nutzen, vermutlich recht groß ist. LinkedIn hat jüngst die Zielgruppe der Studenten im Fokus gehabt. Es bleibt also spannend, wer die Marktführerschaft übernehmen wird.

5.1.7   Twitter

Neben den Sozialen Netzwerken im engeren Sinne existieren zahlreiche weitere Angebote im Social Web, die von den Interaktionen der User leben. Im März 2006 wurde Twitter Inc. als Mikroblogging-Dienstleister gegründet. 2015 soll es weltweit 304 Millionen monatlich aktive Nutzer gegeben haben, in Deutschland 3,83 Millionen.

Twitters Prinzip ist einfach: Jeder registrierte Nutzer kann über die Plattform ▶ www.twitter.com Nachrichten verfassen, die maximal 140 Zeichen lang sein dürfen. Diese „Tweets" werden direkt von jedem empfangen, der sich beim Absender als „Follower" registriert hat. 2015 gab es täglich 500 Millionen Tweets. Die Kürze der Nachrichten macht es möglich, permanent kleine Newspartikel in die Follower-Welt zu schicken.

Generell bietet Twitter viel Potential für eine professionelle Nutzung. Überregional agierende Unternehmen können sich inzwischen kaum noch leisten, diesen Kommunikationskanal außer Acht zu lassen. Barack Obama hat übrigens 43,7 Millionen Follower; Popstar Katy Perry sogar 72,2 Millionen. Auch Multiplikatoren aus dem Gesundheitsmarkt sind bei Twitter gut vertreten. Für den Einsatz von Twitter als Mittel des Praxis-Marketings gibt es bisher allerdings kaum Erfahrungen. Es spricht allerdings nichts dagegen, Twitter ähnlich zu nutzen wie die Facebook-Pinnwand und so knapp formulierte Tipps und News zu verbreiten. Auch Journalisten lassen sich damit gut erreichen (Lesen Sie mehr zum Umgang mit Journalisten im ▶ Kap. 2).

Die Twitter-News können Sie gut mit anderen Angeboten vernetzen: Sie können sie beispielsweise automatisiert bei Facebook als Statusmeldungen einlaufen lassen und schlagen so zwei Fliegen mit einer Klappe. Ebenfalls können Sie die klassische Presse-Arbeit mit diesen Instrumenten ergänzen. Dafür gibt es schon Tools, beispielsweise ▶ www.hootsuite.com, die die Arbeit gleich für mehrere Kanäle übernehmen (Mehr zur erfolgreichen Pressearbeit steht im ▶ Kap. 2).

5.1.8 Instagram

2014 sind laut Schätzung von Kleiner Perkins Caufield & Byers weltweit 1,8 Milliarden Fotos pro Tag über Soziale Netzwerke und Apps hochgeladen und geteilt wurden. 2008 lag diese Zahl noch bei 19 Millionen Bildern pro Tag. Dieses extreme Wachstum ist eng mit dem Aufstieg des Smartphones verbunden, das zum dominierenden Fotoapparat im Alltag

geworden ist. Gepostet wurden Fotos beispielsweise auch von dem im Oktober 2010 gegründeten Dienst Instagram – eine Mischung aus Microblog und audiovisueller Plattform. Im April 2012 erschien Instagram für Mobilgeräte mit dem Betriebssystem Android. Zur Nutzung steht eine App für Android, iOS und Windows Phone zur Verfügung. Nutzer können ihre Fotos und Videos mit Filtern versehen. Die Fotos und Videos haben eine quadratische Form. Die Foto-App wächst zügig: Rund 300 Millionen Nutzer gibt es inzwischen weltweit, in neun Monaten erfolgte ein Zuwachs von 100 Millionen Usern. Etwa 4,2 Millionen nutzen die App in Deutschland. Täglich werden nahezu 70 Millionen Beiträge gepostet. Mit diesen Zahlen hat Instagram Twitter bereits hinter sich gelassen.

Der Großteil der Instagram-Nutzer ist sehr jung und Frauen derzeit noch leicht in der Überzahl. Große Unternehmen, wie Starbucks und Nike – hier richten sich einzelne Kanäle exakt an Anhänger einzelner Sportarten – haben die Foto-Sharing-App schon in ihr Marketing-Konzept integriert. Humor und kreative Bildideen treffen direkt ins Schwarze. So agiert auch der Eishersteller Ben & Jerry's: Sie präsentieren hauptsächlich ihre eigenen Eis-Sorten amüsant und verkleiden sie. Das machen sie aber dermaßen geschickt, dass ihr Unternehmensprofil bereits 427.000 Follower hat. Solch populäre Marketing-Beispiele können Zahnarztpraxen noch nicht aufweisen, doch mit Fotos arbeitet der Gesundheitsmarkt ebenfalls, wie das folgende Beispiel zeigt.

> Um den Austausch zwischen Ärzten zu erleichtern, wurde das „Ärzte-Instagram" gegründet. Ärzte nutzen diese Plattform, um Krankheits- und Unfallbilder hin- und herzuschicken und die Kollegen um Rat zu fragen. Der Schockeffekt dieser Fotos lässt die Beliebtheit der Seite auch außerhalb der Ärztekreise stetig ansteigen. Täglich werden mehr als zwei Millionen Bilder neu hochgeladen.

5.1.9 Pinterest

Pinterest ist ein ▶ Soziales Netzwerk, in dem Nutzer Bilderkollektionen mit Beschreibungen an virtuelle

Pinnwände heften können. User können Bilder teilen (repinnen), ihren Gefallen daran ausdrücken oder sie kommentieren. Die Plattform wurde 2010 von drei Internet-Unternehmern gegründet. Der Name Pinterest ist eine Mischung der englischen Wörter *pin* = anheften und *interest* = Interesse. Derzeit gibt es zehn lokale Webseiten in verschiedenen Ländern, schon bald sollen es dreißig sein. Geschätzt gibt es mittlerweile 57 Millionen Nutzer weltweit, die regelmäßig posten; in Deutschland etwa drei Millionen.

Ebenfalls können animierte GIFs oder Videos hochgeladen werden. Das Hauptaugenmerk liegt allerdings auf den Fotos. Auf der eigenen Pinnwand können User Boards anlegen, in die sie thematisch Bilder einsortieren. Beliebte Themengebiete sind Food, Bekleidung, Design, Inneneinrichtung und Reisen. Unternehmen, wie das amerikanische Modelabel GAP, haben Pinterest bereits erfolgreich in ihre Marketing-Kommunikations-Strategie eingebunden.

Tipp

Pinterest bietet Unternehmen eine Schritt-für-Schritt-Anleitung zum Einrichten eines Business-Profils an. Hier werden auch der „Pin-it"-Button, Rich Pins und Analytics-Tools erklärt sowie Erfolgsmodelle vorgestellt, um Ideen für sein eigenes Marketing zu finden.

5.1.10 Wikipedia

Auch die bekannte Wikipedia ist als ein Community-Lexikon Teil des Social Web. Dort kann jedermann Artikel erstellen und bestehende Artikel ändern. Kein Gemeinschaftsprojekt im Internet ist erfolgreicher. Die Suchmaschinenpräsenz der Wikipedia ist überwältigend: Wenn zu einem Suchbegriff ein Artikel in dem Online-Lexikon existiert, taucht er in aller Regel unter den ersten Treffern in der Ergebnisliste auf.

Die Wächter der Wikipedia sind ehrenamtliche Internet-Idealisten, die das Lexikon in ihrer Freizeit als Editoren pflegen. Diese Editoren entscheiden auf Basis von über viele Jahre ausgefochtenen Kriterien darüber, ob ein Artikel oder eine Änderung Bestand hat oder gelöscht wird. Besonders hart gehen sie mit allem ins Gericht, das den Anschein von Werbung oder Öffentlichkeitsarbeit macht. Aus diesem Grund ist eine Nutzung der Wikipedia als Marketing-Instrument eine besondere Herausforderung. Nur wirklich lexikonrelevante Inhalte haben eine Chance.

Wikipedia: Möglichkeiten für Zahnärzte

▬ Zahnärzte, die als Person hinreichend bedeutend sind, etwa als Wissenschaftler oder Buch-Autor, sollten versuchen, mit einem Eintrag in der Wikipedia präsent zu sein. Aber Achtung: Der Artikel muss im Lexikonstil verfasst sein. Eigenwerbung wird schnell gelöscht. Niedergelassenen Zahnärzten gelingt es eher in Ausnahmefällen, sich in der Wikipedia heimisch zu machen. Weniger Schwierigkeiten haben da Ärzte aus Fernsehserien wie „Dr. House" oder „Dr. Stefan Frank" und natürlich Institutionen wie die Zahnärztekammer und die Kassenzahnärztliche Bundevereinigung.

▬ Eine zweite Variante der Wikipedia-Nutzung ist, sich als Autor einzubringen. Längst wird das Lexikon nicht mehr überwiegend von Laien erstellt, viele Experten bringen ihr Fachwissen in die Artikel ein. Hier können Zahnärzte ihre fachliche Reputation durch die Mitarbeit an wichtigen Artikeln zum Fachgebiet pflegen, ähnlich wie bei Gesundheitsportalen oder Facebook-Communities. Ganz nebenbei gehört zu einem Benutzerkonto, das man sich als regelmäßiger Autor auf jeden Fall anlegen sollte, auch eine Profilseite, auf der man eine Selbstbeschreibung und Links zur Praxis veröffentlichen kann.

Fachspezifische Wikis

Neben der weltbekannten Enzyklopädie haben sich kleinere Wikis zu unzähligen Spezialthemen entwickelt – auch für den Gesundheitssektor. So gibt es beispielsweise seit dem Jahr 2006 das ArztWiki, betreiben vom änd Ärztenachrichtendienst Verlags-AG das sich auf das deutsche Gesundheitswesen und Medizinthemen spezialisiert hat. Ebenfalls gab es mal ein ZahnarztWiki, doch diese Domain ist derzeit nicht mehr aktiv. Das PflegeWiki ist ein mehrsprachiges Projekt für den Gesundheitsbereich

Pflege und wurde 2004 von Schülern aufgebaut. Jetzt wird es unterstützt von der DBfk Nordwest. Derzeit gibt es knapp 7000 Artikel zum Thema.

> **Tipp**
>
> Legen Sie bei den größten Diensten ein Konto an und speichern Sie Bookmarks zu Ihrer Website ab. Im schlimmsten Fall wird das Lesezeichen nicht weiter beachtet und hat nur für die Suchmaschinenoptimierung Wert. Im Idealfall macht es Ihre Praxis-Website im Netz etwas bekannter.

Fazit
Verwechseln Sie Kommunikationsmaßnahmen im sozialen Netz nicht mit Werbung. Pauschale Eigenwerbung interessiert die User nicht – sie kann sogar verärgern. Die Nutzer möchten ernst genommen werden und zeitnah konkrete Reaktionen auf ihre Fragen und Kritiken erhalten. Das Engagement im Netzwerk sollte für eine Praxis also mit einer klaren Entscheidung einhergehen: sich auf die direkte Kommunikation ernsthaft einzulassen. Dabei gibt es einen Nachteil: Social Media-Strategien sind zwar unterschiedlich aufwändig, aber alle erfordern persönliches Engagement und Kontinuität. Und Kommunikation kostet Zeit. Überlegen Sie daher gut, ob sich diese Investition lohnt. Haben Sie sich dafür entschieden, sollten Sie konsequent sein: Patientenkommunikation über diese Kanäle ist kein Gelegenheitsjob, sondern permanentes Engagement. Wenn es gelingt, können Sie sich an aktiven und treuen Patienten sowie Weiterempfehlungen erfreuen (► Abschn. 5.4).

5.2   Experte in Gesundheitsportalen

Brücke oder Implantat? Was tue ich gegen empfindliche Zahnhälse? Und wie werde ich Mundgeruch los? Patienten haben das Bedürfnis, sich bereits vor dem Zahnarztbesuch zu informieren. Auch im Anschluss an das Arztgespräch suchen Patienten häufig Rat, weil manchmal die Zeit für die Beantwortung aller Fragen fehlt. Doch zu Hause bei den Patienten steht meist nur ein in die Jahre gekommenes Medizinlexikon, das in aller Kürze Krankheitsbilder

definiert. Gesammelte Antworten finden sie auf Gesundheitsportalen. Mittlerweile gibt es mehr als 50 solcher Portale. Diese bieten Krankheits-, Symptom- und Medikamentenfinder, Medizinlexika, Zahnarzt- und Kliniksuche, teils mit Bewertungen, Selbsttest, Audio- und TV-Beiträge, aktuelle Gesundheitsnews und Foren, auf denen Patienten sich mit Gleichgesinnten austauschen können.

Auf vielen dieser Portale können User in Expertenforen zu den unterschiedlichsten Themen und Krankheiten Fragen stellen, die Mediziner beantworten. Diese ärztlichen Experten haben eine wichtige Position auf derartigen Portalen, tragen sie doch erheblich zur Verlässlichkeit der Informationen bei. Auf dem Portal ► www.Lifeline.de beispielsweise werden die Experten mit Foto in einer separaten Rubrik vorgestellt. Knapp 100 Ärzte der verschiedensten Fachrichtungen sind dort gelistet – Zahnmedizin fehlt allerdings noch. Auf diese Weise können Mediziner Gesundheitsportale als Marketing-Instrument nutzen, um sich als Experte zu positionieren und ihren Bekanntheitsgrad fördern (◘ Tab. 5.1).

Es muss nicht immer ein großes Portal sein. Auch kleinere themenbezogene Websites haben Bedarf an ärztlichen Experten, die einen fachlichen Kontrollblick auf die Texte werfen oder in Foren als Ansprechpartner zur Verfügung stehen. Solche zum Beispiel von Privatleuten oder Selbsthilfegruppen betriebenen Webangebote können auch ein guter Ort sein, Ihren Expertenstatus zu stärken.

5.3   Fachportale für Zahnärzte

Marketing ergibt nicht nur bei Patienten Sinn, auch andere Zahnärzte sind eine wichtige Zielgruppe. Empfehlungen und Überweisungen von Kollegen sind besonders für spezialisierte Fachärzte ein wichtiger Punkt. Für den Ausbau und die Pflege dieser Kontakte unter Kollegen sind spezialisierte (Zahn-) Ärztenetzwerke eine empfehlenswerte Adresse im Internet. Sie funktionieren im Großen und Ganzen wie Soziale Netzwerke – mit der Einschränkung, dass hier nur (Zahn-)Ärzte als Mitglieder zugelassen sind. Marketing ist hier jedoch lediglich mittelbar möglich: zum einen durch den Aufbau eines guten Kollegennetzwerks, bei dem sich alle Beteiligten vertrauen und bei Bedarf mit Rat helfen – zum

◨ **Tab. 5.1** Gesundheitsportale im Überblick

Portal	Gründung	Betreiber
▶ www.netdoktor.de	1999	▶ www.NetDoktor.de GmbH, München, seit 2007 Tochter der Holzbrinck eLAB GmbH
▶ www.onmeda.de	1997	▶ www.goFeminin.de GmbH, Köln
▶ www.paradisi.de	2003	OC Projects, Optendrenk & Calinski GmbH, Kaarst
▶ www.apotheken-umschau.de	2001	Wort & Bild Verlag, Baierbrunn bei München
▶ www.qualimedic.de	1999	▶ www.Oualimedic.com AG, Köln
▶ www.gesundheit.de	2001	Andrae-Noris Zahn AG, Frankfurt am Main
▶ www.lifeline.de	1997	Springer Science & Business Media (BSMO GmbH), Berlin
▶ www.meine-gesundheit.de	1998	Medizinische Medien Informations GmbH, Neu-Isenburg
▶ www.vitanet.de	2003	Vitanet GmbH, Mannheim
▶ www.gesundheit-aktuell.de	1997	Medoline Ltd., Großbritannien und Frankfurt
▶ www.gesundheit-heute.de	2007	Wissenschaftliche Verlagsgesellschaft mbH, Stuttgart
▶ www.dr-gumpert.de	2002	Dr. Gumpert GmbH, Taunusstein

anderen durch den Aufbau eines Expertenstatus für eine bestimmte Spezialisierung.

Der eigentliche Sinn dieser Netzwerke liegt allerdings woanders: Sie sollen (Zahn-)Ärzten Möglichkeiten bieten, schnell und ökonomisch an Fachinformationen zu gelangen. Eine Umfrage des Fachportals Univadis hat ergeben, dass (Zahn-)Ärzte im Internet am häufigsten Antworten zu fachlichen Fragen sowie den Online-Dialog mit Kollegen suchen. Konnte man sich früher meist nur bei Fortbildungen oder auf Kongressen mit Kollegen über spezielle Problemfälle und Erfahrungen austauschen, ist dies in den Ärztenetzen mit wenigen Klicks möglich. Je nach Themenschwerpunkt finden sie in den Portalen Informationen zu gesundheitspolitischen und medizinischen Themen sowie Diskussionsforen.

Um aktiv teilnehmen zu können, müssen sich (Zahn-)Ärzte zunächst registrieren, wobei in der Regel ein Identitätsnachweis verlangt wird. Danach können sie in den Foren oder Experten-Communities selbst Beiträge verfassen, über Probleme diskutieren und sich mit Kollegen austauschen, um gemeinsam eine Lösung zu finden. Bei Fragen können sie auch Antworten in bereits bestehenden Einträgen suchen. Zudem können Mediziner hier an Online-Fortbildungen teilnehmen, die die Portal-Betreiber organisieren, und sich zu Themen wie Abrechnungen und EDV informieren.

Das Internet bietet eine Reihe von Portalen, die der Kommunikation zwischen ärztlichen Kollegen dienen. Welche Portale sind innerhalb der Ärzteschaft die bekanntesten, und welche werden am intensivsten genutzt? Dazu hat die GGMA (Gesellschaft für Gesundheitsmarktanalyse mbH) 2011 eine Studie veröffentlicht: „Fachkommunikation niedergelassener Ärzte – Medienrezeption, Fachkommunikation und Dialogoptionen bei den niedergelassenen Ärzten in Deutschland". An erster Stelle liegt nicht etwa ein direkt auf (Zahn-)Ärzte zugeschnittenes Portal, sondern mit 57,9 Prozent Facebook (▶ Abschn. 5.1). Dies liegt möglicherweise auch an dem hohen Bekanntheitsgrad und der allgegenwärtigen Präsenz dieses Portals. Immerhin knapp die Hälfte der Ärzte, Zahnärzte und Psychologischen Psychotherapeuten kennen führende Fachportale. An vierter Stelle im Bekanntheitsgrad findet sich erneut ein eher fachfremdes Portal, das Business-Portal Xing (34,4 Prozent), allerdings tauschen sich (Zahn-)Ärzte innerhalb dieses Business-Portals inzwischen auch untereinander in spezialisierten Gruppen aus (▶ Abschn. 5.1). Grundsätzlich ist eine Tendenz absehbar, dass die bekanntesten Portale auch am häufigsten genutzt werden. Jedoch

Tab. 5.2 Fachportale für (Zahn-)Ärzte im Überblick		
Portal	**Gründung**	**Betreiber**
▶ www.coliquio.de	2007	coliquio GmbH, Konstanz
▶ www.doktorlar24.de (das deutsch-türkische Ärzte- und Gesundheitsportal)	2007	Think.different GmbH, Berlin
▶ www.esanum.de		Esanum GmbH, Berlin
▶ www.hippokranet.com (▶ www.facharzt.de, ▶ www.hausarzt.de und ▶ www.zaend.de)	2001	Änd – Ärztenachrichtendienst Verlagsgesellschaft mbH, Hamburg
▶ www.medical-tribune.de	1999	Medical Tribune Verlagsgesellschaft mbH, Wiesbaden
▶ www.springer-medizin.de	2010	BSMO GmbH, ein Unternehmen der Springer Science & Business Media, Berlin
▶ www.univadis.de	2004	MSD SHARP & DOHME GMBH, Haar

ist ersichtlich, dass die (Zahn-)Ärzte diejenigen Portale am häufigsten nutzen, die primär mit ihrem Beruf im Zusammenhang stehen. Die beiden branchenunabhängigen Portale, Xing (26,3 Prozent) und Facebook (23 Prozent), werden zwar auch genutzt, hier lässt sich aber nicht endgültig klären, ob diese Portale möglicherweise nur zum privaten oder berufsunabhängigen Austausch der (Zahn-)Ärzte dienen. Laut der Studie sind in den Augen der Responder die drei wichtigsten Anforderungen an ein deutschlandweites Kommunikationsportal für (Zahn-)Ärzte, dass das Portal unabhängig (87,5 Prozent), kostenfrei (46 Prozent) und werbefrei (29 Prozent) ist.

Das größte deutsche Fachportal ist Springer Medizin. Dort finden (Zahn-)Ärzte Auskünfte zu ihren Fachbereichen, gesundheitspolitischen Themen, aber auch zu Abrechnungen, Praxis-Management und IT-Fragen. Weiterhin bietet Springer Medizin neben Experten-Communities auch viele interaktive Elemente wie Videos, Podcasts und Downloads sowie den Zugang zu Fachzeitschriften und Fortbildungen, beispielsweise zu Themen wie Endodontal-parodontale Läsionen oder Periimplantäres Weichgewebsmanagement.

Das Portal Coliquio setzt hingegen vermehrt auf den Austausch von Wissen und Erfahrungen zwischen den Mitgliedern. Das Expertennetzwerk gliedert sich nach Fachgebieten und Themen, sodass

man mit wenigen Klicks zu Foren oder Informationen eines Spezialgebiets gelangt (Tab. 5.2).

5.4 Empfehlungsmarketing

Mundpropaganda ist das einfachste und zugleich wirksamste Mittel, um neue Patienten zu gewinnen. Wenn zufriedene Patienten Freunden und Bekannten, aber auch anonym anderen Patienten über Bewertungsportale (▶ Abschn. 5.5) eine Zahnarztpraxis weiterempfehlen, wirkt das viel stärker als jedes Werbebanner im Internet oder Zeitungsanzeigen. Eine Umfrage des Forschungsunternehmens Booz Allen Hamilton in Deutschland und der USA hat ergeben, dass 90 Prozent der Verbraucher den Empfehlungen von Freunden und Bekannten vertrauen. Die klassische Werbung hingegen hat diese Wirkung auf weniger als 10 Prozent der befragten Personen.

Zu einem Marketing-Instrument wird Mundpropaganda, wenn man sie aktiv fördert. Bislang geschieht dies noch verhalten: Das Empfehlungsportal „www.KennstDuEinen.de" und der eco Verband der deutschen Internetwirtschaft haben die Marketing-Aktivitäten verschiedener Branchen erfasst. Unter den 1500 befragten Dienstleistern befanden sich auch 650 Ärzte und Zahnärzte. Die Ergebnisse: 72,5 Prozent der befragten Ärzte setzen auf klassische Werbung, zum Beispiel auf Einträge in Branchenbücher oder Anzeigen in Lokalzeitungen. 59 Prozent werben für ihre Praxis über Online-Verzeichnisse im Internet (▶ Kap. 2). 55,5 Prozent der teilnehmenden Ärzte betreiben eine eigene Website. Nur 12 Prozent der Ärzte nutzen die E-Mail-Adresse der Patienten, etwa für Erinnerungen an Vorsorgeuntersuchungen. Über Werbung werden nur 9,5 Prozent der neuen Patienten generiert. 5 Prozent der Neuzugänge wurden als Laufkundschaft klassifiziert. Jedoch: 85,5 Prozent der Ärzte gewinnen ihre neuen Patienten durch persönliche Empfehlungen ihrer Stammpatienten.

Diese Ergebnisse zeigen, wie wichtig Empfehlungsmarketing ist. Der Zahnarzt und das Praxis-Team sollten daher, nachdem sie Stammpatienten von ihrer guten Leistung, dem tollen Service, der einwandfrei funktionierenden Organisation und der Freundlichkeit überzeugt haben, die Empfehlungen nicht dem Zufall überlassen.

5.4.1 Strategien für Empfehlungsmarketing

Empfehlungsmarketing lässt sich aktiv forcieren oder passiv gestalten. Natürlich dürfen Zahnärzte und ihre Mitarbeiter beim aktiven Empfehlungsmarketing nicht zu forsch vorgehen, sonst wird dies schnell als aufdringlich empfunden. Im persönlichen Gespräch am Empfang oder im Behandlungszimmer haben die ZFA und der Zahnarzt die Möglichkeit, dezent entsprechende Hinweise einfließen zu lassen, beispielsweise wenn ein Patient eine ausführliche Untersuchung oder eine Mehrkostenvereinbarung in Anspruch genommen hat und sich bedankt. An der Reaktion merken Sie schnell, ob der Patient generell bereit ist, Sie zu empfehlen, oder ob er eher verhalten oder gar skeptisch reagiert.

Wenn Sie die Patienten nicht direkt ansprechen möchten, lassen Sie ein Schild für Sie sprechen. Positionieren Sie am Empfang und auch in den Behandlungsräumen unaufdringliche Schilder, auf denen steht: „Wenn Sie zufrieden mit unseren Leistungen sind, empfehlen Sie uns gerne weiter!"

Damit Sie jedoch nicht darauf hoffen und warten müssen, dass Ihre Patienten Sie von zu Hause aus bewerten, geben Sie ihnen die Möglichkeit, dies direkt in der Praxis zu tun. Stellen Sie dafür im Wartezimmer oder in der Nähe des Empfangs einen kleinen PC, einen Laptop oder ein iPad auf (▶ Kap. 2). Machen Sie es den Bewertungswilligen so einfach wie möglich: Suchen Sie sich Ihren Favoriten eines Bewertungsportals aus und richten Sie direkt die Seite mit Ihrem Profil und Bewertungsmöglichkeit ein, damit Ihre Patienten nicht noch lange suchen und klicken müssen. Auf Ihre favorisierten Portale können Sie auch direkt von der eigenen Praxis-Website verlinken.

> **Tipp**
>
> Geben Sie auf Schildern oder Handzetteln Hinweise auf Online-Bewertungsportale, wo Patienten Zahnärzte, das Team und die Praxis-Organisation beurteilen können. Je mehr positive Bewertungen Ihre Praxis in den Portalen aufweisen kann, desto besser.

Im Gegensatz zum aktiven Empfehlungsmarketing setzt das passive darauf, dass Patienten die Praxis aus Eigeninitiative heraus bewerben. Auch dafür kann die Praxis günstige Rahmenbedingungen schaffen, indem Folgendes beachtet wird:

Die Patienten müssen von Ihrer gesamten Leistung vollkommen überzeugt sein. Es reicht nicht aus, dass sie nichts zu beanstanden haben. Die Erwartungen sollten im Idealfall übertroffen werden. Machen Sie sich im Team Gedanken über Ihre Stärken und Schwächen aus Sicht der Patienten. Wenn Patienten von Ihrer Leistung überrascht und begeistert sind, werden sie Ihre Praxis von sich aus online und im Freundes- und Bekanntenkreis empfehlen.

Ein wichtiger Punkt ist die Kontaktpflege. Die Beziehungen zu Patienten, die Ihre Praxis empfehlen, sollten Sie aufrechterhalten und systematisch pflegen. Legen Sie in Ihrem elektronischen Verwaltungssystem oder in Ihren Karteikarten entsprechende Gruppen an: für Stammpatienten mit einer guten, persönlichen Beziehung bis hin zu Patienten, mit denen Sie nur lose verkehren. So können Sie Einladungen oder Hinweise zu besonderen Aktionen schnell und bequem an die entsprechende Zielgruppe adressieren.

Neben den Patienten sollte das gesamte Praxis-Team auch weitere Empfehlungskreise berücksichtigen: das berufliche Umfeld (also alle Mitarbeiter, Kollegen anderer Praxen, Laboranten, Lieferanten und Verbandsmitglieder) und auch das private Umfeld (neben der Familie und Freunden der Teamkollegen auch die örtliche Umgebung, wie das Seniorenheim, Hotel oder Fitness-Studio in der Nachbarschaft). Sie alle gehören zu Ihrem Netzwerk. Das Ziel sollte sein, mit Ihrer Praxis bei all den Gruppen bekannt zu sein, ein hohes Ansehen zu genießen und weiterempfohlen zu werden.

Kennen Sie Meinungsführer oder Multiplikatoren? Ob Persönlichkeiten aus Politik, Medien oder Sport: Diese Kontakte sind als Empfehlende besonders wertvoll. Denn wenn der jeweilige Multiplikator ein hohes Ansehen bei der breiten Öffentlichkeit genießt, folgt sie seiner Meinung oftmals ohne zu zweifeln.

Gute Hinweise für das Empfehlungsmarketing liefert eine kleine Befragung neuer Patienten: Woher und warum kommen sie in die Praxis? So erfährt man schnell, welche Maßnahmen besonders gut funktionieren und welche weniger greifen. Für neue Patienten ist es kein Aufwand, im Anmeldebogen neben Namen und Adresse in einem Zusatzfeld einzutragen, wie sie auf die Praxis aufmerksam geworden sind. Berücksichtigen Sie auch bei Patientenbefragungen (▶ Kap. 1, ◘ Abb. 1.2) diesen Aspekt. Um das Empfehlungsmarketing aktiv zu steuern, sollten Sie folgende Fragen beantworten können:

Fragen zur aktiven Steuerung des Empfehlungsmarketings
- Wie viele Patienten empfehlen uns weiter?
- Wer hat uns weiterempfohlen? Zum Beispiel eher Frauen oder Männer, welche Altersklasse?
- Warum und welche genaue Leistung wurde weiterempfohlen?
- Welche Patienten sind aufgrund einer Empfehlung hier?
- Zu welcher Zeit kamen besonders viele neue Patienten? Warum gerade dann? Zum Beispiel aufgrund von bestimmten Marketing-Aktionen.

Die Angaben sollten Sie in einer Liste, am besten einer Excel-Tabelle, vermerken und bei entsprechender Anzahl auswerten. Werten Sie auch Bewertungen in den Online-Portalen dafür aus. So können Sie feststellen, wie hoch der Anteil an Patienten ist, der von selbst oder durch Mund-Propaganda auf Ihre Praxis aufmerksam geworden ist, und wissen, wie viel Engagement das Praxis-Team noch in das Thema Empfehlungsmarketing investieren sollte.

5.5 Online-Bewertungsportale

Umzug in eine neue Stadt, Praxis-Aufgabe des bisherigen Zahnarztes, Unzufriedenheit mit diesem oder dem Praxis-Team – es gibt viele Gründe, warum Patienten einen neuen Zahnarzt suchen. Neben Empfehlungen von Freunden und Verwandten setzen immer mehr Patienten dabei auf das Internet. Das private Schwätzchen am Gartenzaun hat sich in die Öffentlichkeit verlagert: in Soziale Netzwerke oder Online-Bewertungsportale, wo jeder hört, was andere zu sagen haben – gutes wie schlechtes. Mehr als ein Dutzend Anbieter sind online zu finden (◘ Tab. 5.3). Die Basis dieser Portale ist meist eine Datenbank mit Adressen von niedergelassenen Ärzten, Zahnärzten und Kliniken (▶ Kap. 2 Arztsuch-Verzeichnisse). Wobei online auch nur spezielle Klinikbewertungsportale zu finden sind, wie ▶ www.medmonitor.de oder ▶ www.weisse-liste.de. Wer als Zahnarzt zu seinem Grundeintrag mit Angabe der Adresse und Fachrichtung weitere Informationen zu seiner Praxis, wie Website und Sprechzeiten oder seine Spezialisierungen, hinzufügen möchte, muss dafür bei vielen Anbietern monatlich oder jährlich eine Gebühr zahlen. Damit sollen die Zahnärzte noch besser von Patienten gefunden werden. Oftmals werden die Mitglieder auch optisch betont, beispielsweise durch Hervorhebung der Schrift.

Meist anonym können Nutzer durch Eingabe ihrer Postleitzahl oder ihres Ortes den gewünschten Zahnarzt suchen, die vorhandenen Bewertungen lesen oder selbst ihre Zahnärzte beurteilen. Je nach Portalbetreiber geschieht dies über die Vergabe von Punkten, über das Schulnotenprinzip oder mit Sternen. Bewertet werden der Zahnarzt oder die Zahnärztin selbst, die Praxis-Organisation und der Service (Wartezeiten, Erscheinungsbild der Räum-

5

▣ **Tab. 5.3** (Zahn-)Arzt-Bewertungsportale im Überblick

Portal	Grün-dung	Betreiber	Benotungs-system	Freitext-kommentare möglich?	Redaktionelle Prüfung vor Freischaltung?
▶ www.topmedic.de (Empfehlungspool-Teilnehmer)	2007	TopMedic ist ein Service der ArztData GmbH, Hamburg	Notensystem: 1 (sehr gut) bis 6 (ungenügend)	Ja	Ja
▶ www.arzt-auskunft.de (Arztprofil und Empfehlungspool der Stiftung Gesundheit)	1997	Stiftung Gesund-heit, Hamburg	Notensystem: 1 (sehr gut) bis 6 (ungenügend)	Ja, Kommentar-funktion	Ja
▶ www.docinsider.de	2007	DocInsider GmbH, Hamburg	Punktesystem: 0 (schlecht) bis 5 (sehr gut)	Ja, Erfahrungs-bericht	Nein
▶ www.esando.de	2008	Projekt der Com-venture GmbH, Ludwigshafen	Notensystem: sehr gut bis mangelhaft; sowie Sterne bei den Freitextbe-wertungen	Ja, zu Praxis-Organisation, Ausstattung und Behandlungs-verlauf	Keine Angabe
▶ www.imedo.de	2007	imedo Gmbh, Berlin	Sternesystem: 1 (nicht ganz so gut) bis 5 (her-vorragend)	Ja, Empfeh-lungsschreiben – E-Mail-Adresse muss angegeben werden	Freitexte wer-den nach der Veröffentlichung geprüft
▶ www.jameda.de	2007	jameda GmbH, Tochter der TO-MORROW FOCUS AG, München	Notensystem: 1 (sehr gut) bis 6 (ungenügend)	Ja	Stichproben-artige Prüfung durch die Redaktion
▶ www.vdek-arztlotse.de (Empfehlungspool-Teilnehmer)	2011	Verband der Ersatzkassen, integriert bei der DAK, HEK, HKK und KKH-Allianz	Notensystem: 1 (sehr gut) bis 6 (ungenügend)	Ja, Kommentar-funktion	Ja
Angebote von GKVen, z. B. ▶ www.aok-arztnavi.de, ▶ www.tk.de/aerztefuehrer	2011	AOK, TK, Barmer GEK, u. a.	Bei der TK z. B. Fragebogen zu vier Bereichen	Nein	Nein
▶ www.medfuehrer.de	2006	Medführer GmbH, Heidel-berg			
▶ www.onmeda.de (Empfehlungspool-Teilnehmer)	1997	▶ www.goFemi-nin.de GmbH, Köln	Notensystem: 1 (sehr gut) bis 6 (ungenügend)	Ja, Kommentar-funktion	Ja

◨ **Tab. 5.3** *(Fortsetzung)*

Portal	Grün-dung	Betreiber	Benotungs-system	Freitext-kommentare möglich?	Redaktionelle Prüfung vor Freischaltung?
▶ www.sanego.de	2009	continuo invest UG, Dreieich	Punktesystem: 1 (schlecht) bis 10 (sehr gut) – je nach Kategorie	Ja, Kommentar-funktion	Der Anbieter behält sich vor, die Einträge zu prüfen und gegebenen-falls ganz oder teilweise zu entfernen, zu ändern oder zu ergänzen.
▶ www.die-zahnarzt-empfehlung.com	k. A.	DEV AG, Schweiz	Sternesystem: 0 (schlechteste Bewertung) bis 5 (beste Bewer-tung)	Ja	Nein
▶ www.2te-zahn-arztmeinung.de (Auktionsportal für Zahnersatz)	2005	Mojo GmbH, Düsseldorf	Verschiedenen Zahnsymbole	Ja	Keine Angabe

lichkeiten sowie die Freundlichkeit des Personals). In einem häufig vorhandenen Freitextfeld können User ihren persönlichen Eindruck nochmals in eigenen Worten verfassen, wie „Zu lange Wartezeiten", oder „Arroganter Zahnarzt", aber auch durchweg positive Beurteilungen wie „Zahnarzt nimmt sich viel Zeit", „Heilung beginnt schon im Wartezimmer" oder „Praxis unbedingt zu empfehlen".

Tipp

Werturteile wie „Dieser Zahnarzt ist unfreundlich" müssen Sie hinnehmen, sofern sie nicht ehrverletzend sind. Bei unwahren Tatsachenbehauptungen oder gar Beleidigungen können Sie den Betreiber des Forums (Pflichtangabe im Impressum) anschreiben und verlangen, dass der Eintrag entfernt wird.

Einige Betreiber kontrollieren jede Bewertung vor dem Freischalten, um Schmähungen oder auch Eigenlob zu vermeiden. Zahnärzte sollten in der Regel von den Bewertungen erfahren, weil die Betreiber grundsätzlich verpflichtet sind, bewertete Mediziner zu informieren. Das hat die Aufsichtsbehörde für Datenschutz und Wirtschaft festgelegt. Jedoch reagieren einige Arzt-Bewertungsportale nicht auf diese bindende Vorgabe.

Eine Befragung des Instituts für betriebswirtschaftliche Analysen, Beratung und Strategie-Entwicklung (IFABS) kommt zu dem Ergebnis, dass nur 5 Prozent der Ärzte schon einmal Arztbewertungsportale nach der eigenen Praxis durchsucht haben. Bei den MFA hatten das dagegen schon 63 Prozent getan. Das Institut hat je 200 Allgemeinmediziner, MFA und Patienten telefonisch zum Thema Internetportale mit Bewertungen zu Arztpraxen befragt. Von den Patienten haben 87 Prozent schon mindestens einmal ein Bewertungsportal genutzt. Laut Studienautor zeigt diese Diskrepanz, dass den meisten Ärzten die Bedeutung und auch die daraus resultierenden Chancen dieser Portale noch gar nicht bewusst sind. Die Portale kooperieren – zum Beispiel gibt es den Arzt-Empfehlungspool der Stiftung Gesundheit mit mehreren Teilnehmern (▶ siehe Interview am Ende dieses Kapitels) –, andere haben starke Medienpartner zur Seite. Darüber

hinaus nutzen auch Krankenkassen bereits Empfeh-
lungssysteme von Portalen oder betreiben ein eigenes, beispielsweise der AOK-Arztnavigator oder
TK-Ärzteführer.

Zahnärzten ist grundsätzlich zu empfehlen,
mit Bewertungsportalen offensiv umzugehen. Die
Tatsache, dass Zahnärzte online anonym bewertet
werden, ist nicht mehr aus der Welt zu schaffen –
nun heißt es, produktiv damit umzugehen. Wie im
vorhergehenden Abschnitt beschrieben, kann man
zufriedene Patienten motivieren, die Praxis zu empfehlen und so implizit für gute Bewertungen sorgen.
In einer hohen Anzahl guter Empfehlungen gehen
auch die wenigen schlechten Beurteilungen schnell
unter.

AEZQ-Clearing Arztbewertungsportale
Die Bundesärztekammer (BÄK) und Kassenärztliche Bundes-
vereinigung (KBV) hat im Dezember 2008 dem Ärztlichen Zentrum für Qualität in der Medizin (ÄZQ) den Auftrag erteilt, einen
Katalog mit Anforderungen für gute Arztbewertungsportale
zu erarbeiten. Dazu hat das ÄZQ einen Expertenkreis aus Juristen und Qualitätsfachleuten einberufen, um entsprechende
Kriterien zu entwickeln und zu formulieren. Im Dezember 2009
ein Anforderungskatalog vorgelegt, der erstmals Qualitätsstandards für Arztbewertungsportale definiert. Die 2. Auflage
des Kriterienkatalogs „Gute Praxis Bewertungsportale" wurde
gemeinsam mit der Bundespsychotherapeutenkammer und
der Bundeszahnärztekammer weiterentwickelt und ist unter
▶ www.arztbewertungsportale.de abrufbar.

Neben den hier aufgelisteten speziellen Arztbewer-
tungsportalen, deren Funktion zum Teil auch in Ge-
sundheits- und Krankenkassenportale integriert ist,
gibt es auch allgemeine Anbieter, zum Beispiel Qype
oder Google Places, bei denen User schlichtweg alles bewerten können – vom Restaurant über die
Stadtbibliothek bis hin zur Zahnarztpraxis. Durch
ihre große Themenbreite und gute Integration in
die Suchmaschinen werden diese Portale sehr stark
wahrgenommen. Seit Ende 2010 zeigt auch Google
direkt in der Suchergebnis-Liste einen mit Sternchen illustrierten Link zu Bewertungen an, die sich
die Suchmaschine von vielen verschiedenen Anbietern zusammensammelt. Seitdem ist es für (Zahn-)
Ärzte kaum möglich, die Bewertungen völlig zu
ignorieren.

Weitere Möglichkeiten für Zahnärzte, ihren Ruf
im Auge zu behalten, sind in ▶ Abschn. 5.6 „Online-
Reputation" aufgeführt.

5.6 Online-Reputation: Der Ruf eines jeden Zahnarztes

Reputation basiert auf den Erfahrungen und Erwartungen der Menschen. Jede Person, die in der
Öffentlichkeit steht, wie Politiker und Mediziner
sowie Unternehmen, haben eine Reputation: einen guten oder schlechten Ruf. Eine positive Reputation steht auf vier Säulen: Glaubwürdigkeit,
Zuverlässigkeit, Vertrauenswürdigkeit und Verantwortung.

Das soziale Internet hat die klassischen Mechanismen der Reputation völlig verändert. Nie
zuvor konnte die Reputation von Unternehmen
und Menschen so einfach, schnell und nachhaltig
beeinflusst werden wie heute. Das liegt daran, dass
die Möglichkeiten und Realitäten der Mediennutzung und -produktion grundlegend verändert
wurden.

Drei Faktoren bestimmen die neuen Rahmenbedingungen, in denen Reputation entsteht:

Jeder kann heute publizieren Innerhalb weniger Minuten und ohne nennenswerte Kosten kann heute
jeder Nachrichten über Blogs, Foren, Wikis und Social Networks veröffentlichen – und die Verbreitung
läuft ganz von allein. Die klassischen Gatekeeper des
Publizierens – Journalisten und Verleger – sind im
Internet bedeutungslos.

**Die Anzahl der Kommunikationskanäle steigt expo-
nential** Eigene Websites lassen sich heute mühelos
und praktisch ohne technische Vorkenntnisse aufsetzen – möglich wird dies durch Content-Management-Systeme (CMS) (▶ Kap. 3) und kostenlose
Bloghoster (▶ Kap. 6). Wo früher wenige Hundert
Printmedien existierten, sind heute Millionen von
Internetseiten aktiv.

**Publizierte Texte sind mühelos und dauerhaft auf-
findbar** Früher war es mit erheblichem Aufwand
verbunden, den Überblick über die Inhalte aller Medien zu behalten. Nachrichten erreichten selten ein
breites Publikum und wurden schnell wieder vergessen. Heute sind publizierte Nachrichten mühelos
per Stichwortabfragen über die Suchmaschinen auffindbar und werden vom Internet dauerhaft gespeichert – sehr zum Ärgernis bei negativen Kritiken.

Diese neuen Rahmenbedingungen machen die Reputation zu einem fragilen Konstrukt in einer schnelllebigen und komplexen Umwelt. Niemand ist heute mehr vor Kritik im Internet gefeit, nur weil er oder sie von sich aus nicht im Netz präsent ist. Die Augen zu verschließen schützt nicht vor Schaden. Nur wer selbst aktiv die Kontrolle übernimmt, kann sich den neuen Rahmenbedingungen gewachsen zeigen.

5.6.1 Reputationsmonitoring: Überblick verschaffen und behalten

Zum ersten Schritt eines erfolgreichen Online-Reputationsmanagements gehört, sich einen Überblick darüber zu verschaffen, was im Internet geschieht, konkret: was über einen selbst geschrieben wird. Nur wer überhaupt weiß, was vor sich geht, kann zielgerichtet vorgehen und entsprechend reagieren. Das verbreitete Ego-Googeln, das Suchen nach dem eigenen Namen, ist dabei nur die einfachste Maßnahme und auf Dauer zu aufwändig.

> **Die drei Phasen beim professionellen Reputationsmonitoring**
> 1. **Die Keyword- und Medien-Recherche**
>   Dabei finden Sie heraus, welche Termini und Internetseiten Sie überwachen müssen, um einen effektiven Überblick über Ihre Online-Reputation zu erhalten.
> 2. **Eine Ersterfassung**
>   Verschaffen Sie sich einen Überblick über den Ist-Zustand: Was findet man über Sie im Netz? Wie stehen Sie bei den wichtigen Arzt-Suchverzeichnissen und Bewertungsportalen da?
> 3. **Die konkrete Überwachung**
>   Richten Sie dafür ein automatisiertes Monitoring ein, das Sie über Veränderungen auf dem Laufenden hält.

Im Folgenden werden diese drei Schritte praxistauglich erläutert und ausgewählte Tools vorgestellt, um die Umsetzung zu erleichtern.

Keyword- und Medien-Recherche

Mit Keywords sind hier jene Wörter gemeint, die ein Suchender in eine Suchmaschine eingibt (▶ Kap. 4). Suchmaschinen sind das erste Orientierungsinstrument im Internet – ohne sie könnte man die unendlichen Weiten des Netzes niemals sinnvoll nutzen. Konkret ist Marktführer Google das Eingangstor zum Internet.

> ❯ Damit ist Google auch der Ort, an dem über den guten Ruf eines Zahnarztes entschieden wird. Wer etwas über Sie erfahren will, wird in aller Regel zuerst Ihren Namen googeln.

Die Treffer, die Nutzer auf den Suchergebnisseiten finden, stellen oftmals den ersten Eindruck dar, den Sie auf diese Person machen. Besonders wichtig sind die obersten Treffer auf der ersten Ergebnisseite. Sie werden am häufigsten angeklickt. Je weiter hinten ein Suchergebnis auftaucht, desto unwahrscheinlicher ist es, dass es sich jemand genauer anschaut. Wegen der Gatekeeper-Funktion der Suchmaschinen ist die Überwachung passender Keywords die effektivste Form des Reputationsmonitoring. Erste Aufgabe des Reputationsmanagements ist also, ein durchdachtes Set von Keywords festzulegen, die dem Zahnarzt einen ausreichenden Einblick in seine Online-Reputation gibt.

Das Ego-Googeln: Keywords für Personen Für die Erfassung der persönlichen Reputation via Suchmaschine ist der eigene Name das wichtigste Keyword. Einige Besonderheiten sind allerdings zu beachten, um die Anzahl der irrelevanten Treffer zu minimieren: Viele Nachnamen sind zugleich alltagssprachliche Begriffe (z. B. Richter, Förster) oder finden auch als Vornamen Verwendung (z. B. Steffen). Um allzu viele irrelevante Suchergebnisse zu vermeiden, setzen Sie beim Suchen Ihren Namen in Anführungszeichen. Dann wird nur die konkrete Wortkombination („Vorname Nachname") von Google berücksichtigt. Bedenken Sie, dass Ihr Name falsch geschrieben sein könnte, weil es verschiedene Schreibweisen gibt, wie etwa „Stefan" statt „Stephan". Verfügen Sie über einen zweiten Vornamen, den Sie zuweilen nutzen, sollten Sie nach beiden Kombinationen googeln (also „Vorname Nachname" sowie „Vorname Vorname Nachname").

Beachten Sie, dass der Name gelegentlich umgekehrt geschrieben wird (also „Hinrich, Axel" statt „Axel Hinrich"). Wenn Sie über besonders viele Namensvetter verfügen (z. B. Petra Müller, Hans Meier), werden Sie beim Ego-Googeln sehr viele irrelevante Treffer erhalten. In diesem Fall sollten Sie Ihren Namen mit Zusätzen versehen, die die Zuordnung erleichtern (z. B. Titel, Firma, Stadt). In Extremfällen – mit vielen Namensvettern – kann die Online-Reputation von Personen via Google gar nicht sinnvoll erfasst werden, etwa wenn Ihr Namensvetter eine bekannte Persönlichkeit aus der Politik ist. Dies hat natürlich auch den Vorteil, dass man weniger angreifbar ist.

Keywords für Unternehmen Die Reputation von größeren Gemeinschaftspraxen, MVZ oder Kliniken via Google-Suche zu erfassen ist selbstverständlich komplexer. Nicht nur der Name der Praxis muss erfasst werden, sondern auch die der wichtigsten Repräsentanten (z. B. Geschäftsführer, Chefärzte, Ärztlicher Leiter, alle sonstigen Ärzte). Auch hier sollten die Streuverluste minimiert werden. Die Keywords müssen durch zusätzliche Begriffe so präzisiert werden, dass sie alles Wichtige erfassen, aber so wenig wie möglich Irrelevantes einschließen.

Medien unter Beobachtung Mit der Festlegung der richtigen Keywords ist die Basisarbeit noch nicht getan. Google erfasst zwar einen großen Teil des Internets, aber bei weitem nicht alles. Besonders die Kommunikation in Social Networks und in vielen Foren läuft häufig an den Suchmaschinen vorbei, da sie oftmals durch Datenschutzmaßnahmen ausgesperrt sind. Auch Beurteilungen in Bewertungsportalen werden nicht zuverlässig von den Suchmaschinen erfasst und in den Suchergebnissen ausgeworfen. Daher ist es empfehlenswert, die relevanten Social Media-Angebote zu identifizieren und in das Monitoring einzubeziehen.

Nutzen Sie als ersten Anhaltspunkt die folgenden Dienste als Recherchetools:

Recherchetools
- ▶ www.yasni.de
  Personenbasierter Monitoring-Dienst, der Ihnen neben Suchtools und einer hilfreichen Übersicht auch die Möglichkeit bietet, ein Profil anzulegen und die Treffer zu Ihrer Person zu ordnen und zu hierarchisieren
- ▶ www.howsociable.com
  Eine Suchmaschine, die schnellen Überblick über die Erwähnung eines Keywords in Social Media-Portalen, Twitter usw. gibt
- ▶ www.technorati.com
  Technorati ist die führende Suchmaschine für Blogs; hier behalten Sie den Überblick über die große weite Welt der Webpublikationen

Ersterfassung der Reputation

Nach der Festlegung eines Sets von Keywords und relevanter Webdienste ist es nötig, den Ist-Zustand zu erfassen. Das dient vor allem dem Überblick. Googeln Sie die festgelegten Keywords und gehen Sie etwa die ersten 100 Suchergebnisse systematisch durch. Identifizieren Sie die für Ihre Reputation förderlichen und kritischen Ergebnisse. Gibt es unter den kritischen Resultaten welche, die ernsthaft schädlich sind? Stellen Sie fest, welche der Ergebnisse Sie selbst unter Kontrolle haben (z. B. eigene Website, Profile in Netzwerken, online veröffentlichte Presse-Meldungen). Legen Sie bei all dem besonderes Augenmerk auf die ersten zehn Suchergebnisse.

Verschaffen Sie sich einen Überblick über Ihr Standing in den wichtigsten Web-2.0-Angeboten: Wikipedia, die Sozialen Netzwerke und die relevanten Bewertungsportale. Wird dort über Sie geschrieben? Gibt es Profile von Ihnen, die die Dienste automatisch angelegt haben? Sind diese korrekt?

Aus den Daten der Ersterfassung können Sie im Weiteren den konkreten Handlungsbedarf ableiten. Zunächst gilt es jedoch, diese Informationsbasis nicht veralten zu lassen.

Überwachung der Reputation

Um nicht jedes Mal wieder die Schritte der Ersterfassung wiederholen zu müssen und dabei Neuigkeiten zwischen dem vielen schon Bekannten zu übersehen, sollten Sie im dritten Schritt automatisierte Monitoring-Systeme schaffen, die Sie über jede Veränderung in Kenntnis setzen.

Google überwachen Ein einfaches, effektives – und überdies kostenloses – Mittel, die Google-Suchergebnisse zu bestimmten Keywords im Blick zu behalten, ist Googles eigener Benachrichtigungsdienst „Google Alerts". Einen Alert für ein Keyword können Sie unter ▶ www.google.com/alerts anlegen. Geben Sie einfach den gewünschten Suchbegriff ein, legen Sie fest, wie häufig Sie eine E-Mail mit den Ergebnissen erhalten wollen, geben Sie Ihre E-Mail-Adresse ein und fertig. Google wird Sie nun im gewünschten Intervall davon unterrichten, welche neuen Ergebnisse zum gewünschten Suchterm gefunden wurden. Diese Einstellungen wiederholen Sie für alle festgelegten Keywords, und schon haben Sie ein einfaches Monitoring-System geschaffen, mit dem Sie immer auf dem Laufenden bleiben.

> **Tipp**
>
> Noch bequemer können Sie mit Google Alerts arbeiten, wenn Sie über einen Google-Account verfügen. Dann werden die Alerts automatisch Ihrem Konto zugeordnet und Sie können sie nach Wunsch bearbeiten, erweitern oder löschen.

Zudem können Sie anstatt der regelmäßigen E-Mail-Benachrichtigungen auf das bequemere Abonnement eines RSS-Feeds (▶ Kap. 3) im Google Reader zurückgreifen. Auch die oben bereits erwähnten Recherchetools für die sozialen Medien wie Yasni zum Teil Benachrichtigungsdienste an, die Sie über Veränderungen im Netz informieren. Und wenn es Wikipedia-Artikel gibt, die Sie im Auge behalten wollen, können Sie auch dort einen Benachrichtigungs-Feed zu beobachteten Artikeln anlegen.

Dienstleister für das Reputationsmonitoring Über die Google Alerts hinaus gibt es eine Reihe von Dienstleistern, die mehr oder weniger professionell anbieten, Ihr Reputationsmonitoring für Sie zu betreiben. Der Vorteil: Sie müssen sich nicht selbst um die Einrichtung eines sinnvollen Monitorings kümmern, und auch ein Großteil der Ergebnisselektion und der Analyse wird Ihnen von den Diensten abgenommen. In der Regel bieten derartige Dienste überdies Services zur Verbesserung der Online-Reputation an. Die Services sind jedoch häufig kostspielig und lohnen sich eher für größere Unternehmen als für einen Zahnarzt mit eigener Praxis.

5.6.2 Prävention: Digitalen Schutzschild aufbauen

Die Kontrolle über die eigene Reputation zu übernehmen heißt vor allem, mit eigenen Informationsangeboten die vorderen Suchergebnisse bei Google zu belegen. Es bedeutet aber auch, auf den wichtigsten Social Media-Portalen Präsenz zu zeigen, damit man dort nicht von der Dynamik der Kommunikationsprozesse überrollt werden kann. Bauen Sie einen starken digitalen Schutzschild, der es missgünstigen Zeitgenossen schwer macht, Ihre Online-Reputation anzugreifen, und Ihnen selbst machtvolle Instrumente an die Hand gibt, mit denen Sie auftretende Krisen schnell und effektiv in den Griff bekommen.

Im Folgenden werden eine Reihe von Maßnahmen vorgestellt, die effektive Elemente in Ihrem digitalen Schutzschild darstellen können. Die einzelnen Maßnahmen sind unterschiedlich aufwändig. Sie müssen in jedem Fall genau abwägen, was zu Ihrem Image und Ihren verfügbaren Ressourcen am besten passt.

Die eigene Website Ihre Praxis-Website (▶ Kap. 3) ist Ihre Zentrale im Internet. Hier haben Sie alles selbst in der Hand, niemand kann Ihnen die Kommunikationshoheit nehmen. Sprechen Sie alle Themen an, die für Sie und Ihre Reputation wichtig sind. Das wird besonders bedeutsam, wenn tatsächlich eine Krise auftritt, zum Beispiel ein ungünstiger Bericht in der Lokalpresse. Nehmen Sie Ihren Gegnern die Deutungshoheit, indem Sie eventuelle Kritik explizit aufgreifen und dazu Stellung nehmen. Mit etwas Glück lesen genügend Menschen Ihre Stellungnahme zur Kritik, um den Angriffen selbst die Schärfe zu nehmen. Wenn die eigene Website suchmaschinenoptimiert ist, sollte sie bei

Eingabe Ihres Namens bei Google sehr weit vorn gelistet werden.

Optimieren Sie einzelne Seiten der Website auf unterschiedliche, für Ihre Reputation entscheidende Keywords, um so mit Ihrer eigenen Netzpräsenz ein breites Spektrum abzudecken. Geben Sie Besuchern die Möglichkeit, auf Ihrer Website mit Ihnen zu kommunizieren, zum Beispiel über Kommentare oder ein Gästebuch (▶ Kap. 3). Machen Sie sich so ansprechbar und gewinnen Sie dadurch die Möglichkeit, auf Kritik direkt einzugehen und ihr damit die Schärfe zu nehmen. Seien Sie offen und diskussionsfreudig. Das Einzige, was Sie erreichen, wenn Sie sich gegenüber der Kommunikation sperren, ist Folgendes: Die Diskussion wird ohne Sie stattfinden, auf Plattformen, die Sie nicht kennen und nicht beeinflussen können, und ohne eine Stimme, die in Ihrem Sinne spricht.

Social Media Zur Nutzung der sozialen Medien, wie Netzwerke, Blogs, Wikipedia, wurde bereits in den jeweiligen Abschnitten dieses Kapitels viel gesagt. Für die Reputation ist entscheidend, dass es auf all diesen Plattformen um Zusammenarbeit und Kommunikation geht. Wer hier offen auf Kritik reagiert, hat das Schlimmste meist schnell überstanden. Bedenken Sie: Auf Plattformen kann auch in Ihrer Abwesenheit über Sie gesprochen werden. Für den digitalen Schutzschild ist es wichtig, dass Sie in den Plattformen präsent sind, um gegebenenfalls zügig auf Krisen reagieren zu können.

Multimediale Inhalte: Bilder und Videos Praktisch jeder kann heute jederzeit ein Foto mit der Handykamera machen und es ins Netz laden – binnen Sekunden, und ohne Sie gefragt zu haben. Das ist zwar rechtswidrig, da Sie als Person die Rechte am eigenen Bild besitzen, aber es geschieht dennoch. Peinliche Szenen werden inzwischen täglich zuhauf fotografiert: als Schnappschüsse beim Essen oder auf Firmenfeiern. Vieles davon landet inzwischen im Netz, bei Facebook oder einem der großen Bilderhoster, wie Flickr oder Picasa. Bei diesen Diensten können auch auf Gruppenfotos einzelne Personen markiert und mit Namen identifiziert werden und sind dann mit der Suchmaschine hervorragend auffindbar.

Zudem ist die technische Entwicklung inzwischen so weit, Gesichter auch ohne diese Identifi-

zierungsleistung einzelnen Personen zuordnen zu können. Selbst wenn Sie keine Bilder von sich ins Netz stellen, können es andere jederzeit tun. Bauen Sie daher einen Schutzschild auf und schaffen Sie Bilderwelten, über die Sie selbst entscheiden. So übernehmen Sie die Kontrolle über die Bilder, die von Ihnen im Netz verfügbar sind. Und andere, Ihrer Reputation weniger schmeichelhafte, gehen in der Masse unter. (Weitere Informationen zum Thema Praxis-Bilder finden Sie in ▶ Kap. 2.)

> **Tipp**
>
> Stellen Sie Fotos zu Ihren Profilen in die Netzwerke. Bieten Sie eine Bildergalerie von Ihrer Praxis an. Sind Sie vielleicht als Referent auf Kongressen tätig? Lassen Sie von Ihnen als Vortragenden Bilder machen und richten Sie dafür Galerien bei den Bilderhostern Flickr und Picasa ein.

Auch bewegte Bilder erfreuen sich einer immer größeren Beliebtheit im Netz. Ebenso wie Bilder können mit Handykameras Videos aufgenommen und ins Netz gestellt werden. Auch hier sollten Sie mit selbst geschaffenen Bildwelten die Kontrolle übernehmen. Die Plattform mit der stärksten Reichweite für Videos ist YouTube. Versuchen Sie, hier mit eigenem Material präsent zu sein. (Weitere Informationen zum Thema Praxis-Imagefilm und Aufklärungsvideos finden Sie in ▶ Kap. 2.)

Internettipps für Foto- und Video-Seiten
Foto-Seiten
- ▶ www.Flickr.com,
- ▶ www.Fotolia.de,
- ▶ www.Fotolog.com,
- ▶ www.Imageshack.us,
- ▶ www.Photobucket.com,
- ▶ www.Picasa.google.com,
- ▶ www.Webshots.com.
Video-Seiten
- ▶ www.Bing.com/videos,
- ▶ www.Clipfish.de,
- ▶ www.Dailymotion.com,

- ▶ www.Myvideo.de,
- ▶ www.Vimeo.com,
- ▶ www.Video.yahoo.com,
- ▶ www.YouTube.com.

5.6.3 Krisenbewältigung: Die Reputation retten

Ein Reputationsdesaster zu reparieren, etwa Presse-Meldungen über einen vermuteten Behandlungsfehler eines Zahnarztes oder Hygienemängel in einem Krankenhaus, ist sehr schwierig und in der Regel eine sehr langwierige und harte Arbeit. Je schwächer der digitale Schutzschild vor dem Desaster ausgeprägt ist, desto aufwändiger und mühsamer werden sich die Gegenmaßnahmen gestalten. Erfolgreiches Reputationsmanagement findet nicht in der Krise statt, sondern vorher.

Juristische Maßnahmen – selten zu empfehlen

Grundsätzlich ist bezüglich juristischen Vorgehens im Internet Vorsicht geboten. Ein großer Teil des Internets ist vom Presse-Recht nicht zuverlässig abgedeckt. Blogger sehen sich gern als unabhängige Kräfte. Gegendarstellungen auf Blogs sind unüblich, juristisches Vorgehen führt meist zu gereizten Gegenreaktionen. Selbst wenn Sie im Recht sind, und das ein Gericht sogar irgendwann bestätigt, könnten Sie den Schaden in der Zwischenzeit vergrößert haben – durch weitere Berichte und einen Sturm der Empörung. Das haben bereits einige große Markenunternehmen in der Blogosphäre schon erlebt …

Grundsätzlich haben Sie einen Richtigstellungs- bzw. Unterlassungsanspruch bei faktisch unrichtigen oder verleumderischen Berichten. Diesen Anspruch durchzusetzen ist jedoch oft schwierig. Hinzu kommt, dass auch eine Löschung des Beitrags oft nichts bringt. Das Internet verfügt über ein Elefantengedächtnis: Artikel sind längst in die Indizes der Suchmaschinen und in Blogverzeichnissen gelandet, wurden via Facebook und Twitter kopiert und verbreitet und sind in aller Regel schon nach einigen Stunden nicht mehr effektiv aus dem Internet entfernbar.

Die Alternative: Diskussion selbst bestimmen

Statt sich also mit ohnehin unwirksamen juristischen Maßnahmen unbeliebt zu machen, sollten Sie versuchen, die Diskussion zu entern und die Deutungshoheit zu gewinnen. Leider werden Krisen selbst bei großen Unternehmen oft eher ausgesessen und totgeschwiegen als wirksam bekämpft. Der Effekt: Eine negative Debatte (wie etwa der Überwachungsskandal bei Lidl) kann sich ungehindert ausbreiten und dem Unternehmen einen erheblichen Reputationsschaden zufügen, den man jederzeit und dauerhaft wieder in den Suchmaschinen recherchieren kann.

Denken Sie nicht, als kleine lokal orientierte Zahnarztpraxis kann Ihnen keine Reputationskatastrophe im Internet passieren. Zwar müssen Sie in der Tat nicht damit rechnen, dass sich eine Krise über Hunderte von Blogs ausbreitet, doch in einem eng vernetzten lokalen Umfeld genügen sehr kleine einzelne Anstöße, um Ihre Reputation zu erschüttern. Schnell kennt fast jeder Ihrer Patienten den fraglichen Bericht.

❯ Ob global oder lokal agierendes Unternehmen: Die Mechanismen sind dieselben und erfordern konzentrierte Gegenmaßnahmen.

Machen Sie im Krisenfall die Quelle des Problems ausfindig und identifizieren Sie die Kanäle, in denen die kritischen Diskussionen laufen. Schalten Sie sich in die Debatte ein, indem Sie Stellung zu den Vorwürfen nehmen – nüchtern und professionell – und, wenn nötig, mit einer ordentlichen Portion Selbstkritik. Versuchen Sie zu erreichen, dass nirgendwo die Kritik stattfindet, ohne dass Ihre eigene Sichtweise gleichzeitig präsent ist. Stiften Sie auch Ihre Kontakte in Sozialen Netzwerken und sonstige Stakeholder an, in Ihrem Sinne zu intervenieren – genau dazu haben Sie ja den digitalen Schutzschild. Und bieten Sie Informationen zum kritischen Thema in Ihren eigenen Kanälen an: auf der Praxis-Website, Ihrer Facebook-Präsenz usw. Lassen Sie nicht zu, dass der Eindruck entsteht, Sie würden etwas totschweigen und wollten keinesfalls etwas verbessern. Schweigen ist der beste Nährboden für diesen Eindruck. Setzen Sie stattdessen auf Transparenz.

5

Interview mit Dr. Peter Müller, Vorstandsvorsitzender der Stiftung Gesundheit, Hamburg. Die Stiftung hat unter dem Dach der Arzt-Auskunft den Arzt-Empfehlungspool initiiert, in dem sich Arztbewertungs-Portale auf gemeinsame Qualitätsstandards geeinigt haben und alle Bewertungen in diesem Pool zusammenfließen.

Verbraucher setzen in vielen Branchen auf Empfehlungen und Aussagen von anderen, etwa bei der Suche nach dem nächsten Urlaubshotel. Wie verbreitet sind Bewertungen im Gesundheitswesen?

Wer hat noch nicht unter Freunden und Kollegen gefragt, ob sie einen Arzt empfehlen können? Im Internet gibt es derzeit mehr als ein Dutzend Portale mit Arztbewertungen, auch von Krankenkassen. Die herkömmlichen Portale konzentrieren sich dabei auf das Aggregieren von Patienten-Auskünften. Patienten nutzen diese Angebote auch, allerdings sind die Präferenzen der Patienten dabei sehr unterschiedlich. Für manche Patienten spielt das Fachliche, die medizinische Reputation – also die Beurteilung der Ärzte durch andere Kollegen – eine wichtige Rolle, anderen kommt es mehr auf die menschlichen Aspekte an, wieder andere finden den Patientenservice wichtig, z. B. ob Abendsprechstunden angeboten werden. Deshalb bieten wir für eine spezifischere Suche in unserem Portal ► www. Arzt-Auskunft.de das Arztprofil an: Es setzt sich zusammen aus Patientenzufriedenheit, Patientenservice, Qualitätsmanagement und Medizinischer Reputation.

Wie stehen Ärzte zu Bewertungsportalen?

Unterschiedlich. Es gibt natürlich immer kritische Stimmen. Im Jahre 2007, als die ersten Portale im Internet auftauchten, in denen Patienten nach Belieben Ärzte bewerten konnten, da konstatierten rund 20 Prozent der Ärzte, dass solcherlei Portale „verboten" werden sollten. Diese Aufregung hat sich gelegt, Bewertungsportale sind ein normaler Bestandteil geworden; manchmal ärgerlich, manchmal dienlich.

Haben die Portale denn auch einen konkreten Nutzen für Mediziner?

Absolut. Es gibt viele Anlässe für Patienten, eine Arztsuche zu nutzen: Umzug in eine neue Stadt, Praxis-Aufgabe des bisherigen Arztes oder Unzufriedenheit mit der jetzigen Praxisorganisation. Als ergänzende Info wird dann auch schon mal auf die Meinungsäußerungen anderer Patienten geschaut. Ärzte sollten am besten produktiv damit umgehen, etwa indem sie zufriedene Patienten – das sind ja die überaus meisten – auf die Möglichkeit der Empfehlung hinweisen. So können Ärzte Empfehlungsmarketing zur Neupatientengewinnung nutzen. Zugleich sollten die Ärzte auch im Auge behalten, dass im Netz auch die harten Fakten aktuell und umfassend dargeboten werden, bis hin zu fachlichen Spezialisierungen und Service-Angaben.

Können negative Ärztebewertungen schwerwiegende Folgen für Ärzte haben?

Grundsätzlich können sich natürlich negative Bewertungen auch negativ z. B. auf die Gewinnung von neuen Patienten auswirken. Werturteile wie „Dieser Arzt ist unfreundlich" müssen die Mediziner hinnehmen, sofern sie nicht ehrverletzend sind. Bei unwahren Tatsachenbehauptungen oder gar Beleidigungen können die Ärzte den Betreibern des Forums (Pflichtangabe im Impressum) anschreiben und eine Löschung des Eintrags verlangen. All das ist natürlich zeitaufwändig und mühsam. Gerade weil negative Meinungsäußerungen für den Praxisbetrieb ungünstig wirken können, kommt den Portalbetreibern eine gehörige Portion Verantwortung den Ärzten gegenüber zu. Wir, als Träger der Arzt-Auskunft und die im Empfehlungspool kooperierenden

Portale, haben uns zu einer Reihe fundamentaler Sicherheits- und Seriositäts-Richtlinien vor der Freischaltung einer Bewertung verpflichtet – einschließlich des von Juristen ausdrücklich als erforderlich kategorisierten „redaktionellen Filters" – also der Prüfung einer jeden einzelnen Bewertungsabgabe durch hierfür besonders ausgebildetes Personal. Alle Bewertungen haben diesen Filter durchlaufen. Entsprechend wird ein erheblicher Teil der Bewertungen verworfen. Die Gesamtheit der nicht veröffentlichen Userbewertungen liegt zwischen 20 und 25 Prozent. Und wichtig: Jeder Arzt wird von uns vor der Veröffentlichung informiert und kann Stellung nehmen. Erst dann wird eine Bewertung online gestellt.

Oft wird diskutiert, ob Patienten die Qualität medizinischer Leistungen überhaupt beurteilen können. Wie sehen Sie das?

Laien können ihre jeweiligen Erfahrungen und Empfindungen kommunizieren – Freundlichkeit, Kommunikations-Leistung von Arzt und Mitarbeitern, Services. Da aber die beste Therapie durchaus nicht die komfortabelste sein muss, sagt die Patienten-Erfahrung noch nichts über die fachliche Kompetenz eines Mediziners aus. Auch im Rahmen unserer Studie „Ärzte im Zukunftsmarkt Gesundheit" ermittelten wir bereits im Jahr 2007 die mehrheitliche Überzeugung innerhalb der Ärzteschaft, dass die medizinische Kompetenz einzig die ärztlichen Kollegen zuverlässig einschätzen können. Wir entwickelten daraufhin die Methoden zur Erhebung der Medizinischen Reputation der Ärzte. Als Kern-Element dieser Erhebung befragen wir unter anderem zyklisch die Ärzteschaft. Mehr dazu unter: ► www.medizinische-reputation.de

Ein Blog für die Zahnarztpraxis

Mirko Gründer

A. Köhler, M. Gründer, *Online-Marketing für die erfolgreiche Zahnarztpraxis*,
Erfolgskonzepte Zahnarztpraxis & Management,
DOI 10.1007/978-3-662-48573-6_6, © Springer-Verlag Berlin Heidelberg 2016

6

Während in anderen Branchen auch von kleinen Unternehmen Blogs längst als erfolgreiches Marketing-Tool genutzt werden, ist es für die wenigen bloggenden Zahnärzte eher ein Freizeitvergnügen. Dabei hat der Einsatz von Blogs zur Imagepflege und Kundenbindung in vielen Branchen inzwischen gute Tradition. Ungezählte Firmen betreiben Blogs, in denen Chefs oder Mitarbeiter im Plauderton aus dem Arbeitsalltag erzählen, Aktionen ankündigen oder Branchen-News kommentieren. Der Vorteil von Blogs gegenüber einer normalen Firmen-Website ist: Das Medium wirkt ungezwungen und authentisch. Hier bekommt ein Unternehmen Gesicht und Charakter. Was vielfach schon verloren schien, wird hier wieder erlebbar: der persönliche Kontakt zu einer Firma oder Marke.

Auch für Zahnarztpraxen bietet das Bloggen als Kommunikationsform vielfältige Chancen. Sind die Hürden – gesetzliche Einschränkungen und verfügbare Ressourcen – erst einmal überwunden, kann das Bloggen völlig neue Wege eröffnen, um mit Patienten und Kollegen ins Gespräch zu kommen, neue Patienten zu gewinnen und seinen guten Ruf als Fachmann auszubauen.

6.1   Was ist eigentlich ein Blog?

Der Begriff „Blog" ist eine Abkürzung für das englische Wort „Weblog". Also ein öffentliches Internet-Tagebuch oder – bei mehreren Autoren – eine Art Zeitung im Internet. Artikel werden von ihren Autoren dort veröffentlicht und erscheinen gewöhnlich chronologisch sortiert, mit dem neuesten ganz oben. Die Einsatzmöglichkeiten dieses Grundprinzips sind vielfältig: vom einfachen Webtagebuch, in dem jemand Interessantes aus seinem Alltag publiziert, bis zum professionellen Serviceblog eines Weltkonzerns. Manche Blogs sind im Laufe der Jahre zu sehr erfolgreichen Nachrichten- oder Themenmagazinen avanciert.

Die Welt der Blogs, deren Anzahl auf weltweit fast 150 Millionen geschätzt wird, heißt Blogosphäre. In ihr kommunizieren die Blogger – die Autoren der Blogs – miteinander und mit ihren Lesern. Die Blogosphäre ist eng vernetzt. Kommunikativität ist ein wichtiges Grundelement des Bloggens und unterscheidet das Bloggen deutlich vom Publizieren

traditioneller Magazinartikel. Blogartikel sind dazu da, diskutiert zu werden, und nicht selten misst man den Erfolg eines Artikels daran, wie leidenschaftlich die Diskussion in der darunter stehenden Kommentarspalte abläuft. Wegen dieser Charakteristika zählen Blogs auch zu Social Media.

Die Anzahl der Blogs zeigt deutlich, dass es sich dabei längst nicht mehr um ein Nischenphänomen handelt, das von einigen Internet-Freaks als Privatvergnügen betrieben wird. Bei fast beliebigen Recherchen in Suchmaschinen werden Blogartikel oft sehr prominent angezeigt. Die enorme Popularität und Breitenwirkung von Blogs beruht auf vier Säulen:

> **Die vier Säulen der Blog-Popularität**
> ▬ Unabhängigkeit: Hier publizieren scheinbar Menschen „wie du und ich", also keine von etablierten Verlagen angestellte Journalisten. Das hat den Reiz unverfälschter Information.
> ▬ Persönlichkeit: Blogger schreiben selten in objektivierendem Stil, sondern meist explizit aus ihrer Sicht. Sie bringen ihre Person und Meinung offen ein.
> ▬ Originalität: Oft schreiben Blogger über Themen, die in den großen Medien kaum behandelt werden.
> ▬ Kommunikation: Durch die Möglichkeit, über Artikel zu diskutieren, entsteht eine enge Leserbindung.

Auf diese vier Säulen kann geschicktes Marketing aufbauen und die Kommunikationsform des Bloggens für sich nutzbar machen. Solche geschäftlichen Blogs, die von Firmen betrieben werden, heißen auch „Corporate Blogs".

6.2   Einsatzmöglichkeiten in der Zahnarztpraxis

Zahnärzte können einen Blog vor allem einsetzen, um ihre Patienten besser zu erreichen und zu informieren und um neue Patienten auf sich aufmerksam zu machen. Dabei lassen sich die eigentlichen

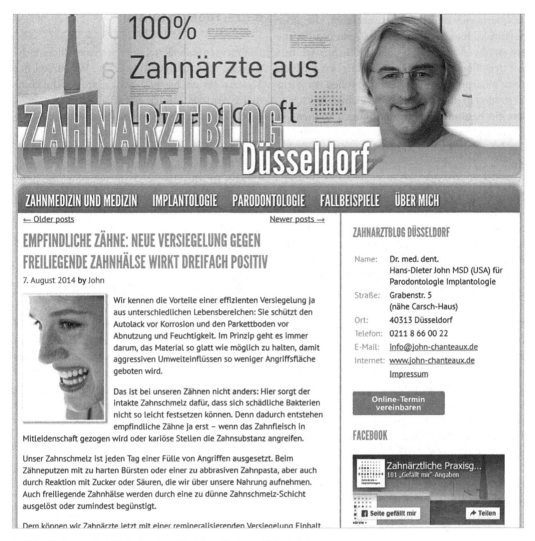

Abb. 6.1 Screenshot: Startseite eines Zahnblogs. (Dr. Hans-Dieter John)

Stärken niedergelassener Zahnärzte gut ausspielen: Nähe zum Menschen, Vertrauen und fachliche Kompetenz werden in einem Blog besonders gut kommuniziert.

Dafür müssen vor allem zwei Grundprinzipien eingehalten werden:

Keine Werbefloskeln Der Blog ist nicht dazu da, Pressemitteilungen zu veröffentlichen. Blogleser wollen brauchbare Informationen von echten Menschen. Niemand möchte hier das klassische Marketing sehen.

Regelmäßigkeit Um einen Blog zum Erfolg zu machen, muss er regelmäßig aktualisiert werden. Ein Artikel pro Woche ist Pflicht, um Leser zu binden.

6.2.1 Ziele festlegen

Wozu genau soll der Blog da sein? Verschiedene Zielstellungen lassen sich mit einem Blog erreichen – nicht alle davon sind kompatibel:

Neue Patienten gewinnen Um neue Patienten über einen Blog anzusprechen, muss dieser vor allem sachbezogene Informationen anbieten, die über Suchmaschinen auffindbar sind. Denn Neupatienten werden überwiegend über die Suchmaschinen auf den Blog stoßen. Die Informationen im Blog müssen laienverständlich sein und sollen vor allem Vertrauen in die Kompetenz des Zahnarztes schaffen, ein bestimmtes Problem lösen zu können. So können gezielt bestimmte Leistungen beworben werden, die z. B. wirtschaftlich besonders profitabel sind.

Information des bestehenden Patientenstamms Stammpatienten werden vom Blog ihres Zahnarztes vor allem erwarten, über aktuelle Entwicklungen informiert zu werden. Das betrifft sowohl die Praxis selbst als auch etwaige medizinische oder gesundheitspolitische Neuigkeiten, die sie als Patienten betreffen könnten.

Die Praxis und der Zahnarzt als Marke Durch Themenspektrum und Stil des Blogs lässt sich die Praxis wesentlich besser als Marke etablieren, als dies durch eine klassische Praxis-Website möglich ist. Zahnarzt und Praxis-Team treten durch selbst verfasste Artikel als Persönlichkeiten auf und zeigen ihre Kompetenzen fern vom üblichen Marketing-Duktus, gegenüber dem viele Menschen bereits recht abgestumpft sind (◘ Abb. 6.1).

Fachliche Reputation Auch der Aufbau eines Rufs als zahnmedizinischer Fachmann unter Kollegen ist ein Ziel, das sich mit einem Blog gut erreichen lässt. Hierfür muss sich der Blog primär an andere Zahnärzte in Praxis und Forschung richten und mit fachlich soliden Beiträgen punkten. Diese Strategie könnte für einen hochspezialisierten Fachzahnarzt zur Pflege und zum Ausbau der Zuweiser-Netzwerke von Vorteil sein. (Mehr zum Reputationsmanagement und Empfehlungsmarketing lesen Sie in ► Kap. 5.)

Während sich das erste und das zweite Ziel noch gut mischen lassen und beide mit dem dritten Ziel kombinierbar sind, ist es kaum möglich, das vierte Ziel – die fachliche Reputation – in einem Blog mit den anderen Ebenen zu verbinden. Die Kommunikation mit Kollegen und die Ansprache von Patienten können in der Regel nicht sinnvoll auf derselben Plattform geführt werden.

6.2.2 Themen finden

Die meisten Zahnärzte, die über einen Blog nachdenken, stellen schnell die Frage: Woher soll das Material für ein bis zwei Artikel pro Woche kommen? Worüber soll ich eigentlich schreiben? Blogartikel sind keine offiziellen Verlautbarungen wie etwa Pressemitteilungen oder Werbeanzeigen. Blogs erzählen Geschichten aus dem Praxis-Alltag und geben Hintergrundinformationen. Wie voll der Alltag von Begebenheiten ist, die es sich zu erzählen lohnt, und von Fragen, die einer Antwort bedürfen, merken Zahnärzte häufig erst, wenn sie beginnen, ernsthaft nach Themen zu suchen.

Einige Anhaltspunkte für die Themensuche sind:

Erlebter Praxis-Alltag Skurrile oder anrührende Geschichten aus dem Alltag der Zahnarztpraxis werden viele Leser interessieren. Aus demselben Grund sind Arzt- und Krankenhausserien im Fernsehen Quotenhits: Die menschlichen Dimensionen des scheinbar klinisch reinen Arzt-Patienten-Verhältnisses faszinieren viele. Dabei muss es nicht zwangsläufig um Behandlungssituationen gehen. Auch ein Vertreter-Besuch kann beispielsweise Anlass des Artikels sein.

> ❶ Bei Episoden aus dem Praxis-Alltag müssen Sie besondere Vorsicht walten lassen. Sowohl die Prinzipien der ärztlichen Schweigepflicht als auch allgemeine Datenschutzbestimmungen müssen gewahrt bleiben. Vermeiden Sie auf jeden Fall, dass man Beteiligte wiedererkennen kann.

Aktuelle Gesundheitsthemen Mediale Aufreger wie die Schweinegrippe oder die EHEC-Infektion sind für die zahnärztliche Praxis eher nicht relevant. Aber wie steht es mit Empfehlungen, die durch die Werbeindustrie verbreitet werden? Welche Zahnpflege- und Mundhygiene-Innovationen sind tatsächlich medizinisch sinnvoll, welche nicht? Von ihren Ärzten erwarten Patienten Informationen über die tatsächliche Forschungslage. Ein Blog ist ein geeigneter Ort für solche Informationen. Diese müssen nicht originell sein – es genügt, Informationen von Forschungsinstituten oder Fachgesellschaften für die eigenen Patienten aufzubereiten. Darüber hinaus lässt sich ein Blog auch nutzen, um wiederkehrende saisonale Themen aufzugreifen, also zum Beispiel die Patienten im letzten Quartal zur jährlichen Routineuntersuchung zu ermahnen.

Praxis-News Alle Veränderungen in der Zahnarztpraxis können im Blog berichtet werden, ob es sich um Personalwechsel, Renovierungsarbeiten, neue Behandlungsmöglichkeiten, neue Geräte oder die Ankündigung von Urlaub und Vertretungen handelt. Nebenbei ergibt sich hier die Gelegenheit, die News zu kommentieren und zu erklären.

> **Tipp**
>
> Ihre Stammpatienten interessiert zum Beispiel, wer die neue Auszubildende ist. Mit solchen Informationen erhöhen Sie die Bindung der Patienten an Ihre Praxis. Dafür benötigen Sie das Einverständnis der jeweiligen Person. Oder noch besser: Lassen Sie das neue Team-Mitglied selbst etwas schreiben.

Neuigkeiten aus der Zahnmedizin Die Wissenschaft steht nicht still. Neue Forschungsergebnisse, Behandlungsoptionen und Geräte gelangen regelmäßig an die Öffentlichkeit. Auch Patienten interessieren sich für diese Fortschritte. Natürlich müssen sie laiengerecht aufgearbeitet werden. Zahnärzte vermitteln so den Patienten das Gefühl, dass sie sich am Puls der Zeit befinden. Für hochspezialisierte Fachzahnärzte ist dieses Themenfeld von besonderem Interesse – sowohl für die Patienten als auch für die Fach-Kommunikation.

Auseinandersetzungen Viele Patienten beschäftigen sich ernsthaft mit ihrer Zahngesundheit, möglichen Präventionsmaßnahmen und Behandlungsformen. Sie finden Auskünfte online und in Zeitschriften. Oftmals ärgern sich Zahnärzte über die Qualität der Informationen, die ihre Patienten dort finden. Im eigenen Blog können Sie den Kampf gegen Fehlinformationen aufnehmen und die Auseinandersetzung mit fadenscheinigen Behandlungstechniken führen. So hat man zumindest die Chance, den eigenen Patientenstamm besser aufzuklären.

Gesundheitstipps Müssen wirklich alle Weisheitszähne raus? Welche Füllungen sind schädlich? Was ist los, wenn Speiseeis Zahnschmerzen hervorruft? Ob saison- oder situationsbedingt oder ganz allgemein – Gesundheitstipps hat jeder Zahnarzt zuhauf: Von Tipps zur richtigen Zahnpflege und Mundhygiene bis hin zu ästhetischen Hinweisen gibt es ein nahezu unerschöpfliches Reservoir an Themen, mit denen sich ein Blog füllen lässt.

Gesundheitspolitik Natürlich sollten Zahnärzte nicht unbedingt all ihren Frust über die Gesundheitspolitik über die Patienten ausschütten. Doch manchmal ist es gut, die Patienten wissen zu lassen, dass man auf derselben Seite wie sie steht – und ihnen zu erklären, was es mit Zuzahlungen und anderen Segnungen auf sich hat und wie sie die Praxis beeinflussen. Besonders wichtig sind praxisrelevante Informationen für Patienten, wenn sich wieder einmal Vorschriften geändert haben.

Persönliches Auch persönliche Informationen von Herr oder Frau Doktor werden viele Stammpatienten sehr interessieren. Wie mitteilungsfreudig man dabei ist, muss jeder Zahnarzt selbst entscheiden. Zu privat sollte man keinesfalls werden, aber ab und zu ein paar nette Artikel über Urlaubsziele, Hobbys u. Ä. machen die Praxis-Inhaber menschlicher, sympathischer und ansprechbar. Aber Achtung: Je nach Zusammensetzung des Patientenstamms muss entschieden werden, ob beispielsweise Golf oder teurer Rotwein passende Themen für die Artikel sind (◨ Abb. 6.2).

Meinungsumfragen Um eine Beteiligung in Ihrem Blog anzuregen können Sie hin- und wieder Fragen in den Raum werfen. So erfahren Sie mehr über Wünsche und Ansichten Ihrer Patienten und können selbst einen Nutzen daraus ziehen. Fragen Sie beispielsweise, wer Bewertungsportale nutzt, mit welchen Suchwörtern Patienten bei Zahnbeschwerden googeln, oder fragen Sie, was sie von Preisvergleichsportalen von Zahnarztleistungen halten. Hier müssen Sie sich auf einige Kommentare einstellen, aber schließlich ist der Blog für Kommunikation und Austausch gedacht. Wie Sie mit Kommentaren umgehen, lesen Sie im folgenden Abschnitt.

ZAHNMEDIZIN UND MEDIZIN   IMPLANTOLOGIE   PARODONTOLOGIE   FALLBEISPIELE   ÜBER MICH

← Focus Diabetes – alles über   Empfindliche Zähne: Neue Versiegelung
gefährliche Wechselwirkungen auf sieben   gegen freiliegende Zahnhälse wirkt
informativen Seiten.   dreifach positiv →

HAT DER BOHRER BALD AUSGEDIENT? FORSCHER WOLLEN KARIES MIT MINERALIEN SANFT BEHANDELN.

7. Juli 2014 by John

Es stimmt schon, dass der Kariesbefall in den letzten Jahren – besonders bei Kindern – kontinuierlich zurückgegangen ist. Die Aufklärungs-Initiativen rund um die Zahnpflege waren diesbezüglich äußerst erfolgreich und haben die Notwendigkeit zu regelmäßigen Kontrolluntersuchungen fest im Bewusstsein der Patienten verankert. Das bedeutet jedoch nicht, dass man das Thema Karies jetzt komplett abhaken könnte. Unsere Zähne sind auch weiterhin dem permanentem Ansturm säurehaltiger Lebensmittel ausgesetzt.

Diesem Ansturm ist nur ein gesunder Zahn auf die Dauer gewachsen. Leider gibt es viele Faktoren, die dazu führen können, dass unseren Zähnen wichtige Mineralien wie Kalzium und Phosphat entzogen werden. In einem frühen Stadium erkennt der Zahnarzt diesen Mangel an weißen, kreidigen Stellen auf dem Zahnschmelz – und kann zu diesem Zeitpunkt mit speziellen, flouridhaltigen Lösungen problemlos einen Heilungsprozess in Gang setzen.

Ist der Kariesbefall schon weiter fortgeschritten, so half bisher lediglich den Zahn aufzubohren, die kariöse Stelle zu entfernen und mit einer Füllung zu versiegeln. Aber auch hier entwickelt sich die Zahnmedizin ständig weiter. Remineralisierung heißt das Zauberwort, mit dem britische Forscher den betroffenen Zahn zur Selbstheilung anregen wollen. Dabei werden die benötigten Mineralien mit gepulsten elektrischen Ladungen tief in die beschädigte Zahnsubstanz befördert, um dort besser wirken zu können, als Substanzen, die nur oberflächlich aufgetragen werden. Ist das Verfahren in ein paar Jahren ausgereift, könnte so bei vielen Karies-Behandlungen der Bohrer überflüssig werden.

Und das ist wohl eine Nachricht, die bei allen Patienten für erhebliche Erleichterung sorgen wird.

Einen kleinen Videoclip über das Thema gibt es hier.

This entry was posted in Parodontologie, Zahnmedizin und Medizin and tagged Karies, Vorsorge, Zahnarztbesuch. **Bookmark the** permalink.

← Focus Diabetes – alles über   Empfindliche Zähne: Neue Versiegelung
gefährliche Wechselwirkungen auf sieben   gegen freiliegende Zahnhälse wirkt
informativen Seiten.   dreifach positiv →

ZAHNARZTBLOG DÜSSELDORF

Name: Dr. med. dent.
         Hans-Dieter John MSD (USA) für
         Parodontologie Implantologie
Straße: Grabenstr. 5
         (nähe Carsch-Haus)
Ort: 40313 Düsseldorf
Telefon: 0211 8 66 00 22
E-Mail: info@john-chanteaux.de
Internet: www.john-chanteaux.de
         Impressum

Online-Termin vereinbaren

FACEBOOK

Zahnärztliche Praxisg...
181 „Gefällt mir"-Angaben

 Seite gefällt mir   ↗ Teilen

Sei der/die Erste deiner Freunde, dem/der das gefällt

STICHWÖRTER

Adipositas Alzheimer aMMP-8 aMMP-8-Test Antibiotika
Bakterien Diabetes Entzündungen Herzinfarkt
Implantate Karies Laser
Parodontitis parodontologie
Parodontose Periimplantitis photodynamische
Therapie Rauchen Rheuma sanft Schlaganfall
schmerzfrei schonend Vorsorge Vortrag Zahnersatz
Zahnfleischentzündung

◼ **Abb. 6.2** Screenshot: Blogbeispiel eines Zahnarztes. (Dr. Hans-Dieter John)

Tipp

Achten Sie auf Fragen der Patienten oder kontroverse Themen am Empfang oder im Behandlungszimmer. Dies sind oft gute Ansätze für einen Blogbeitrag. Auch können Sie auf Ihrer Website, auf Flyern oder Patientenfragebögen für den Blog werben und ein Feedback-Feld für Themenvorschläge einrichten.

6.2.3 Dialog mit den Lesern

Zu einem echten Blog gehört die Kommentarfunktion. Auf gar keinen Fall sollte sie aus Angst vor Kritik oder Spam total deaktiviert werden. Wer sich der offenen Kommunikation verweigert, macht sich in der Blogosphäre unmöglich – und beraubt sich selbst einer interessanten Feedback-Quelle.

2 thoughts on "Sechsfach höheres Risiko für Alzheimer und Demenz durch Parodontitis"

Martin says:
8. Mai 2012 at 12:57

Also diese Erkenntnis höre ich zum ersten Mal, dass die Demenz im Zusammenhang mit Parodontitis stehen kann. Aber ist sicher hilfreich zu wissen. Ein kleiner Wermutstropfen ist es wenigstens, dass man gegen Paradontitis vorbeugen kann.

Therese says:
9. Mai 2012 at 12:23

Also dass die Zähne entscheidend für die restliche Gesundheit sind, war mir bisher bewusst. Doch bei Demenz redet ja der Mediziner nicht direkt von einer Krankheit. Deshalb kann ich mir den Zusammenhang auch nicht wirklich erklären. Beweisen kann man das auch nur sehr schwer vermute ich einfach mal.

Comments are closed.

STICHWÖRTER

Adipositas Alzheimer aMMP-8 aMMP-8-Test Antibiotika Bakterien Diabetes Entzündungen Herzinfarkt Implantate Karies Laser Parodontitis parodontologie Parodontose Periimplantitis photodynamische Therapie Rauchen Rheuma sanft Schlaganfall schmerzfrei schonend Vorsorge Vortrag Zahnersatz Zahnfleischentzündung Zahnfleischentzündungen Zahnfleischrückgang Ästhetik

LINKS

hdjohn.com
john-chanteaux.de
mundgeruch-therapie-duesseldorf.de
perio-kardio-score.de
zahnarztkunst-duesseldorf.de
iadr.de

Abb. 6.3 Screenshot: Kommentarspalte eines Zahnblogs. (Dr. Hans-Dieter John)

Kommentare managen

Zahnärzte müssen besondere Sorgfalt im Umgang mit Blogkommentaren an den Tag legen. Sowohl die Schweigepflicht als auch andere rechtliche Anforderungen – insbesondere die des Heilmittelwerbegesetzes – machen dies erforderlich.

Sie sind als Betreiber eines Blogs im Zweifelsfall für alles verantwortlich, was dort veröffentlicht wird. Das gilt in gewissem Umfang auch für Kommentare. Insbesondere wenn Patienten Ihre Behandlungsleistung in einem Kommentar loben, dürfen Sie diesen Kommentar nicht veröffentlichen, da Dankesschreiben von Patienten rechtlich problematisch sind.

In der Regel erlaubt es die Blog-Software, Kommentare erst nach einer Prüfung durch eine befugte Person online zu veröffentlichen. So kann vermieden werden, dass schädliche oder gar rechtswidrige Kommentare für eine gewisse Zeitspanne unbemerkt im Blog stehen – diese können nicht nur von Patienten kommen, sondern auch von Seiten der Industrie oder Neidern. Eine E-Mail-Benachrichtigung, sobald ein Kommentar auf Freischaltung wartet, hilft zusätzlich. Denn Sie sollten zeitnah reagieren – sonst ist der Blog nicht das richtige Instrument. In der Regel sollte der Autor des Blogartikels oder ein Vertreter noch am selben Tag auf den Kommentar reagieren (Abb. 6.3).

Oft stellen Patienten in den Kommentaren direkte Fragen und erwarten Rat vom Zahnarzt. Hierbei ist insbesondere das Fernbehandlungsverbot zu beachten. Nur allgemeine Ausführungen sind zulässig, für alles andere bitten Sie die Patienten zur Untersuchung. Achten Sie auch besonders auf das Verbot von Heilsversprechen, wenn es in einer Diskussion um bestimmte Behandlungsformen geht, sowie auf die ärztliche Schweigepflicht. Denn alle Kommentare erscheinen nach der Freischaltung für jeden sichtbar online. Es sollte Ihren Bloglesern in jedem Fall möglich sein, anonym zu kommentieren.

Umgang mit Kritik

Kritiker gibt es immer. Nicht selten ist ihre Kritik aus einer gewissen Perspektive sogar berechtigt. Auf keinen Fall sollte man kritische Kommentare einfach löschen. Kritik, die im eigenen Blog diskutiert wird, hat man wenigstens unter Kontrolle und kann angemessen reagieren. Eine seriöse und offene Antwort nimmt dem Kritiker oft den Wind aus den Segeln. Sie bietet die Chance, zu erklären, wie es zu einem Missstand kam und was man dagegen unternimmt.

Beschimpfungen oder Beleidigungen müssen Sie natürlich nicht dulden. Löschen Sie solche Kommentare einfach.

> | Tipp |
>
> Seien Sie ansprechbar und kommunikationsfreudig. Begreifen Sie Kritik als wertvolle Rückmeldung, die vielleicht Veränderungen anstoßen kann, und als Chance, den Lesern Ihre eigene Sicht der Dinge darzulegen.

6.3   Aufwand versus Nutzen

Unumstritten: Das Bloggen macht Arbeit. Ein oder mehrere Artikel pro Woche plus Kommentarmanagement – da kommen schnell einige Wochenstunden zusammen. Sie müssen also genau abzuwägen, ob sich der Aufwand für Ihre Praxis lohnt.

6.3.1   Was bringt ein Blog?

Die möglichen Vorteile eines Blogs sind sehr von den konkreten Zielstellungen und dem Grad des Engagements abhängig, mit denen der Blog betrieben wird.

In jedem Fall gibt ein Blog Zahnärzten die Möglichkeit, Patienten und andere Zielgruppen anzusprechen, ohne dabei auf Journalisten als Mittler angewiesen zu sein.

Neben der eigentlichen Praxis-Website ist der Blog eine weitere Website, mit der neue Patienten via Suchmaschinen auf die Praxis aufmerksam werden können. Durch die Themenauswahl lässt sich sogar besonders gut steuern, welche Art von Patienten dies ist. Wenn etwa ein Zahnarzt Patienten für Zuzahlerleistungen im Bereich hochwertiger Materialien gewinnen möchte, könnte er sogar einen Spezialblog nur zu diesem Thema aufsetzen. Über diesen Weg wird er Patienten gewinnen, die speziell an dieser Leistung interessiert sind.

In einer Zeit, in der immer weniger Gelegenheit für längere Patientengespräche ist, dient der Blog als wertvoller Feedback-Kanal. Hier können Zahnärzte Diskussionen anstoßen, die ihnen helfen, ihre Patienten und deren Wünsche und Probleme besser zu verstehen. Es ist auch möglich, die Stammpatienten über Umfragen direkt in manche Praxis-Entscheidungen einzubinden. So lässt sich eine kleine Marktforschung entwickeln.

Der Blog dient dazu, Patienten zu binden und neue hinzuzugewinnen. Ein gut gemachter Blog lässt die Zahnärzte und ihre Teams sympathisch, offen und kompetent wirken – wie Menschen, denen man sich gern anvertraut. Wenige Zahnärzte bloggen – wer es doch tut, ist etwas Besonderes und hebt sich aus der Masse ab. So lässt sich für Zahnarzt und Praxis zusätzliche Aufmerksamkeit erzeugen. Nicht zuletzt kann Bloggen auch Spaß machen und zum regelrechten Hobby werden. Auch der Effekt, der einsetzt, wenn man sich etwas von der Seele geschrieben hat, ist nicht zu unterschätzen.

Es ist nicht einfach, den Erfolg langfristiger Marketing-Maßnahmen wie einen Blog einzuschätzen. Er dient mehr der Imagebildung und benötigt einen langen Atem, um volle Wirkung zu entfalten. Indizien sind die Zugriffszahlen und die Anzahl der Kommentatoren.

> | Tipp |
>
> Beobachten Sie, ob es Ihnen gelingt, mit Ihren Informationen zu den Patienten durchzudringen und Impulse zu setzen. Den Blog können Sie auch im Behandlungsgespräch kurz erwähnen, wenn es thematisch passt.

6.3.2   Wer soll bloggen?

Im Blog einer Zahnarztpraxis sollten regelmäßig Beiträge des Praxis-Inhabers erscheinen. Unabhängig davon ist es sinnvoll, den Blog von Anfang an auf eine breite Grundlage zu stellen. Je nach Interesse und Talent sollten weitere Mitarbeiter schreiben: Bei einer Gemeinschaftspraxis können alle Partner bloggen. Auch Assistenzärzte und das Praxis- oder Laborpersonal sollten einbezogen werden. Das hat nicht nur den Vorteil, dass die Arbeitslast auf mehrere Schultern verteilt wird, sondern auch den, dass mehrere Perspektiven aus unterschiedlichen Bereichen und Hierarchien an den Tag kommen. Jedes bloggende Mitglied des Teams wird zum Markenbotschafter der Praxis. Implizit zeigt es auch, dass ein offenes und kollegiales Klima in der

Praxis herrscht. Apotheken- und Laborpartner, befreundete Zahn- oder auch Humanmediziner oder etwa Lokalpolitiker haben Ihrer Zielgruppe ebenfalls Interessantes mitzuteilen. Das lockert den Blog weiter auf und zeigt, dass Ihre Praxis in der Region verankert ist.

Insbesondere das Management der Kommentare kann problemlos eine erfahrene Zahnmedizinische Fachangestellte (ZFA) übernehmen. Diese kann bei entsprechender Schulung eigenständig Kommentare freischalten, moderieren und beantworten – bei Bedarf und entsprechendem Vertrauen auch im Namen des Praxis-Inhabers.

Jeder mit dem Blog befasste Mitarbeiter muss die rechtlichen Bestimmungen genau kennen und das Content-Management-System, die Software des Blogs, eigenständig bedienen können. Die Alternative ist, dass der Praxis-Inhaber jeden Beitrag kontrolliert und selbst veröffentlicht, was den Zeitaufwand pro Beitrag jedoch deutlich erhöht. Natürlich ist bei einer Autorenschaft von mehreren Personen ein gewisses Maß an Planung notwendig. Eine monatliche „Redaktionssitzung", bei der Themen aufgelistet werden und ein Zeitplan erstellt wird, genügt als Abstimmung.

> **Tipp**
>
> Versuchen Sie über den üblichen Autorenstamm hinaus hin und wieder Gastautoren zu gewinnen, die zu einem interessanten Thema schreiben. Das können andere Zahnärzte sein, müssen es jedoch nicht.

6.3.3 Aufwand kontrollieren

Damit der Zeitaufwand nicht aus dem Ruder läuft, sollte jedem bloggenden Mitarbeiter ein festes Kontingent an Arbeitszeit zum Bloggen zugeordnet werden. Für einen Blogbeitrag von normaler Länge braucht ein Autor mit einiger Übung 30–60 Minuten. Wenn zuvor noch Fakten recherchiert oder bestätigt werden müssen, kann es deutlich länger dauern. Hinzu kommt der Aufwand für das Kommentar-Management, der bei einem gut besuchten Blog ein beachtliches Ausmaß erreichen kann. Auf

gar keinen Fall sollte der Zeitaufwand unbeaufsichtigt wachsen. Die tatsächlich benötigte Zeit sollten die Mitarbeiter erfassen und monatlich auswerten. Das hilft, den Aufwand im Blick zu behalten und gegebenenfalls regulierend einzugreifen.

6.3.4 Unterstützung durch externe Dienstleister

Eine Möglichkeit, die interne Arbeitslast zu reduzieren, besteht darin, eine Agentur, ein Redaktionsbüro oder Freie Blogger, etwa selbstständige spezialisierte Journalisten, zu beauftragen, die Blogbeiträge zu liefern. Dagegen sprechen die nicht unerheblichen Kosten für eine solche Dienstleistung und noch etwas anderes: Es ist kompliziert, eine auswärtige Agentur einzuweisen und sich permanent mit dieser abzustimmen. Kaum eine Agentur hat echten Einblick in den Alltag einer Zahnarztpraxis. So wird es schwerfallen, authentische Beiträge zu verfassen. Artikel, die von außerhalb der Zahnarztpraxis kommen, wirken in der Regel genau so: unbeteiligt und unpersönlich. Was bei großen Konzernen und Marken funktionieren mag, ist in der kleinen Welt der Zahnarztpraxis eher zum Scheitern verurteilt. Das schließt jedoch nicht aus, dass ein Redaktionsbüro oder eine Agentur Beiträge vorrecherchiert oder Rohtexte liefert. Besonders im Themensegment Gesundheitsinformationen, -politik und -tipps können solche Zuarbeiten viel Arbeit ersparen, denn meistens sind auch die Zahnarzthelferinnen bereits mit ihren ureigenen Tätigkeiten voll ausgelastet.

6.4 Die technische Basis

In aller Regel werden Blogs mit einem einfachen Content-Management-System (CMS) erstellt. Über eine benutzerfreundliche Bedienoberfläche werden die Artikel erstellt und veröffentlicht, Schlagwörter und Kategorien zugewiesen und verwaltet. Es gibt im Wesentlichen zwei Wege, einen Blog einzurichten: bei einem kostenlosen Bloghoster oder auf einem eigenen Webserver.

Sie verschaffen sich einen wesentlichen Vorteil, wenn Sie den Blog nicht als Untereinheit auf Ihrer

Praxis-Website anlegen, sondern eigenständig unter eigener Domain betreiben. Suchmaschinen nehmen beide Seiten dann als unabhängige Auftritte wahr. Im Idealfall schaffen Sie es so, mehrere gute Treffer in den Suchergebnissen zu landen.

> **Tipp**
>
> Eine nutzerfreundliche Domain für den Praxis-Blog kreieren Sie, indem Sie an die Webadresse der Praxis-Website ein „-blog" anhängen, zum Beispiel ▶ www.dr-mustermann-stadt-blog.de.

6.4.1   Bloghoster

Mit nur wenig technischen Voraussetzungen und ohne nennenswerte Zusatzkosten lässt sich ein Blog in kurzer Zeit selbst einrichten – vorausgesetzt, man möchte auf einen der kostenlosen Bloghoster im Internet zurückgreifen. Die beiden bedeutendsten sind ▶ www.WordPress.com und ▶ www.Blogger.com, ein Service von Google. Die Einrichtung ist spielend einfach: Man legt einen Benutzernamen an, der zugleich als Blogadresse dient. Schon ist ein rudimentärer Blog funktionsbereit. Mit einer Reihe vorgefertigter Designs lässt sich der Blog individuell gestalten – auch das Praxis-Logo ist schnell eingebaut. Und dem Bloggen steht nichts mehr im Wege.

So einfach die Einrichtung ist, die Nutzung der kostenlosen Bloghoster hat auch ihre Nachteile. Der größte davon: Die Daten – Blogartikel, Bilder und Kommentare – liegen auf dem Server des Bloghosters. Der damit einhergehende Kontrollverlust ist beträchtlich. Es ist nicht so einfach, die Daten zu sichern und zu übertragen, wenn man zum Beispiel irgendwann auf ein anderes System umsteigen will. Die meisten Bloghoster blenden außerdem vollautomatisch Werbung ein, über deren Inhalt und Platzierung der Blogger selbst praktisch keinen Einfluss hat – für Zahnmediziner könnte dies unter Umständen sogar rechtlich problematisch sein. Nicht zuletzt sind Speicherplatz und Funktionalitäten begrenzt.

6.4.2   Den Blog selbst hosten

All diese Einschränkungen entfallen, wenn Praxen ihren Blog selbst hosten, also auf einem eigenen oder gemieteten Webserver installieren. Dies ist mittlerweile mit etwas Einarbeitung auch für Nicht-Profis zu bewerkstelligen. Blogger benötigen dazu zunächst Speicherplatz auf einem geeigneten Webserver, den man beispielsweise bei einem Webhoster für eine überschaubare Monatsmiete (üblicherweise 4–10 Euro) buchen kann. Dann muss eine Blogsoftware ausgewählt und installiert werden. Bekannte Systeme sind beispielsweise Serendipity, Nucleus und das besonders weit verbreitete Wordpress. All diese Systeme können kostenlos aus dem Internet heruntergeladen werden und liefern gut verständliche Anleitungen für die Installation und Grundeinrichtung mit.

Der Vorteil dieser aufwändigeren Variante ist vor allem, dass man selbst die Hoheit über alle Daten behält und nicht von den Schicksalen eines Webdienstes wie ▶ www.Blogger.com abhängig ist. Zudem gibt es keine Beschränkungen, was das Design und die Funktionsbreite des Blogs anbelangt. Die Nachteile sind jedoch ebenso deutlich: mehr Aufwand, mehr Verantwortung und natürlich die Kosten für das Webhosting.

Achten Sie darauf, dass eine gängige und verbreitete Blogsoftware benutzt wird, damit Sie sich nicht zu sehr von einem einzigen Programmierer oder Webdesigner abhängig machen.

> **Tipp**
>
> Lassen Sie sich die grundlegende Einrichtung und das Design des Blogs von einem Webdesigner aufsetzen – es sei denn, Sie haben genug Zeit dazu und Spaß am Tüfteln. Lassen Sie sich selbst und mindestens einen Mitarbeiter vom Webdesigner in die Handhabung der Blogsoftware einweisen.

6.5   Bekannt werden

Ein Blog ist gestaltet, und die ersten Artikel sind veröffentlicht – aber niemand weiß davon, niemand liest sie? Obwohl der Blog Werbung sein soll, muss auch er selbst zunächst beworben werden. Um einen neuen Blog im Internet bekannt zu machen, ist es sinnvoll, sich die Strukturen der Blogosphäre zunutze machen. Es gibt viele Blogverzeichnisse im Netz, die Unmengen von Blogs nach Themen geordnet auflisten. Bei vielen davon können sich Blogger ohne Gegenleistung anmelden, andere Verzeichnisse wollen einen Link im Blog als Gegenleistung für die Auflistung – was aus SEO-Gründen eher nicht zu empfehlen ist.

Ein weiterer wichtiger Weg zur Verbreitung des Blogs sind Empfehlungen einzelner Artikel in Social Networks wie Facebook und Xing. Dort lässt sich der Schneeballeffekt nutzen: Gute Inhalte werden weiter geteilt und erlangen so schnell eine beachtliche Verbreitung.

> **Tipp**
>
> Weisen Sie für eine optimale Vernetzung auf Ihrer Praxis-Website sowie Ihrer Facebook-Präsenz auf Ihren Blog hin. Dort können Sie auch die Überschriften der jeweils aktuellsten Blogartikel einbinden.

Neben den Maßnahmen, die für eine solide Vernetzung im Internet sorgen, muss der Blog vor allem bei den eigentlichen Zielgruppen bekannt gemacht werden. Dazu sollte die Webadresse des Blogs neben den Online-Präsenzen auf allen Informationsmaterialien zur Praxis auftauchen – vom Info-Flyer über Terminkärtchen bis zur Visitenkarte und der E-Mail-Signatur. Es bietet sich ebenfalls an, mit Presseinformationen (▶ Kap. 2) die Lokalpresse über das neue Angebot zu informieren und mit spannenden Meldungen auf dem Laufenden zu halten.

Interview mit Dr. Hans-Dieter John, Zahnarzt aus Düsseldorf, der seit Januar 2012
► **www.zahnarztblog-duesseldorf.de betreibt**

Warum sollte man als Zahnarzt bloggen wollen? Was hat Sie dazu motiviert?

„Mich hat schon lange geärgert, dass medizinische Themen in sehr unterschiedlicher Qualität – zum Teil sogar völlig falsch – in der Öffentlichkeit dargestellt werden. Der Blog gibt mir die Möglichkeit, das zu kommentieren und richtig zu stellen."

Welche Themen sind für einen Zahnarzt-Blog geeignet? Welche eher nicht?

„Ich nutze den Blog vor allem, um neue medizinische Topics aus anderen, vor allem ausländischen Medien für einen einheimischen Leserkreis auszubereiten und zusammenzufassen. Aber natürlich geht im Blog noch viel mehr. Am wichtigsten ist mir jedoch, das besonders panikmachende Artikel aus den Medien relativiert werden."

Wie wird Ihr Blog von Kollegen und Patienten wahrgenommen?

„Von Zahnärzten habe ich bisher kein Feedback erhalten. Meine Patienten finden die Informationen und vor allem die andere Sichtweise, die sie im Blog präsentiert bekommen, durchweg gut."

Sehen Sie Ihren Blog auch als Marketing-Instrument?

„Ja, sicher! Er gibt mir die Möglichkeit, in meinem Fachgebiet Kompetenz zu zeigen, und das auf eher unüblichen, von Patienten unerwarteten Kanälen."

Was würden Sie anderen Zahnärzten raten, die auch bloggen wollen?

„Sie müssen sich mit dem Medium identifizieren können, also sowohl das Internet als auch die etwas laxere Sprechweise im Blog akzeptieren. Sonst kommt kein Spaß dabei auf, die Motivation ist schlecht und am Ende klingt alles hölzern."

Werberecht für Zahnärzte

Alexandra Köhler, Mirko Gründer

A. Köhler, M. Gründer, *Online-Marketing für die erfolgreiche Zahnarztpraxis*,
Erfolgskonzepte Zahnarztpraxis & Management,
DOI 10.1007/978-3-662-48573-6_7, © Springer-Verlag Berlin Heidelberg 2016

Zahnärzten ist berufswidrige Werbung untersagt – ein generelles Werbeverbot für Zahnärzte besteht jedoch nicht mehr. Das lange Zeit gültige Werbeverbot eingeführt hatte seinen Grund darin, dass sich die (zahn-)ärztliche Tätigkeit an medizinischen – und nicht an wirtschaftlichen – Notwendigkeiten orientieren sollte. Zudem herrschte die Meinung vor, dass Ärzte aufgrund ihres Berufs eine solche Autorität besitzen, dass Patienten ihrem Urteil uneingeschränkt vertrauen und unkritisch folgen.

Seit Ende der 90er-Jahre hat sich die Perspektive hin zu mehr Wettbewerb und Betonung der Berufsfreiheit verschoben. Die Gerichte, allen voran das Bundesverfassungsgericht und der Bundesgerichtshof, haben die Rechtsprechung liberalisiert und dafür gesorgt, dass (Zahn-)Ärzte mehr Freiheit in Bezug auf die eigene Werbung haben, um an dem geforderten Wettbewerb teilnehmen zu können.

> **Urteile zur (Zahn-)Arztwerbung**
> - Ärzte dürfen ohne bestimmten Anlass eine Zeitungsanzeige aufgeben (Beschluss von 2002 in Bezug auf einen Tierarzt, Az. 1 BvR 1644/01).
> - Zahnärzte dürfen ihre Tätigkeitsschwerpunkte angeben (Beschluss von 2001 in Bezug auf den Begriff „Implantologie", Az. 1 BvR 872/00).
> - (Zahn-)Ärzte dürfen sich unter besonderen Umständen als Spezialisten bezeichnen (Beschluss von 2002 in Bezug auf einen Orthopäden, Az. 1 BvR 1147/01).
> - Die Angabe von Spezialisierungen darf nicht irrführend sein. (Beschluss von 2013 in Bezug auf einen Zahnarzt, der sich „Kinderzahnarzt" nannte, ohne über den Tätigkeitsschwerpunkt „Kinderzahnheilkunde" zu verfügen; Az. 3 B 62/12.)
> - Wer mit der gesundheitsfördernden Wirkung von Produkten wirbt, muss diese wissenschaftlich beweisen können (Beschluss von 2013, Az. 9 U 922/12).
> - Konkrete ärztliche Empfehlungen bei Patientenfragen in einer Online-Kommunikation sind ein Verstoß gegen das Fernbehandlungsverbot (Beschluss von 2012 in Bezug auf eine Online-Patientenfrage zur Verträglichkeit einer Medikation; Az. 6 U 235/11).

> - Die Werbung mit Vorher-Nachher-Abbildungen ist grundsätzlich erlaubt, sofern sie nicht irreführend, abstoßend oder missbräuchlich sind (Beschluss von 2013 in Bezug auf Fotos einer Gebisssanierung; Az. 13 U 160/12).
> - Zahnärzte dürfen keine Online-Gutscheine für Zahnarztleistungen ausstellen (Beschluss von 2014; Az. 5 O 1233/13).
> - Wenn der Gesamtauftritt der Werbung einen grundsätzlich informativen Charakter hat, sind Aussagen erlaubt, die auf einen Sympathieeffekt abzielen (Beschluss von 2005 in Bezug auf die Formulierung, frisch Operierte könnten mit Klinikmitarbeitern „ein Tänzchen wagen", Az. 1 BvR 191/05).
> - Eine geschäftliche Internetpräsenz oder Social-Media-Präsenz ohne korrektes Impressum kann ein Ordnungsgeld von bis zu 250.000 Euro nach sich ziehen (Beschluss von 2013; Az. 16 O 154/13).

Das im Jahr 2012 aktualisierte Heilmittelwerbegesetz trug der liberaleren Rechtsprechung Rechnung und lässt nun vieles zu, was zuvor undenkbar war. Leider bleibt die Rechtslage für werbende Zahnärzte dennoch schwer überschaubar. Die Regelungen ergeben sich aus dem Berufsrecht, aus dem Heilmittelwerbegesetz, dem Wettbewerbsrecht, dem Telemediengesetz sowie dem Urheberrecht und Regelungen zum Datenschutz. Viele dieser Rechtsquellen überschneiden sich und widersprechen sich zum Teil sogar, sodass immer wieder die Gerichte zu klären haben, welche Regelung Vorrang hat.

Generell ist es Zahnärzten erlaubt, Kollegen und Patienten sachlich und wahrheitsgemäß zu informieren. Dabei können sich Zahnärzte sowohl auf Artikel 5, Satz 1 des Grundgesetzes berufen – das Recht auf freie Meinungsäußerung – als auch auf das Grundrecht der Berufsfreiheit (Artikel 12, Satz 1 des Grundgesetzes). Diese Grundrechte dürfen nur eingeschränkt werden, wenn das Gemeinwohl gefährdet ist, etwa wenn Zahnärzte ihre berufliche Autorität missbrauchen, um für Produkte oder Verfahren zu werben, die nicht notwendig bzw. gefährlich sind, oder wenn sie für Produkte auf unzulässige Weise werben.

7.1   Berufsordnung

Jede Landeszahnärztekammer erlässt eine eigene Berufsordnung für diejenigen Zahnärzte, für die sie zuständig ist. Es gibt keine einheitliche Berufsordnung, die für alle Zahnärzte in Deutschland gilt. Zwar gibt es eine Musterberufsordnung der Bundeszahnärztekammer. Die Bundeszahnärztekammer ist jedoch keine Kammer oder Körperschaft des öffentlichen Rechts, sondern nur eine Arbeitsgemeinschaft der Länderärztekammern. Ihre Beschlüsse sind nicht bindend. Änderungen an der Musterberufsordnung können auf dem Deutschen Zahnärztetag beschlossen werden. Es liegt dann aber an den Landeszahnärztekammern, diese für ihren Wirkungsbereich umzusetzen.

Wichtig ist, sich zu verdeutlichen, dass die Berufsordnungen von Zahnärztevertretern beschlossen werden, wohingegen die gesetzlichen Regelungen von der Legislative, also dem Bundestag und dem Bundesrat, festgelegt werden. Diese müssen also nicht übereinstimmen. Sie können sich sogar widersprechen. In der Regel vertreten die Kammern eher restriktive Auslegungen des Werberechts und sind in den vergangenen Jahren vielfach von Gerichten und Gesetzgeber korrigiert worden.

7.1.1   Vorschriften

Nach der Musterberufsordnung § 21 (Stand: 7. November 2014) sind dem Zahnarzt „sachangemessene Informationen über seine Berufstätigkeit" gestattet. Berufswidrige Werbung ist Zahnärzten hingegen verboten. Berufswidrig ist Werbung, wenn sie anpreisend, irreführend, herabsetzend oder vergleichend ist. Eine solche Werbung dürfen Zahnärzte weder anweisen noch dulden.

Erlaubt ist es hingegen explizit, die Schwerpunkte der eigenen Tätigkeiten („besondere, personenbezogene Kenntnisse und Fertigkeiten") zu nennen. Das können Bezeichnungen sein, die Zahnärzte nach der Weiterbildungsordnung erworben haben, oder einfache Tätigkeitsschwerpunkte, sofern sie nicht mit ersteren verwechselt werden können.

Ein Fachzahnarzt für Oralchirurgie darf angeben, dass er Oralchirurg ist. Er kann auch angeben, dass er Im-

plantologie anbietet, wenn er entsprechend fortgebildet ist. Er darf sich allerdings nicht als Kieferspezialist bezeichnen, da dies mit der Fachzahnarzt-Bezeichnung „Kieferorthopäde" bzw. „Mund-Kiefer-Gesichtschirurg" verwechselt werden könnte.

Diese Tätigkeiten dürfen Zahnärzte allerdings „nicht nur gelegentlich" ausüben. Führen Zahnärzte beispielsweise nur gelegentlich ambulante Gesichtsoperationen durch, dürfen sie diese Tätigkeit entsprechend der Berufsordnung zu Werbezwecken nicht nach außen kommunizieren. In der Berufsordnung fehlt allerdings eine genaue Angabe, bis wann eine Tätigkeit als gelegentlich gilt.

Irreführend ist beispielsweise, wenn Zahnärzte mit Leistungen werben, die zur beruflichen Normalität gehören. Das hat das Verwaltungsgericht Münster 2009 entschieden (Az. 5 K 777/08). Die Entscheidung richtete sich gegen einen Zahnarzt, der in Anzeigen zahnärztliche Regelleistungen als Besonderheit angepriesen hatte. Er erwecke damit den Eindruck, dass sein Angebot besonders vorteilhaft wäre, so die Richter. Die Werbung sei irreführend und verstoße gegen die Berufsordnung.

Organisatorische Hinweise, beispielsweise auf die Sprechstunde, voraussichtliche oder garantierte Wartezeiten, Anfahrtswege, Hinweise zur Barrierefreiheit der Praxis oder zu den Parkmöglichkeiten sind zulässig.

7.2   Heilmittelwerbegesetz

Das Heilmittelwerbegesetz (HWG) heißt ausführlich „Gesetz über die Werbung auf dem Gebiete des Heilwesens". Es gilt für die Werbung für Arzneimittel, Medizinprodukte sowie „andere Mittel, Verfahren, Behandlungen und Gegenstände", die sich auf die „Erkennung, Beseitigung oder Linderung von Krankheiten, Leiden, Körperschäden oder krankhaften Beschwerden bei Mensch oder Tier" beziehen. Ebenfalls einbezogen sind kosmetische Eingriffe, bei denen keine medizinische Notwendigkeit besteht. Online-Marketing-Maßnahmen, in denen Zahnärzte Behandlungen und Verfahren bewerben, sind also eingeschlossen. Nicht erfasst ist hingegen die sogenannte Imagewerbung von Zahnärzten.

Die Grenzen zwischen Imagewerbung und Produktwerbung (Werbung für Therapieverfahren) sind fließend. Eine Zahnarzt-Website ist zwar vom Prinzip her Imagewerbung, dennoch wird sie in der Regel auch Behandlungsverfahren vorstellen. In einem solchen Fall wird ein Gericht den ganzen Internetauftritt als Werbung für Therapieverfahren einstufen. Daher sollten sich Zahnärzte im Zweifelsfall stets an die Vorgaben aus dem Heilmittelwerbegesetz halten, um rechtlich auf der sicheren Seite zu sein.

Das HWG wurde im Jahr 2012 einer größeren Revision unterzogen, wobei eine Reihe überkommener Verbote ganz gefallen oder deutlich eingeschränkt worden sind.

7.2.1   Innerhalb der Fachkreise

Für die (Zahn-)Arztwerbung gelten unterschiedliche Maßstäbe, je nachdem, an welche Zielgruppe sie gerichtet ist. Werbung innerhalb der Fachkreise hat weniger strenge Richtlinien als Werbung, die sich an Patienten richtet. Für Zahnärzte, die Online-Marketing betreiben, bedeutet dies: Für die Website gelten die strengen Vorschriften, da diese öffentlich zugänglich ist. Lediglich wenn ein geschlossener Bereich für Kollegen vorgehalten oder ein Newsletter an Fachkreise verschickt wird, gelten darin nur die Vorschriften innerhalb der Fachkreise.

Irreführende Werbung   Werbung ist nach dem Heilmittelwerbegesetz dann irreführend (§ 3 HWG), wenn den beworbenen Mitteln oder Verfahren Wirkungen beigelegt werden, die sie nicht haben, wenn fälschlicherweise der Eindruck erweckt wird, dass sich mit Sicherheit ein Erfolg erwarten lässt (Heilversprechen) oder dass sie keine schädlichen Nebenwirkungen haben. Zudem muss deutlich sein, dass die Werbung zum Zweck des Wettbewerbs veranstaltet wird. Außerdem dürfen die Zusammensetzung und Beschaffenheit der Produkte sowie die Art und Weise der Verfahren nicht fälschlich oder täuschend angegeben werden. Das gilt auch für alle Aussagen über den Hersteller oder Erfinder sowie andere beteiligte Personen.

Geschenke   Wenn Zahnärzte mit Geschenken werben, dürfen diese nur geringen Wert haben (§ 7

HWG). Ein bestimmter Geldwert ist dabei nicht festgelegt. Typische Give-aways, wie Kugelschreiber oder Aufkleber sind definitiv erlaubt. Für das Online-Marketing kommen solche Sachgeschenke ohnehin in der Regel nicht in Betracht, doch gilt dies auch für Gutscheine. Technisch ist es möglich, mit Gutscheinen für bestimmte Behandlungen oder für den Einkauf bei Versandapotheken über die Praxis-Website oder einen Newsletter zu werben. Dies ist juristisch aber unzulässig.

Das Landgericht Frankfurt hat die Werbung mit Rabatten auf Schönheitsoperationen verboten (Urteil von 2003, Az. 32 O 43/03). Die Rabatte gelten als Geschenke von mehr als geringem Wert und sind damit unzulässig.

Fernbehandlung   Auch Zahnärzten ist es verboten, für eine Behandlung zu werben, „die nicht auf eigener Wahrnehmung beruht" (§ 9 HWG). Das bedeutet, dass sich Zahnarzt und Patienten zumindest eingangs gegenübersitzen müssen. Zahnärzte dürfen also nicht damit werben, dass sie Patienten per E-Mail diagnostizieren oder beraten – ein Service, der ohnehin durch das Fernbehandlungsverbot untersagt ist.

7.2.2   Außerhalb der Fachkreise

Für die Werbung gegenüber Patienten gelten zusätzlich zu den bisher genannten Vorschriften innerhalb der Fachkreise weitere. 2012 wurden durch die Novellierung des HWG zahlreiche alte Verbote aufgehoben oder entschärft, die die Werbung außerhalb der Fachkreise betreffen.

Gutachten   Zahnärzte dürfen seit der HWG-Novelle 2012 mit Gutachten, wissenschaftlichen Tätigkeiten oder Zeugnissen für sich werben.

Fotos in Berufskleidung   Lange Zeit war Arztwerbung mit Fotos in Berufskleidung grundsätzlich verboten. Dieses Verbot wurde in der HWG-Novelle 2012 vollständig gestrichen.

Vorher-Nachher-Bilder   Fotos von Veränderungen des menschlichen Körpers, beispielsweise bei Ge-

Das Kittelurteil des Bundesgerichtshofs

Das so genannte „Kittelurteil" des BGH vom 1.3.2007 ist ein hervorragendes Beispiel für die lange Zeit völlig verworrene Rechtslage: Zwar verbot das Heilmittelwerbegesetz in der damals gültigen Fassung (Zahn-)Ärzten die Werbung für Behandlungen und Verfahren in

Berufskleidung, etwa im weißen Kittel. Dennoch entschied der Bundesgerichtshof damals gegen den ausdrücklichen Wortlaut des Gesetzes geurteilt. Das Verbot sei ein so großer Eingriff in die Berufsfreiheit der Ärzte, dass es nur dann gerechtfertigt sei, wenn die Werbung

geeignet ist, „das Laienpublikum unsachgemäß zu beeinflussen und dadurch zumindest eine mittelbare Gesundheitsgefährdung zu bewirken" (Az. I ZR 51/04). Seit der HWG-Novelle von 2012 gibt es das Verbot auch im Gesetz nicht mehr.

schwüren, dürfen seit 2012 zu Werbezwecken eingesetzt werden. Das gilt auch für die Gegenüberstellung solcher Fotos mit normalen Bildern, also etwa ein Bild vom menschlichen Körper vor und nach der Anwendung eines Medikaments oder Verfahrens. Ausnahmen sind selbstverständlich Darstellungen in missbräuchlicher, abstoßender oder irreführender Weise – sowie der gesamte Bereich der Schönheitsoperationen.

Ärzte-Latein Fach- und Fremdsprachen galten für Zahnarzt-Werbung ebenfalls lange als tabu, soweit sie nicht in den deutschen Sprachgebrauch eingegangen sind. Nunmehr ist die Verwendung von Fachbegriffen ausdrücklich erlaubt, sofern damit keine Irreführung verbunden ist.

Angst Werbung, die Angst hervorrufen kann oder diese ausnutzt, ist Zahnärzten nicht erlaubt. Eine abschreckende (Anti-)Werbung, wie sie auf Zigaretten-Packungen in Deutschland betrieben wird („Rauchen kann tödlich sein"), wäre als Werbung für Heilmittel undenkbar.

Dankesschreiben Zahnärzte dürfen nun Äußerungen Dritter zu Werbezwecken einsetzen. Das betrifft vor allem Dankesschreiben, Anerkennungs- und Empfehlungsschreiben. Zahnärzte dürfen ebenso positive Krankheitsverläufe zu Werbezwecken einsetzen wie auch Patientengeschichten, die negativ verlaufen sind, weil eine Behandlung ausgeblieben ist. Allerdings darf diese Werbung mit Krankengeschichten und Dankesschreiben weder in missbräuchlicher, abstoßender oder irreführender Weise erfolgen noch zu einer falschen Selbstdiagnose verleiten. Zudem gilt es hier natürlich in jedem Fall die ärztliche Schweigepflicht zu beachten.

Minderjährige Werbung, die sich ausschließlich oder überwiegend an Kinder unter 14 Jahren richtet, ist verboten.

Preisausschreiben Verfahren, deren Ausgang vom Zufall abhängig ist, wie Preisausschreiben und Verlosungen, sind für Werbezwecke grundsätzlich erlaubt, sofern sie nicht einer unzweckmäßigen oder übermäßigen Verwendung von Arzneimitteln Vorschub leisten.

Muster und Proben Werbung zu betreiben, indem Zahnärzte Muster und Proben von Arzneimitteln oder Gutscheine dafür verteilen, ist untersagt.

Spezielle Krankheiten Neben den genannten Einschränkungen der Werbemethoden gibt es auch einige Krankheitsbilder, auf die sich Werbung generell nicht beziehen darf. Diese betreffen aber eher nicht auf den zahnärztlichen Bereich. Es geht dabei um Suchtkrankheiten (mit Ausnahme der Nikotinsucht), alle Arten von Krebs, Komplikationen im Zusammenhang mit der Schwangerschaft und Geburt sowie alle meldepflichtigen Krankheiten. Das heißt, auch wenn sich Werbung für eine bestimmte Chemotherapie gegen Krebs an alle zuvor genannten Kriterien halten würde, wäre sie immer noch verboten.

7.3 Wettbewerbsrecht

Das Gesetz gegen den unlauteren Wettbewerb (UWG) regelt den fairen gewerblichen Wettbewerb. Es soll Verbraucher, Mitbewerber und sonstige Marktteilnehmer vor unlauteren geschäftlichen Handlungen schützen. Das Gesetz wurde im

Jahr 2008 letztmalig umfassend novelliert. Dabei wurden überwiegend EU-Vorgaben umgesetzt. Für Zahnärzte findet es dort Anwendung, wo sich Niedergelassene gegenüber Kollegen beispielsweise durch unlautere Werbung einen Vorteil verschaffen. Viele Vorschriften aus dem UWG zur Werbung sind ebenfalls durch das HWG verboten, oft sind sie dort sogar viel detaillierter geregelt. Das UWG umfasst aber nicht nur Werbung, sondern alle Arten geschäftlicher Handlungen.

Unlauter sind diese, wenn sie die Interessen der Patienten, Kollegen oder sonstigen Marktteilnehmer spürbar beeinträchtigen. Zu den sonstigen Marktteilnehmern gehören nicht nur andere Gesundheitsdienstleister wie Apotheker, Physiotherapeuten und Pharmaunternehmen. Auch Webdesigner und Fotografen können sich unlauter behandelt fühlen, etwa wenn Zahnärzte beim Bau ihrer Website deren Rechte missachten.

7.3.1 Verbot unlauterer geschäftlicher Handlungen (§ 3)

Unlautere geschäftliche Handlungen sind unzulässig, wenn sie geeignet sind, die Interessen von Mitbewerbern, Verbrauchern oder sonstigen Marktteilnehmern spürbar zu beeinträchtigen.

Eine Zahnarztpraxis darf keine Reklame mit einer Pauschale machen. Im vorliegenden Fall warb der Betreiber einer oral-chirurgischen Facharztpraxis für den Einsatz von Zahnimplantaten mit einer Pauschale in Höhe von 888 Euro. Die Zahnärztekammer verklagte ihn auf Unterlassung dieser Werbung. Das Landgericht Bonn gab der Klage mit Urteil vom 21.04.2011 (Az. 14 O 184/10) statt. Ein Anspruch auf Unterlassung ergibt sich daraus, dass diese Werbung gegen das Wettbewerbsrecht verstößt, insbesondere als unlautere Werbung im Sinne des § 3 UWG. Durch die Angabe einer Pauschale wird gegen die Gebührenordnung für Zahnärzte verstoßen. Von den darin festgesetzten Gebühren dürfe nicht einfach abgewichen werden.

7.3.2 Beispiele für unlautere geschäftliche Handlungen (§ 4)

Ein Marktteilnehmer darf keinen Druck ausüben oder auf menschenverachtende Weise handeln. Ebenfalls dürfen keine Zwangslage oder die Leichtgläubigkeit, das Alter oder körperliche Gebrechen ausgenutzt werden. Natürlich verdienen Zahnärzte daran, dass ihre Patienten „körperliche Gebrechen" haben, etwa altersbedingte Schäden an Zähnen und Halteapparat. Sie behandeln diese aber und nutzen sie nicht aus. Insofern liegt hier selbstverständlich keine unlautere Handlung vor.

Verboten ist weiterhin, den Werbecharakter zu verschleiern, wenn es sich um Werbung handelt. Auch negative Äußerungen über Mitbewerber sind untersagt. Zahnärzte dürfen ihre Kollegen nicht verunglimpfen oder herabsetzen. Ein ärztliches Gutachten, in dem ein möglicher Behandlungsfehler festgestellt werden soll, ist davon natürlich ausgenommen.

Darüber hinaus gibt es im Wettbewerbsrecht Vorschriften, die für Ärzte in der Praxis irrelevant sind, etwa die Vorschrift, dass Unternehmer mit ihren Dienstleistungen nicht ihre Mitbewerber nachahmen dürfen. Zahnärzte hingegen sind verpflichtet, Patienten nach dem aktuellen Stand der zahnmedizinischen Forschung zu behandeln, handeln also in der Regel nach denselben Maßstäben wie ihre Kollegen.

7.3.3 Irreführende geschäftliche Handlungen (§ 5)

Geschäftliche Handlungen dürfen nicht irreführen, das heißt, sie müssen stets der Wahrheit entsprechen. Das betrifft zum Beispiel die Merkmale der Dienstleistungen und der Waren, also bei Zahnärzten: Informationen über die Untersuchung und Behandlung. Diese müssen immer wahr sein und dem Stand des medizinischen Wissens entsprechen. Zahnärzte unterliegen natürlich ohnehin einer Aufklärungspflicht, die wesentlich strenger ist als die Regeln des UWG für allgemeine geschäftliche Handlungen.

Auch Angaben zum Preis müssen wahr sein. Im allgemeinen Geschäftsbereich betrifft diese

Vorschrift zum Beispiel Sonderangebote. Manche Unternehmen weisen auf angeblich kurzfristige Sonderangebote hin, die aber in Wirklichkeit der Dauerpreis sind. Das ist unzulässig.

Auch Verwechslungen mit anderen Marken sind unlauter. Ein Zahnarzt darf beispielsweise nicht das Praxis-Logo eines anderen Zahnarztes übernehmen und nur die Namen austauschen. Dabei wäre zudem auch das Urheberrecht am Praxis-Logo zu beachten (▶ Abschn. 7.6).

7.3.4 Irreführung durch Unterlassen (§ 5a)

Irreführend und damit unlauter kann eine Handlung auch sein, wenn bestimmte Tatsachen verschwiegen werden. Das Verschweigen muss sich eignen, die Entscheidung eines Patienten oder Unternehmens zu beeinflussen. Falls Unternehmer eine Leistung über ein Kommunikationsmittel anbieten, mittels dem ein Geschäft abgeschlossen werden kann, müssen diverse Pflichtangaben gleich ersichtlich sein. Diese Regelung bezieht sich beispielsweise auf einen Online-Shop von Apotheken. Dort müssen der Preis, das Produkt, das Unternehmen, der tatsächliche Endpreis inklusive möglicher Versandkosten, Zahlungs- und Lieferbedingungen und das Widerrufsrecht genannt sein.

Auch wenn Zahnärzte keinen Online-Shop betreiben können, finden diese Regelungen unter Umständen auch auf sie Anwendung. Bieten Zahnärzte beispielsweise eine Terminvereinbarung über die Website an, sollten sie auf mögliche Kosten, etwa ein Ausfallhonorar bei selbst verschuldetem Nichterscheinen hinweisen.

7.3.5 Vergleichende Werbung (§ 6)

Um vergleichende Werbung handelt es sich, wenn Zahnärzte andere medizinische Einrichtungen vergleichend erwähnen. Stellt ein Zahnarzt auf seiner Website dar, dass er auch in einer nahe gelegenen Zahnklinik Implantationen durchführt, ist zwar eine andere Einrichtung genannt, jedoch nicht vergleichend. Behauptet ein Zahnarzt hingegen, dass er die Operationen deutlich besser als seine Kolle-

gen oder die jeweilige Zahnklinik durchführt, ist es vergleichend und damit unlauter. Nach dem UWG ist vergleichende Werbung nicht grundsätzlich verboten – nach der Berufsordnung für Zahnärzte jedoch schon. Insofern erübrigen sich die genauen Vorschriften des UWG zu vergleichender Werbung für Zahnärzte.

7.3.6 Unzumutbare Belästigungen (§ 7)

Geschäftliche Handlungen dürfen keine anderen Marktteilnehmer unzumutbar belästigen. Das gilt sowohl für Privatpersonen als auch für juristische Personen, also Unternehmen. Die Belästigung bezieht sich vor allem auf Werbung. Wenn ein Marktteilnehmer keine Werbung geschickt bekommen möchte, darf er auch keine mehr erhalten.

Das Gesetz macht einen Unterschied zwischen Verbrauchern und anderen Marktteilnehmern. Bei der Kommunikation zwischen zwei Unternehmen (business-to-business = B2B) gelten andere Grundsätze als bei der Werbung an Verbraucher (business-to-consumer = B2C). Die Werbung gegenüber Verbrauchern unterliegt viel strengeren Regeln.

Für Zahnärzte hat dies Auswirkungen auf zwei Ebenen: Zum einen müssen sie sich in der Kommunikation mit Patienten an die Werbevorgaben gegenüber Verbrauchern halten, weil Patienten als Verbraucher gelten. Zum anderen dürfen andere Unternehmen wie Pharma- und Medizintechnikfirmen Zahnärzten gegenüber nach B2B-Kriterien werben – jedenfalls so lange, wie die Werbung an die betriebliche (E-Mail-)Adresse gerichtet ist. Die privaten Kontaktadressen der Zahnärzte unterliegen dem Schutz, dem alle Adressen privater Verbraucher unterstehen.

Generell darf keine Ansprache per E-Mail, Fax, Telefon oder Brief erfolgen, wenn die angeschriebene Person dies explizit nicht wünscht. Für Telefonkontakt müssen Verbraucher ausdrücklich zustimmen, bei Geschäftskunden reicht die mutmaßliche Einwilligung. Für Werbung per E-Mail, Fax oder mit einer automatischen Anrufmaschine muss sowohl bei Verbrauchern als auch bei Geschäftskontakten stets die ausdrückliche Einwilligung vorliegen. Außerdem muss bei jeder An-

Geschichte der Rechtsvorschriften des Direktmarketings

Der Passus zu „unzumutbaren Belästigungen" wurde bei der letzten Gesetzesreform von 2008 deutlich verschärft. Unzumutbare Belästigungen kommen vor allem bei Direktmarketing vor. Bis zum Jahr 2008 war es Unternehmen erlaubt, Verbrauchern Werbung zu schicken, wenn eine mutmaßliche Einwilligung vorliegt. Eine mutmaßliche Einwilligung ist es dann, wenn eine Person beispielsweise ein ähnliches Produkt gekauft hat wie das, auf das er nun hingewiesen wird.

Diese Regelung hatte dazu geführt, dass Adress-Broker beispielsweise die Kundendaten von Versandhäusern gekauft und an andere Versandhäuser weiterverkauft haben. Wer bereits bei Versandhaus A gekauft hat, so die Rechtsprechung der Gerichte, hat mutmaßlich Interesse am Angebot von Versandhaus B. Durch die Technisierung innerhalb der vergangenen Jahre kam es allerdings dazu, dass Verbraucher per E-Mail oder Anruf-Maschinen mit Werbung überhäuft wurden, die sie zunehmend als Belästigung empfunden haben. Deshalb ist Werbung gegenüber Verbrauchern nur erlaubt, wenn diese ausdrücklich zugestimmt haben. Ausnahme: Werbung per Brief. Diese ist vergleichsweise kostenintensiv, sodass es sich kein Unternehmen dauerhaft leisten kann, Verbraucher damit übermäßig zu belästigen.

---

sprache deutlich sein, wer der Absender ist. Die Angesprochenen müssen darüber hinaus stets die Möglichkeit haben, weitere Werbung durch eine einfache Standardantwort unterbinden zu können. Diese Vorschriften sind beispielsweise besonders beim Direktmarketing zu beachten.

Ausnahmen

Per E-Mail dürfen Unternehmer werben, wenn sie von Kunden die E-Mail-Adresse beim Kauf einer Ware erhalten haben. Sie müssen aber darauf hinweisen, dass die Kunden dem jederzeit widersprechen können. Für Zahnärzte heißt dies, dass sie ihre Stammpatienten anschreiben dürfen. Der sicherere Weg ist jedoch allemal, sich die schriftliche Einwilligung der Patienten für die Werbeansprache per E-Mail einzuholen und darauf hinzuweisen, dass sie dem jederzeit widersprechen können.

> **Tipp**
>
> Nehmen Sie die Vorgaben gleich in Ihr Anmelde-Formular auf. Fragen Sie schriftlich nach der E-Mail-Adresse. Weisen Sie darauf hin, dass Sie Informationen zusenden möchten, und geben Sie an, dass Ihre Patienten dies jederzeit per E-Mail widerrufen können.

7.3.7   Blacklist (Anhang)

Im Anhang an das Gesetz gegen den unlauteren Wettbewerb gibt es eine sogenannte Blacklist – eine Liste mit unzulässigen geschäftlichen Handlungen. Dazu gehören u. a.:

- fälschlicherweise zu behaupten, man habe einen Verhaltenskodex unterschrieben,
- sich mit Gütesiegeln ohne Genehmigung auszuzeichnen,
- die unwahre Behauptung, gesetzlich bestehende Rechte stellten eine Besonderheit des Angebots dar,
- redaktionelle Inhalte in Medien zu kaufen, um so die Werbung zu verschleiern,
- darzustellen, eine Person hätte bereits einen Preis gewonnen, wenn es den Preis nicht gibt oder der Preis daran gekoppelt ist, dass die Person weitere Kosten übernimmt,
- die Werbung so zu verschleiern, als wäre der Absender nicht der Zahnarzt, sondern eine Privatperson,
- die Werbung gemeinsam mit einer Rechnung zu verschicken und damit den Eindruck zu vermitteln, die Dienstleistung oder Ware sei bereits bestellt,
- zu schreiben, dass der Arbeitsplatz des Zahnarztes bzw. seine Praxis gefährdet wären, wenn der Patient die Praxis nicht weiter besucht oder bestimmte Leistungen in Anspruch nimmt,
- bei Hausbesuchen: wenn ein Patient den Zahnarzt auffordert, die Wohnung zu verlassen, und dieser dennoch in der Wohnung

verbleibt (Ausnahmen bestehen bei Unzurechnungsfähigkeit der Patienten).

7.4 Das Telemediengesetz

Das Telemediengesetz (TMG) wird umgangssprachlich auch Internetgesetz genannt. Es fasste drei alte Gesetze zusammen, die mit seiner Einführung 2007 außer Kraft getreten sind: das Teledienstegesetz, das Teledienstedatenschutzgesetz und weitestgehend auch den Mediendienste-Staatsvertrag. Das TMG gilt für alle elektronischen Informations- und Kommunikationsdienste, wenn sie nicht durch Teile des Telekommunikationsgesetzes abgedeckt sind. Das Telekommunikationsgesetz bezieht sich vor allem auf Access-Provider, also das Aussenden, Übermitteln und Empfangen von Daten.

Für Zahnärzte, die einen eigenen Internetauftritt betreiben und die Werbung per E-Mail versenden wollen, gelten die Vorschriften des Telemediengesetzes. Diese Vorschriften bestehen gleichermaßen für Arzt-Suchmaschinen und Bewertungsportale sowie für Social-Media-Profile.

Das TMG hat eine Unterscheidung in Teledienste und Mediendienste hinfällig gemacht. Jetzt gelten für alle Dienste dieselben Vorschriften. Unterschieden wird hingegen in wirtschaftsbezogene und in inhaltsbezogene Anforderungen. Die wirtschaftsbezogenen betreffen vor allem Regelungen, wer verantwortlich ist. Bei den inhaltsbezogenen geht es um journalistische Sorgfaltspflichten und die Impressumspflicht.

7.4.1 Allgemeine Informationspflichten (§ 5)

Für Internetseiten gilt Impressumspflicht. Das bedeutet, dass spätestens innerhalb von zwei Klicks ein Internetbenutzer zu einem Impressum gelangen kann, das folgende Pflichtangaben enthält:

- den Namen des Betreibers, bei juristischen Personen zusätzlich die Rechtsform und den Vertretungsberechtigten,
- die Anschrift (ein Postfach reicht nicht aus),
- eine Kontaktmöglichkeit, die die schnelle elektronische Kontaktaufnahme ermöglicht,

also eine E-Mail-Adresse oder ein Kontaktformular,
- Angaben zur zuständigen Aufsichtsbehörde (zuständige Zahnärztekammer und für Vertragszahnärzte die zuständige Kassenzahnärztliche Vereinigung),
- gegebenenfalls Angaben zum Handelsregister/ Vereinsregister/Partnerschafts- oder Genossenschaftsregister sowie die entsprechende Registernummer,
- Angaben zur gesetzlichen Berufsbezeichnung und den Staat, in dem die Berufsbezeichnung verliehen wurde,
- die Bezeichnung der berufsrechtlichen Regelungen und dazu, wie diese zugänglich sind,
- die Umsatzsteueridentifikationsnummer oder die Wirtschafts-Identifikationsnummer.

Hinweis: Im Impressum müssen keine Angaben zur Berufshaftpflichtversicherung stehen.

In Bezug auf das Xing-Profil eines Rechtsanwalts entschied das Landgericht München I am 3.6.2014, das auch ein beruflich genutztes Profil in einem Sozialen Netzwerk ein ordnungsgemäßes Impressum benötigt. (Az. 33 O 4149/14)

7.4.2 Besondere Informationspflichten (§ 6)

Bei der kommerziellen Kommunikation gelten besondere Informationspflichten. Diese treffen für Zahnärzte zu, wenn sie eine Praxis-Website oder einen Blog betreiben. Sie berühren nicht rein private Internetauftritte. Bei Profilen in Sozialen Netzwerken muss im Einzelfall entschieden werden, ob das Profil privat oder betrieblich genutzt wird.

Die Vorschriften

Wenn Zahnärzte elektronische Medien zur Kommunikation beruflich nutzen, muss der kommerzielle Hintergrund klar als solcher erkennbar sein. Die Praxis oder der Zahnarzt, in deren Auftrag die Kommunikation stattfindet, müssen ebenfalls deutlich zu identifizieren sein. Bei E-Mails darf die Kopf- und die Betreffzeile nicht den Absender oder den kommerziellen Charakter verschleiern. Das bedeutet: Sie müssen bei E-Mails ihre Praxis als Absender angeben. Und die Betreffzeile muss deutlich den Inhalt der E-Mail wiedergeben. Außerdem sollten die E-Mails eine Signatur enthalten, in welcher der Absender mit Kontaktdaten aufgeführt ist. (Mehr zum Thema E-Mail erfahren Sie in ▶ Kap. 2.)

7.4.3 Datenschutz im TMG (▶ Abschnitt 4)

Generell dürfen Zahnärzte bei ihren Internetauftritten Daten erheben und verwenden. Dazu müssen die Nutzer aber ihre Einwilligung geben. Damit die Nutzer wissen, in was sie einwilligen, muss die Seite eine Datenschutzerklärung enthalten. (Ein Muster dazu finden Sie in ▶ Kap. 3.)

Wenn Nutzer einer Internetseite Kontaktformulare ausfüllen, senden sie Daten von sich: im Allgemeinen den Namen und die E-Mail-Adresse. Falls Zahnärzte eine E-Mail-Adresse verlinkt (anklickbar) auf ihrer Internetseite eingebunden haben und Nutzer an diese E-Mail-Adresse schreiben, wird ebenfalls mindestens die E-Mail-Adresse gesendet. Damit die Nutzer wissen, was mit ihren Daten geschieht, können sie die Datenschutzerklärung lesen und der Speicherung ihrer Daten zustimmen. In der Datenschutzerklärung muss deutlich aufgeführt sein, welche Daten zu welchen Zwecken und über welche Dauer gespeichert werden. Die Einwilligung der Nutzer kann elektronisch erfolgen. Die Anbieter, also die Website-Betreiber, müssen sicherstellen, dass die Nutzer ihre Einwilligung bewusst und eindeutig erteilt haben, dass diese Einwilligung protokolliert wird, dass die Nutzer den Inhalt der Einwilligung jederzeit abrufen können – daher die Datenschutzerklärung – und dass sie die Einwilligung widerrufen können.

Achtung: Auch wenn eine Website kein Kontaktformular und keine verlinkte E-Mail-Adresse hat, werden Daten erhoben. Denn die IP-Adressen, also die Adressen der Computer, mit denen die Nutzer im Internet surfen, werden gespeichert. Kommt beispielsweise ein User über eine Suchmaschine zur Praxis-Website, wird sowohl die IP-Adresse als auch der Suchbegriff gespeichert – dabei ist es egal, ob die Praxis selbst diese Daten tatsächlich nutzt. Die Anbieter der Seite, also die Zahnärzte bzw. die Praxis,

müssen „zu Beginn des Nutzungsvorgangs" darüber informieren, was mit den Daten geschieht.

Da nicht nur die Startseite der Praxis, sondern auch Unterseiten als Erstes aufgerufen werden können, beispielsweise, wenn ein Treffer in einer Suchmaschine auf eine Unterseite verweist, ist es sinnvoll, auf allen Seiten auf die Datenschutzerklärung zu verlinken.

> **Tipp**
>
> Stellen Sie die Datenschutzerklärung am besten gemeinsam mit dem Impressum in die Fußzeile jeder Seite. Dort suchen Internetnutzer meistens zuerst danach, und beide sind jederzeit verfügbar. Außerdem ist der Verweis in der Fußzeile so unauffällig, dass er das Gesamtbild Ihres Internetauftritts nicht beeinflusst.

Haftung

Website-Betreiber haften für die Informationen, die sie auf ihren Seiten darbieten. Wenn Zahnärzte also Untersuchungsmethoden und Therapieverfahren vorstellen, müssen sie sichergehen, dass die Angaben auch der Wahrheit entsprechen.

Binden sie zudem Informationen Dritter ein, muss dies als solches kenntlich gemacht werden. Dann entsteht auch keine Haftung. Informationen Dritter können beispielsweise vorliegen, wenn Zahnärzte in ihrem Internetauftritt ein Medienecho anbieten, wo sie Zeitungsartikel darstellen, in denen die Praxis oder ein Mitarbeiter erwähnt wird. Diese Zeitungsartikel sind in der Regel deutlich als Informationen Dritter zu erkennen. Das gilt auch für Links zu anderen Internetauftritten, beispielsweise, wenn ein Zahnarzt zu einer Klinik verlinkt, bei der er Operationen durchführt.

Zahnärzte sind nicht in der Verantwortung, die verlinkten Seiten regelmäßig zu überwachen. Erhalten Website-Betreiber jedoch Kenntnis davon, dass sie zu rechtswidrigen Seiten verlinken, sind sie in der Verantwortung zu handeln, etwa, indem sie die Links löschen.

Falls Website-Betreiber Informationen Dritter einbinden und diese modifizieren, ändert sich jedoch die Rechtslage. Stellt ein Zahnarzt beispielsweise Studien auf seinen Seiten dar und verändert diese im Wortlaut, macht er sich die Äußerungen zu Eigen. Damit wird er verantwortlich für den Inhalt.

❯ Ein Disclaimer, also die Erklärung, nicht für die Inhalte Dritter zu haften, ist per se kein Freifahrtschein. Entscheidend ist, ob sie im Kontext der Seite ernst gemeint scheint und ob sie gut sichtbar ist. Eine solche Erklärung erhöht die Chance, in einem möglichen Rechtsstreit erfolgreich zu sein.

7.5 Das Bundesdatenschutzgesetz

Das Bundesdatenschutzgesetz (BDSG) soll verhindern, dass Personen durch den Umgang Dritter mit ihren Daten in ihren Persönlichkeitsrechten eingeschränkt werden. Das Gesetz gilt für die Erhebung, Verarbeitung und Nutzung von personenbezogenen Daten. Verarbeiten bedeutet, Daten zu speichern, zu verändern, zu übermitteln, zu sperren und zu löschen. Personenbezogene Daten sind beispielsweise der Name, die Adresse, das Geburtsjahr und die Telefonnummer, aber auch Informationen zu Einkommensverhältnissen.

Neben den personenbezogenen Daten gibt es im Gesetz auch „besondere Arten personenbezogener Daten". Darunter fallen Angaben zur „rassischen und ethnischen Herkunft, politischen Meinungen, religiösen oder philosophischen Überzeugungen, Gewerkschaftszugehörigkeit, Gesundheit oder Sexualleben". Für diese gelten im Allgemeinen strengere Regeln. Zahnärzte sind durch ihre Dokumentationspflicht dazu angehalten, Gesundheitsinformationen von Patienten zu speichern. Insofern ist ihnen dieses grundsätzlich für die Ausübung ihrer Tätigkeit gestattet.

7.5.1 Datenvermeidung und Datensparsamkeit (§ 3a)

In Deutschland gilt das Prinzip der Datenvermeidung. Das heißt, es sollen nur solche Daten erhoben und gespeichert werden, die absolut notwendig sind. Es ist nicht gestattet, Daten zu speichern, die nicht an einen bestimmten Zweck gebunden sind. Für (Zahn-)Ärzte wird diese Vorschrift großzügig ausgelegt, da viele Faktoren Einfluss auf die Gesundheit haben. Insofern können verschiedenste Informationen wichtig sein, die auf den ersten Blick nicht zweckgebunden erscheinen.

Im Hinblick auf Online-Marketing gilt diese Vorschrift vor allem bei der Analyse der Website-Besucher. Wenn Zahnärzte etwa durch eine Software wie Google Analytics erfahren möchten, durch welche Suchbegriffe Internetnutzer auf ihre Seite kommen (▶ Kap. 4), wie lange sie dort verweilen, welches die häufigsten Ein- und Ausgangsseiten sind, so müssen diese Informationen ohne Verlust des Aussagegehalts anonymisiert erhoben werden. Es ist nicht gestattet, eine IP-Adresse über Jahre zu speichern, um gegebenenfalls feststellen zu können, welcher Nutzer wie lange auf welcher Seite war.

7.5.2 Datenschutzbeauftragter (§ 4 f)

Nicht-öffentliche Stellen wie Zahnarztpraxen, die Daten automatisiert verarbeiten, müssen einen Datenschutzbeauftragten schriftlich benennen, falls mindestens zehn Personen regelmäßig die Daten verarbeiten – so sieht es das BDSG vor. Dabei muss es sich um Personen handeln, die fachkundig und zuverlässig sind. Datenschutzbeauftragte sind den Praxis-Leitern direkt unterstellt und bei der Ausübung ihrer Tätigkeit weisungsfrei. Ihre Aufgabe ist es, die Daten bestmöglich zu schützen. Dabei dürfen Datenschutzbeauftragte in der Praxis nicht benachteiligt werden. Sie stehen unter Kündigungsschutz – es sei denn, es kommt zu einer fristlosen Kündigung wegen schweren Fehlverhaltens. Praxis-Inhaber müssen notwendige externe Fort- und Weiterbildungsmaßnahmen ermöglichen und die Kosten dafür übernehmen. Die Datenschutzbeauftragten sind zur absoluten Verschwiegenheit verpflichtet.

Aufgaben von Datenschutzbeauftragten

Datenschutzbeauftragte sind dafür zuständig, dass das jeweilige Unternehmen die Vorschriften des BDSG und gegebenenfalls weitere geltende Vorschriften einhält. In Zahnarztpraxen sind dies Vorgaben aus dem zahnärztlichen Berufsrecht, etwa zur Schweigepflicht. Dabei haben Datenschutzbeauftragte die Software-Programme zu überwachen, die die Daten verarbeiten. Technisches Verständnis ist für diese Aufgabe also zwingend erforderlich. Will ein Praxis-Inhaber beispielsweise eine neue

Abrechnungssoftware installieren, ist es die Aufgabe des Datenschutzbeauftragten, diese auf die Datensicherheit hin zu überprüfen.

Außerdem ist es die Aufgabe von Datenschutzbeauftragten, die Mitarbeiter, die die Daten verarbeiten, über die Vorschriften und ihre Pflichten aufzuklären. Die Durchführung der Aufklärung, etwa durch Handzettel, Checklisten, Inhouse-Schulungen oder externe Fortbildungen, ist Aufgabe der Datenschutzbeauftragten. Sofern dabei Kosten entstehen, ist dies mit den Praxis-Inhabern abzustimmen. Es gibt kein vorgeschriebenes Budget, das Unternehmen dafür bereitstellen müssen.

7.6   Das Urheberrecht

Das Urheberrecht schützt immaterielles, geistiges Eigentum. Es umfasst Literatur, Kunst und Wissenschaft, insbesondere:

- Schriften und Texte,
- Computerprogramme,
- Musik,
- Fotos und Bilder,
- Filme,
- Zeichnungen, Pläne, Karten, Skizzen, Tabellen und plastische Darstellungen,
- bildende Künste, einschließlich Werke der Baukunst und der angewandten Kunst und Entwürfe solcher,
- pantomimische Werke und Tanzkunst.

Die Rechte an den jeweiligen Werken besitzen die Urheber – es sei denn, sie haben diese veräußert. Nur die Urheber dürfen entscheiden, ob, wann und wie ihre Werke veröffentlicht werden. Auch das Vervielfältigungsrecht und das Recht zur „öffentlichen Zugänglichmachung" liegen bei den Urhebern.

7.6.1   Fotos auf der Praxis-Website

Für Zahnärzte hat das Urheberrecht folgende Auswirkungen: Sie dürfen auf ihrer Website nur solche Werke „öffentlich zugänglich machen", an denen sie die Urheberrechte (übertragen bekommen) haben, sowie solche Werke, die frei von Urheberrechten sind. Das heißt, sie dürfen sich nicht frei im Inter-

net bedienen. Auch wenn etwa die Bildersuche von Google viele interessante Ergebnisse für die Suche zu einem bestimmten Stichwort anzeigt, ist es nicht erlaubt, die Bilder einfach abzuspeichern und im eigenen Internetauftritt zu verwenden.

Die Rechte an Fotos haben die Fotografen. Das gilt auch für Porträtfotos, etwa von Praxis-Mitarbeitern. Zwar haben die abgebildeten Personen das Recht am eigenen Bild. Das bedeutet aber nur, dass diese Bilder nicht ohne ihre Einwilligung veröffentlicht oder öffentlich zugänglich gemacht werden dürfen. Sie haben sozusagen ein Vetorecht bei der Veröffentlichung. Das Urheberrecht liegt jedoch beim Fotografen. Wenn Zahnärzte also ihre Mitarbeiter bitten, Fotos für den neuen Internetauftritt der Praxis mitzubringen, laufen sie Gefahr, Urheberrechte zu verletzen. Es kann sein, dass sich die Fotografen der Bilder melden und Ansprüche erheben.

> ❯ Daher ist es ratsam, die Praxis-Mitarbeiter eine Erklärung unterschreiben zu lassen, dass die Bilder frei von Urheberrechten sind. So sichern sich Zahnärzte gegen spätere Forderungen ab.

Auf der sicheren Seite sind Zahnärzte, wenn sie professionelle Fotografen beauftragen, die die Mitarbeiter in der Praxis fotografieren und die Rechte dafür an die Praxis bzw. die Praxis-Inhaber abtreten.

Wenn Zahnärzte Fotografen beauftragen, sollten sie bereits im Vorfeld sicherstellen, dass sie alle Urheberrechte an den Bildern erwerben. Druckrechte für Print-Veröffentlichungen, beispielsweise für eine eigene Praxis-Broschüre, umfassen nicht zwangsläufig auch die Online-Nutzungsrechte. Es ist daher ratsam, sich gleich alle Rechte an den Bildern zu sichern – auch wenn weitergehende Projekte noch nicht geplant sind.

Fremde Texte verwenden

Nicht nur Fotos, auch Texte sind urheberrechtlich geschützt. Das heißt, dass Zahnärzte nicht ohne Weiteres Texte von anderen Internetseiten kopieren oder aus Büchern abschreiben dürfen, um sie für den eigenen Internetauftritt zu verwenden. Dasselbe gilt für Newsletter. Es ist nicht gestattet, die Nachrichten aus anderen Newslettern ohne die explizite Erlaubnis des Urhebers zu kopieren und als eigenen Newsletter zu versenden.

Es ist hingegen erlaubt, unter Angabe der Quelle aus anderen Texten zu zitieren. Dabei muss jedoch ein eigenes Werk entstehen. Einen fremden Text auf der eigenen Website darzubieten und diesen zu kommentieren ist kein Zitat. Um sicherzugehen, können Zahnärzte auf Texte Dritter aus dem Internet verlinken, und diese dann kommentieren. Jeder interessierte User kann dann den Link anklicken und sich den Originaltext durchlesen. Oder Sie fragen die Urheber, ob Sie die Texte verwenden dürfen. Hierbei ist es ratsam, sich die Erlaubnis auch in schriftlicher Form geben zu lassen.

Das Landgericht Köln hat mit Beschluss vom Mai 2011 entschieden, dass suchmaschinenoptimierte Online-Produktbeschreibungen urheberrechtlich geschützt sind. Der Text war elf Zeilen lang und hatte ein Produkt vorgestellt. (Az. 33 O 267/11)

Karten und Logos

Auch Karten unterliegen dem Urheberrecht. In den frühen Jahren des Internets kam es häufig zu Abmahnungen, weil Website-Betreiber einfach Stadtpläne eingescannt hatten, um daraus Anfahrtsskizzen zu erstellen. Diese hatten sie online gestellt, ohne dazu berechtigt zu sein.

Mittlerweile hat der Dienst Google Maps eine so weite Verbreitung im Internet, dass die meisten User darauf zurückgreifen. Google Maps lässt sich relativ einfach in die eigene Website einbauen, und die Benutzung ist vielen Usern bereits vertraut. Dennoch müssen Nutzer hierbei das Urheberrecht berücksichtigen und die Quelle angeben (▶ Kap. 3).

Auch Logos sind künstlerische Erzeugnisse. Wenn Zahnärzte ein Praxis-Logo bei einem Grafiker in Auftrag geben, sollten sie – wie beim Umgang mit Fotografen – darauf achten, dass ihnen alle Rechte übertragen werden, also auch das Recht, das Logo abzuändern. Wenn beispielsweise ein Zahnarzt aus einer Praxis-Gemeinschaft diese verlässt oder den Namen ändert, muss möglicherweise das Logo angepasst werden. Dazu benötigt die jeweilige Praxis die Nutzungs- und Veränderungsrechte – eine Änderung ohne Einwilligung kann teuer werden.

Beachten Sie bei der Zusammenarbeit mit Künstlern auch die Abgabepflicht an die Künstlersozialkasse (Kasten in ▶ Kap. 2).

7.7 Fazit

Das Werbeverbot ist zwar aufgehoben und viele Details sind liberalisiert, einfacher wird die Rechtslage für Zahnärzte dadurch aber nicht. Unübersichtlich ist sie vor allem, weil es kein einheitliches Gesetz zur (zahn-)ärztlichen Werbung gibt, sondern diverse Gesetze und Vorschriften beachtet werden müssen. Zudem bleiben viele Details auslegungsbedürftig, und erst nach und nach werden durch die Rechtsprechung konkretere Maßstäbe entwickelt.

Für die Gerichte ist entscheidend, ob eine Werbemaßnahme unmittelbar oder zumindest mittelbar die Patienten gefährden kann. Denn nur dann ist es gerechtfertigt, die zahnärztliche Berufsausübungsfreiheit einzuschränken. Diese Sicht hat sich noch nicht bei allen Zahnärztevertretern durchgesetzt. Deshalb kommt es derzeit immer noch zu Situationen, in denen sich Zahnärzte mit ihrer Kammer oder mit ihren Kollegen auseinandersetzen müssen, obwohl sie eigentlich im Recht sind.

Für Zahnärzte, die neue Wege beim Marketing beschreiten wollen, ist dies ärgerlich. Auch wenn sie vor Gericht Recht zugesprochen bekommen: Ein Gerichtsverfahren kostet Zeit, Kraft und Nerven und stellt eine hohe Belastung für alle Beteiligten dar. Dennoch müssen Zahnärzte nicht vor Online-Marketing zurückschrecken. Wer sich an die genannten Vorschriften hält, beschreitet den sicheren Weg. In Zweifelsfällen empfiehlt es sich für Zahnärzte, im Vorfeld den Rat eines Medizinrechtsanwalts oder der zuständigen Zahnärztekammer einzuholen.

Wenn Zahnärzte Fragen zum Medizin- oder Berufsrecht haben, können sie beim Medizinrechts-Beratungsnetz ein kostenloses juristisches Orientierungsgespräch durch ausgewählte Vertrauensanwälte in Anspruch nehmen. Beratungsscheine gibt es online oder unter der gebührenfreien Rufnummer 0800 0732483 (Montag bis Freitag von 9 bis 17 Uhr). Träger dieses Services ist der Medizinrechtsanwälte e. V., Lübeck. Weitere Informationen sowie das Verzeichnis der Vertrauensanwälte finden Zahnärzte unter ▶ www.medizinrechts-beratungsnetz.de.

Interview mit Christoph von Drachenfels, Rechtsanwalt und Fachanwalt für Medizinrecht der Kanzlei Drachenfels, Mülheim an der Ruhr

Wie kommt es, dass sich die Gesetze und die Rechtsprechung der Gerichte mitunter widersprechen?

„Ich würde es nicht Widerspruch nennen, sondern Weiterentwicklung. Das Recht ist nicht statisch, sondern entwickelt sich weiter. So wurde zum Beispiel das Fünfte Sozialgesetzbuch (SGB V), das für Zahnärzte relevant ist, u. a. durch diverse Gesundheitsreformen geändert, und vermutlich wird es auch bei künftigen Änderungen weiterentwickelt werden. Der Gesetzgeber reagiert damit auf veränderte Situationen. Auch die Rechtsprechung reagiert entsprechend auf Änderungen. Ein für Zahnärzte relevantes Beispiel ist die Werbung, die ihnen inzwischen erweiterte Möglichkeiten eröffnet."

Warum werden die Vorschriften nicht aneinander angepasst?

„Dies geschieht, wenn erforderlich. So hat zum Beispiel das Bundesverfassungsgericht (BVerfG) vor kurzem einer Verfassungsbeschwerde mehrerer Zahnärzte stattgegeben, in der es um die Benutzung der Bezeichnung ‚Zahnärztehaus' auf Briefbögen im geschäftlichen Verkehr und im Rahmen des Internetauftritts etc. ging. Das BVerfG hat hier festgestellt, dass die Verwendung dieser Bezeichnung für eine in einem Hause tätige zahnärztliche Gemeinschaftspraxis erst dann berufswidrig sein kann, wenn dies als irreführende oder als sachlich unangemessene Werbung einzustufen ist. Durch die Bezeichnung als solche werden keine Gemeinwohlbelange verletzt. Das BVerfG hat insoweit Vorgaben gesetzt."

Welches sind die typischen Rechtsfallen im Internet, die Zahnärzte betreffen?

„Es gibt Rechtsanwaltskanzleien, die sich auf die Überprüfung von Websites spezialisiert haben. Die haben nur das Ziel, eine rechtliche Unzulänglichkeit zu finden, damit sie die Betreiber abmahnen können. Das betrifft jedoch nicht nur Zahnärzte, aber diese besonders, eben weil es so viele Vorschriften gibt. Zahnärzte, die eine Website unterhalten, sollten insbesondere prüfen, ob das Impressum alle erforderlichen Angaben enthält. Im Übrigen sind die typischen Fallen diejenigen, in die auch Nicht-Ärzte treten, etwa wenn sie Services anklicken, die kostenpflichtig sind."

Wie können sich Zahnärzte davor schützen?

„Zahnärzte sollten – so wie jeder andere Nutzer – Angebote und Dienste im Internet mit der gebotenen Sorgfalt lesen. Insoweit gilt für das Internet das Gleiche wie im normalen Alltag: Zahnärzte werden zum Beispiel oft Opfer von Trickbetrügern, indem sie leichtfertig kostenpflichtige Eintragungen bei sogenannten Branchenbuchverzeichnissen unterschreiben. Aufmerksamkeit und gebotene Vorsicht sind die besten Ratgeber!" (▶ Kap. 2)

Was erwarten Sie, wie sich die Rechtslage für (Zahn-)Ärzte-Marketing weiterentwickeln wird?

„Die rechtlichen Möglichkeiten der Werbung und des Marketings werden zunehmen, aber nicht grenzenlos. Patienten haben ein stetig wachsendes Interesse daran, sich über Behandlungsmöglichkeiten und Alternativen einen Überblick zu verschaffen. Und Zahnärzte haben ein ebenfalls stetig zunehmendes Interesse daran, über ihr Leistungsangebot und die immer weiter fortschreitende Spezialisierung zu informieren. Die Art und Weise der Darstellung wird dabei – um verstärkt wahrgenommen zu werden – ausgereifter, ausgefallener und möglicherweise auch plakativer. Die Zahnärztekammern werden wie bisher einschreiten und damit den Gerichten die Möglichkeit eröffnen, die Grenzen abzustecken."

IT-Sicherheit
in der Zahnarztpraxis

Alexandra Köhler, Mirko Gründer

A. Köhler, M. Gründer, *Online-Marketing für die erfolgreiche Zahnarztpraxis*,
Erfolgskonzepte Zahnarztpraxis & Management,
DOI 10.1007/978-3-662-48573-6_8, © Springer-Verlag Berlin Heidelberg 2016

Online-Marketing findet – wie der Name schon sagt – im Internet statt. Die Technik und die Vernetzung sind natürlich nicht ohne Risiken – gerade was den Datenschutz anbelangt. Damit Zahnärzte und ihr Praxis-Team keine unangenehmen Überraschungen erleben, ist es wichtig, bei allen Maßnahmen höchste Sicherheitsstandards einzuhalten.

Die Zahnärztekammern fordern zwar schon lange nicht mehr, dass Computer mit Patientendaten keinen Internetzugang haben dürften. Wenn aber Praxis-PCs mit Patientendaten an das Internet angeschlossen sind und besonders wenn Patientendaten für Praxis-Marketing genutzt werden, etwa die E-Mail-Adressen beim Versand eines Newsletters, muss sichergestellt sein, dass keine Informationen von außen zugänglich sind. Vor allem ein solider Schutz vor Viren und Trojanern ist Pflicht. Außerdem sollten Praxisinhaber regelmäßig Sicherungskopien aller Computer-Inhalte anfertigen, wie sie bei Patientendaten längst Standard sind, um viel investierte Arbeit nicht zu verlieren. Bei all diesen Dingen handelt es sich natürlich nicht um originär zahnärztliche Tätigkeiten. Der ökonomischste Weg ist in den meisten Fällen die Auslagerung dieser Aufgaben an einen IT-Dienstleister – doch ein solcher will mit Bedacht ausgewählt sein. Zwar muss der Praxis-Chef diese Aufgaben nicht selbst ausführen. Wohl aber steht er in der Verantwortung und muss dies deshalb verlässlich delegieren.

> **Tipp**
>
> Dieses Kapitel kann die wichtigsten Themen nur kurz anreißen. Für tiefergehende Informationen greifen Sie am besten auf die Broschüre „Datenschutz- und Datensicherheits-Leitfaden für die Zahnarztpraxis-EDV" von BZÄK und KZBV zurück (► www.kzbv.de/datenschutz.91.de.html).

8.1   Das Computer-Netzwerk der Praxis

Patientenakten und Abrechnungsdaten werden in Zahnarztpraxen mittlerweile ausschließlich elektronisch geführt und bearbeitet. Das erleichtert den Arbeitsalltag – kaum ein Praxisinhaber möchte heutzutage noch darauf verzichten (◘ Abb. 8.1) – erfordert jedoch besondere Aufmerksamkeit für die Sicherheit der Daten.

8.1.1   Schad-Software und Angriffe von außen

Um das Computer-Netzwerk der Praxis effektiv zu sichern, ist es notwendig, bestimmte Computer-Programme aktuell zu halten. Das betrifft beispielsweise das Betriebssystem sowie die Praxis-Software. Wenn die Hersteller Updates zur Verfügung stellen, sollten Zahnärzte bzw. deren IT-Beauftragte diese zeitnah installieren. Gerade bei Betriebssystemen decken Hacker immer wieder Schwachstellen auf, die die Hersteller durch Updates wiederum schließen. Wenn diese Updates nicht installiert werden, ist das System angreifbar. Nachlässigkeit ist hier fehl am Platze: Updates sind die wichtigste Sicherheitsmaßnahme überhaupt!

Für Computer, die keinen direkten Zugang zum Internet haben, stellt sich die Frage nicht ganz so dringlich. Hier sollten Zahnarztpraxen Routinen einrichten, wann und auf welche Weise aktualisiert wird. Dabei empfiehlt es sich, die Updates herunterzuladen und auf einem USB-Stick zu speichern, um sie so auch auf den Stand-Alone-Rechnern installieren zu können.

Firewalls kontrollieren die Zugriffe

Eine Firewall (wörtlich: Brandmauer) soll verhindern, dass Programme oder Personen (insbesondere online) auf einen Computer zugreifen können, ohne dass der Besitzer dies möchte. Die Mauer funktioniert in beide Richtungen. Auch die Programme auf den Computern sollen nicht ungehindert auf das Internet zugreifen. Bestimmter Software aber, etwa einem Internetbrowser, muss der Zugang zum Netz gestattet sein, sonst ist sie nutzlos. Ein Programm zur Texterstellung braucht hingegen keine Internetverbindung. Solchen Programmen kann die Firewall den Zugriff verwehren. In der Regel fragt die Firewall bei jedem neuen Programm einmalig nach, ob es ins Internet darf oder nicht. Wurde der Computer beispielsweise mit einem Virus infiziert und dieser versucht, auf das

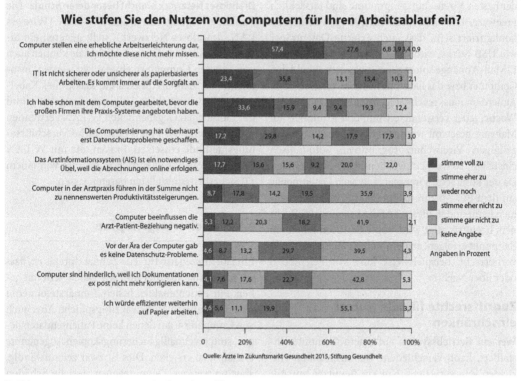

Wie stufen Sie den Nutzen von Computern für Ihren Arbeitsablauf ein?

Computer stellen eine erhebliche Arbeitserleichterung dar, ich möchte diese nicht mehr missen. — 57,4 | 27,6 | 6,8 | 3,9 | 3,4 | 0,9

IT ist nicht sicherer oder unsicherer als papierbasiertes Arbeiten. Es kommt immer auf die Sorgfalt an. — 23,4 | 35,8 | 13,1 | 15,4 | 10,3 | 2,1

Ich habe schon mit dem Computer gearbeitet, bevor die großen Firmen ihre Praxis-Systeme angeboten haben. — 33,6 | 15,9 | 9,4 | 9,4 | 19,3 | 12,4

Die Computerisierung hat überhaupt erst Datenschutzprobleme geschaffen. — 17,2 | 29,8 | 14,2 | 17,9 | 17,9 | 3,0

Das Arztinformationssystem (AIS) ist ein notwendiges Übel, weil die Abrechnungen online erfolgen. — 17,7 | 15,6 | 15,6 | 9,2 | 20,0 | 22,0

Computer in der Arztpraxis führen in der Summe nicht zu nennenswerten Produktivitätssteigerungen. — 8,7 | 17,8 | 14,2 | 19,5 | 35,9 | 3,9

Computer beeinflussen die Arzt-Patient-Beziehung negativ. — 5,3 | 12,2 | 20,3 | 18,2 | 41,9 | 2,1

Vor der Ära der Computer gab es keine Datenschutz-Probleme. — 4,6 | 8,7 | 13,2 | 29,7 | 39,5 | 4,3

Computer sind hinderlich, weil ich Dokumentationen ex post nicht mehr korrigieren kann. — 4,1 | 7,6 | 17,6 | 22,7 | 42,8 | 5,3

Ich würde effizienter weiterhin auf Papier arbeiten. — 4,6 | 5,6 | 11,1 | 19,9 | 55,1 | 3,7

■ stimme voll zu
■ stimme eher zu
□ weder noch
■ stimme eher nicht zu
■ stimme gar nicht zu
□ keine Angabe

Angaben in Prozent

0 | 20% | 40% | 60% | 80% | 100%

Quelle: Ärzte im Zukunftsmarkt Gesundheit 2015, Stiftung Gesundheit

◘ Abb. 8.1 Nutzen von Computern für den Arbeitsablauf. (Stiftung Gesundheit)

Netz zuzugreifen, soll die Firewall dies verbieten und so gegebenenfalls größeren Schaden verhindern.

Außer dem Betriebssystem (für Updates), dem Virenschutz selbst, dem Mail-Programm, dem Webbrowser und der Zahnarzt-Software für Abrechnungszwecke oder Online-Terminvergabe muss eigentlich keine Software auf das Internet zugreifen dürfen.

Fragt ein Ihnen unbekanntes Programm, ob es ins Internet darf, sollten Sie dies nicht ohne weiteres zulassen. Wenn Sie das Programm nicht kennen, nehmen Sie sich die Zeit und recherchieren kurz, worum es sich handelt. Geben Sie dafür einfach den Namen des Programms bei Google ein und suchen Sie Informationen. Achten Sie dabei auch darauf, aus welcher Quelle diese stammen. Bloß weil ein Nutzer in einem Computerforum sagt, dass das Programm ungefährlich sei, muss dies nicht stimmen. Eine zuverlässigere Quelle ist zum Beispiel der Internetauftritt einer Computerzeitschrift.

❶ **Vorsicht: Die unterschiedlichen Firewalls sind unterschiedlich geschwätzig. Wenn das Programm zu leichtfertig nachfragt, also zu oft stört, wird der eine oder andere Mitarbeiter eher entnervt einfach den Knopf zum „Erlauben" drücken.**

Virenschutz ist Pflicht

Eine Software zum Virenschutz soll verhindern, dass bösartige Computerprogramme wie Viren und Trojaner einen Computer befallen und dort Daten manipulieren, löschen oder ungefragt versenden. Virenschutzprogramme müssen täglich aktualisiert werden bzw. sich zuverlässig selbst updaten, da im Netz ständig neue Malware verbreitet wird. Malware ist der Oberbegriff für schädliche Software jeder Art, also Viren, Würmer, Trojaner und wie sie alle heißen. Malware ist also nicht gleichzusetzen mit Computerviren, auch wenn die Begriffe häufig synonym gebraucht werden.

Ein aktuelles Virenschutzprogramm ist für jeden Computer Pflicht. Es muss nicht teuer sein – einige der besten Virenschutzprogramme sind tatsächlich Freeware. Die Sicherheitseinstellungen sollten so konfiguriert sein, dass auch externe Datenträger wie USB-Sticks, externe Festplatten, DVDs sowie E-Mail-Anhänge sofort geprüft werden, sobald den Computer bzw. das hausinterne Netzwerk erreichen. Außerdem muss regelmäßig, mindestens einmal pro Woche, jeder verwendete Computer gründlich auf Malware gescannt werden. Dies lässt sich bei den gängigen Virenschutzprogrammen automatisch einstellen, so dass ein wöchentlicher Scan erfolgt. Da der komplette Virenscan – je nach Datenmenge auf dem PC – mehrere Stunden in Anspruch nehmen kann und in dieser Zeit die Leistung des Rechners beeinträchtigt wird, sollte der Scan zu einem Zeitpunkt erfolgen, an dem wenig Patientenkontakt vorherrscht, beispielsweise kurz vor Feierabend oder über Nacht.

Zugriffsrechte für alle Nutzer einschränken

Wer ein Betriebssystem auf einem Computer installiert, kann verschiedene Benutzerkonten einrichten und verwalten. Nur ein Benutzer mit Administrator-Rechten hat selbst vollen Zugriff und kann die Zugriffsrechte anderer Nutzer verwalten. Wenn ein Computer von Schad-Software befallen ist, gelten die Zugriffsrechte des aktuell aktiven Accounts (Benutzerkontos) im Normalfall auch für die Schad-Software. Das heißt, alles, was der Inhaber des Accounts kann und darf, kann dann auch der Schädling tun. Je höhere Rechte dem Nutzer zur Verfügung stehen, desto mehr Schaden kann also auch eine Malware anrichten. Deshalb gilt als zwingende Richtlinie: Die Benutzerrechte sind so restriktiv wie möglich zu halten! Alles ist zu verbieten, was für die tatsächliche Arbeit des jeweiligen Mitarbeiters nicht nötig ist.

Das Benutzerkonto mit allen Rechten, das Administrator-Konto, darf nicht standardmäßig in Betrieb sein. Ein Admin (Administrator) darf sich nur einloggen, wenn dies zum Beispiel für Arbeiten am System selbst unverzichtbar ist. Auch Praxis-Inhaber sollten kein Administrator-Konto nutzen, sondern sich ein eigenes Benutzerkonto für die tägliche Arbeit einrichten. So minimieren Zahnärzte den jeweils möglichen Schaden – durch Schad-Software ebenso wie durch eigene Fehler.

Drahtloses Netzwerk braucht besonderen Schutz Die Funkübertragung von Daten, W-LAN (Wireless LAN, drahtloses Netzwerk), stellt generell ein Sicherheitsrisiko dar. Denn diese Signale können auch von anderen Computern empfangen werden. Insofern ist für Zahnarztpraxen ein klassisches Kabelnetzwerk zu empfehlen. Falls eine Praxis aufgrund der räumlichen Gegebenheiten W-LAN verwenden möchte, muss die Praxis eine starke Verschlüsselungsmethode einsetzen. Praxen, die mit W-LAN arbeiten wollen, sollten sich unbedingt von einem IT-Sicherheitsspezialisten beraten lassen.

8.1.2   Sicherungskopien

Ein Horrorszenario für jede Zahnarztpraxis ist, dass ein Computer abstürzt und alle Daten verloren gehen. Für Patientenakten haben Zahnärzte ohnehin eine mehrjährige Aufbewahrungspflicht. Aber auch von Computern, auf denen keine Patientendaten liegen, sind regelmäßig Sicherungskopien, sogenannte Backups, zu erstellen. Dies ist zwar zeitaufwändig, aber notwendig. Denn gegen materielle Schäden können sich Zahnärzte versichern, der Verlust von Daten ist jedoch schwer zu beziffern. Es behindert die Arbeitsabläufe immens, wenn alle Kontaktdaten von Kooperationspartnern und Kollegen sowie das Archiv mit Dienstleister-Vereinbarungen verloren gehen, wenn die verwendeten Lesezeichen (▶ Kap. 5) im Internetbrowser ebenso verschwunden sind oder alle bisherigen Ausgaben des Praxis-Newsletters. Wenn gar Dokumentationen ganz oder in Teilen verloren gehen, steht der Praxis-Chef eventuell beim nächsten Behandlungsfehler-Vorwurf „böse im Regen", mal ganz abgesehen von gesetzlichen Dokumentationspflichten.

Gerade wenn der Internetauftritt der Praxis auf einem eigenen Server liegt, ist es wichtig, diesen regelmäßig zu sichern, damit er auch im Störfall schnell wieder verfügbar ist. Zu einem solchen Störfall kann es leicht kommen, etwa durch

- einen Einbruch, bei dem die Computer gestohlen werden,
- Malware, die Daten zerstört,
- Hardwarefehler, etwa an der Festplatte, die Daten beschädigen,
- einen Brand oder Wasserschaden,

— Bedienungsfehler, beispielsweise wenn ein Mitarbeiter versehentlich Daten löscht.

Damit Zahnarztpraxen Backups zeitsparend und sinnvoll durchführen können, müssen sie folgende Fragen beantworten und die Abläufe entsprechend optimieren:

Leitfragen für Backups in der Zahnarztpraxis
- Welche Daten sind zu speichern?
- Welche Speichermedien sind zu benutzen?
- Welche Art der Sicherung ist angemessen?
- Wie oft sind die Daten zu sichern?

Um diese Fragen sinnvoll zu beantworten, muss als Maßstab stets der Schadenfall im Blick behalten werden: Wie wird im Notfall ein System wiederhergestellt? Dieser Prozess muss gut geplant, schnell und einfach durchzuführen sein. Außerdem sollte jeder Schritt – vom Backup bis zur Wiederherstellung – dokumentiert werden, sodass auch IT-Laien ihn durchführen können. Denn die Fachleute sind in Notfällen nicht immer sofort verfügbar.

Was passiert, wenn buchstäblich der Wurm (typische Malware) in den Daten ist? Schadsoftware schlägt oft nicht sofort zu, sondern wartet und lauert. Nebenbei wird sie mit in die Sicherungskopie geschrieben, und beim Wiederherstellen der Sicherheitskopie taucht sie wieder auf. Deshalb muss man Daten in mindestens drei „Generationen" sichern.

Tipp

Sichern Sie in mehreren Datengenerationen. Schreiben Sie das Backup der aktuellen Woche auf einen Datenträger, ohne die Sicherung der Vorwoche zu überschreiben, usw. Das bedeutet natürlich Aufwand, jedoch sichert es buchstäblich die Existenz.

Welche Daten sind zu speichern?

Das Backup sollte alle Daten enthalten, die im Schadensfall unwiederbringlich verloren gehen würden, also die persönlichen Daten der Nutzer. Hier sind

auch die Datenbanken von Abrechnungssoftware u. ä. abgelegt. Das Betriebssystem und die installierten Programme müssen nicht extra gesichert werden. Sie können jederzeit frisch installiert werden.

Wichtige Daten für das Backup
- wichtige Dokumente für den Geschäftsverkehr, insbesondere selbst erstellte oder gespeicherte Dateien wie Textdokumente und Bilder, aber auch Videos, etwa der Praxis-Imagefilm (▶ Kap. 2),
- E-Mail-Verkehr sowie die Nutzereinstellungen des verwendeten Mail-Programms,
- Nutzerdaten von Programmen, beispielsweise zu Abrechnungsdaten, die Buchführung, die Lagerverwaltung sowie Adressbücher und Terminplaner,
- Nutzereinstellungen des Internetbrowsers, vor allem die Lesezeichen.

Tipp

Seien Sie im Zweifelsfall lieber großzügig bei der Auswahl der zu sichernden Inhalte. Lieber etwas sichern, das Sie später nicht brauchen, als etwas Wichtiges zu übersehen.

Welche Speichermedien geeignet sind, hängt vom Umfang der jeweiligen Datensicherung ab. Für kleinere Datenmengen bieten sich beschreibbare DVDs an. Häufig reicht der Speicherplatz einer DVD jedoch kaum noch aus, um die E-Mails mehrerer Jahre zu sichern.

Es ist nicht praktikabel, die Datensicherung auf mehrere Rohlinge aufzuteilen. Zum einen dauert es deutlich länger, die Backups zu erstellen, zum anderen ist es ein größerer Arbeitsaufwand, wenn später eine bestimmte Datei gesucht wird und erst einmal verschiedene DVDs eingelegt werden müssen. Mehr Speicherplatz bieten BluRay-Discs, doch oft können Praxisrechner diese noch nicht beschreiben. Für größere Datenmengen empfehlen sich am ehesten USB-Sticks und externe Festplatten. Gerade die externen Festplatten haben inzwischen Speicherkapazitäten in Größenordnungen von Terabyte. Sie bieten genug Speicherplatz, um das ganze System zu sichern – und kosten heutzutage nicht mehr viel.

Backups sollten Sie keinesfalls auf einer zweiten Festplatte im selben Computer anlegen, denn Viren können häufig beide Festplatten befallen. Außerdem betreffen Diebstahl sowie Wasser- und Feuerschäden meist beide Festplatten. Dann würde mit dem Original auch gleich das Backup verloren gehen.

> **Tipp**
>
> Bewahren Sie die Backups räumlich getrennt von Ihrer Praxis an einem sicheren Ort auf, beispielsweise in einem Bankschließfach – oder zumindest zuhause. So sind Sie selbst vor einem Brand in der Praxis sicher.

Online-Backups sind vor allem für Patientendaten keine echte Alternative, denn hier gelten höchste Anforderungen an den Datenschutz. Natürlich können aber auch Zahnärzte für andere, weniger sensible Daten Cloud-Speicher wie Microsofts One-Drive oder Google Drive nutzen.

Welche Art der Sicherung ist angemessen?

Es gibt drei Arten der Sicherung: die Vollsicherung, das inkrementelle Backup und die Spiegelung. Bei der Vollsicherung werden alle Dateien gesichert, indem sie komplett auf einen anderen Datenträger kopiert werden. Die erste Sicherung in einer Reihe von Backups muss stets eine Vollsicherung sein, damit erst einmal alle Daten vorhanden sind. Die Vollsicherung nimmt vergleichsweise viel Zeit in Anspruch, weil sie sehr umfangreich ist.

Beim inkrementellen Backup werden nur die Dateien neu gesichert, die sich seit dem letzten Update verändert haben oder neu hinzugekommen sind. Das hat den Vorteil, dass das Backup schneller geht.

Bei der Spiegelung werden nicht nur alle Dateien, sondern auch das Betriebssystem und alle installierten Programme gesichert. Es wird also ein komplettes Spiegelbild des gesamten Computer-Systems geschaffen. Diese Art des Backups dauert am längsten, hat aber den Vorteil, dass im Notfall der Urzustand am schnellsten wiederhergestellt werden kann.

Es gibt eine Vielzahl von Programmen, die die Erstellung von Backups vereinfachen. Das Spektrum reicht von einfachen Synchronisierungs-Tools, wie dem Microsoft-Programm SyncToy, bis zu größeren Freeware-Tools, wie Comodo BackUp und Backup Maker. Auch professionelle Lösungen wie Acronis („True Image") oder Symantec („Norton Ghost") sind auf dem Markt. Mit Hilfe solcher Programme lässt sich der Sicherungsprozess weitgehend automatisieren und der Arbeitsaufwand deutlich reduzieren.

Eine feste Regel zur Häufigkeit gibt es nicht. Je wichtiger die Daten sind, desto häufiger sollten sie gesichert werden. Für Patientendaten empfiehlt sich eine tägliche Sicherung zum Feierabend. Für den sonstigen Geschäftsverkehr inklusive der Marketing-Aktivitäten der Praxis reicht im Normalfall ein wöchentliches Backup.

Spielen Sie ein Krisenszenario durch. Die ganze Backup-Arbeit muss für folgenden Ernstfall taugen: Ihr Praxis-Netzwerk ist gestört, kaputt oder gleich ganz gestohlen oder zerstört worden, dennoch müssen Sie schnell wieder arbeitsfähig werden. Spielen Sie es durch. Sie werden staunen, welche Klippen es gibt.

Am besten wählen Sie dafür den Worst Case. Drücken Sie Ihrem IT-Mitarbeiter das Backup in die Hand, geben Sie ihm einen Reserve-PC, der immer bereit stehen sollte, und drücken Sie auf die Stoppuhr: Wann läuft das System wieder? Mit Sicherheit werden Sie sehen, wo der Notfall-Ablaufplan ergänzt werden muss.

8.2   Sicherer Internetauftritt

Der Internetauftritt ist das Zentrum des Online-Marketings einer Zahnarztpraxis: Sowohl die Social-Media-Präsenzen als auch die E-Mail-Newsletter sowie alle Printdokumente vom Briefbogen bis zur Visitenkarte verweisen ständig auf die Website. Darum ist es wichtig, den Internetauftritt bestmöglich zu schützen. Manipulationen an Internetauftritten von Zahnarztpraxen sind zwar selten, aber Ihr Schadenspotential ist nicht zu unterschätzen. Patienten erwarten, dass sie auf der Website die gewünschten Informationen vorfinden: Eine fehlerhafte Telefonnummer, falsche Öffnungszeiten oder der komplette

Checkliste Computer-Sicherheit

- Wurden die Standard-Passwörter von Programmen geändert?
- Ist die Einstellung „Speichern von Passwörtern?" deaktiviert?
- Ist der Zugang zum PC passwortgeschützt?
- Besitzen nur die befugten Personen Zugang?
- Ist das Passwort sicher, also eine Kombination aus Buchstaben, Zahlen und Sonderzeichen?
- Ist das Passwort nicht am Monitor oder unter der Tastatur festgeklebt?
- Sind Firewall und Virenschutz installiert und werden diese täglich aktualisiert?
- Gibt es regelmäßige Virenprüfungen?
- Gibt es ein Konzept bei Sicherheitsproblemen, um effizient reagieren zu können?
- Hat ein IT-Techniker Ihr Sicherheitssystem überprüft?
- Führen Sie regelmäßig Datensicherungen durch, und lagern Sie diese extern?
- Sind Ihre Computer auch vor Wasser, Feuer und Strom geschützt?

Ausfall der Website können zu erheblichem Frust führen. Noch verheerender wäre eine Verbreitung falscher medizinischer Tipps oder verleumderischer Behauptungen über die Website.

Tipp

Generell gilt: Die höchste Stufe der Sicherheit ist, wenn gar keine Daten verfügbar sind. In Ihrem Internetauftritt sollten Sie möglichst keine sensiblen Daten bereithalten, die Sie dann aufwändig schützen müssen.

Ist beispielsweise eine Online-Terminvereinbarung (▶ Kap. 3) über die Website möglich, bei der Patienten ihre Daten eingeben müssen, so sollten auf den Webservern so wenige Daten wie möglich gespeichert werden.

Falls über die Internetseite Daten ausgetauscht werden, etwa wenn es einen Log-in-Bereich gibt oder eben bei der Online-Terminvergabe, sollte die Praxis-Website HTTPS verwenden. HTTP steht für HyperText Transfer Protocol. Dabei handelt es sich um das gängige Protokoll zur Übertragung von Daten. Dieses Protokoll ist jedoch ungeschützt. Jede Person, die Zugang zu Ihrem Netzwerk hat, kann die übertragenen Informationen einsehen. Und mit Schnüffelprogrammen kann der Datenfluss recht einfach von Dritten belauscht werden. Bei HTTPS (HyperText Transfer Protocol Secure, also sicheres Hypertext-Übertragungsprotokoll) werden die Daten verschlüsselt. Die Datenpakete laufen dann nicht im Klartext durch Luft bzw. Leitung, sondern verschlüsselt und nicht ohne passenden Schlüssel lesbar. Ohne diesen Schlüssel, das Passwort, können Daten auch dann nicht von Dritten eingesehen werden, wenn diese Zugang zum Netzwerk haben.

Für die Sicherheit des Internetauftritts bei Angriffen durch Hacker oder Schad-Software ist je nach Vertrag aber meistens der jeweilige Webhoster zuständig. Wenn Zahnärzte ihre Websites nicht auf eigenen Servern anbieten, sondern von einem externen Anbieter Gebrauch machen, sollten sie sich bei diesen nach den Sicherheitsvorkehrungen erkundigen. Welche Maßnahmen gibt es gegen Hacker-Angriffe? Besteht Schutz vor Manipulationen? Entscheidend ist, dass die Webhoster das Betriebssystem und die auf den Webservern laufende Software stets aktuell halten: also Webserver-Software ebenso wie die Programmiersprachen, und – falls im Einsatz – eine Datenbank-Software. Auf den Webservern sind aktueller Virenschutz und eine Firewall natürlich auch notwendig. Diese müssen genauso streng wie bei den Praxis-Rechnern täglich aktualisiert werden, um das System bestmöglich zu schützen. Dasselbe gilt für die Software des Content-Management-Systems sowie aller darin laufenden Plugins.

Generell im Praxis-Netz wie auch bei der Verwendung von Zugängen zum Content-Management-System und auch zum Webserver-Zugang müssen Zahnärzte und ihre Mitarbeiter Passwörter der höchsten Sicherheitsstufe verwenden, also Kombinationen aus Zahlen, Buchstaben und Sonderzeichen (länger als sechs Zeichen). Jegliche Vornamen oder andere Begriffe, die in einem Lexikon stehen könnten, wie auch das Geburtsdatum und auch das Geburtsdatum rückwärts, eignen sich nicht dafür.

Geeignete Passwörter, die Sie sich trotzdem merken können, erstellen Sie am einfachsten anhand eines Merksatzes, zum Beispiel: „Ich habe beim Handball das Trikot mit der Nummer 12 getragen." Das Passwort setzen Sie aus den Anfangsbuchstaben der Wörter zusammen, das Wort „Nummer" ersetzen Sie mit der Raute (#), also: „IhbHdTmd#12 g". Darüber hinaus sollten Sie Passwörter nicht mehrmals, also für verschiedene Log-ins, verwenden. Jeder Zugang, etwa für das CMS, das Netzwerk und die Social-Media-Auftritte, muss ein eigenes Passwort haben. Dabei können Sie natürlich ähnliche Merksätze verwenden, um sich die Passwörter besser merken zu können.

Im Idealfall sollten Sie sich Passwörter merken und nicht notieren. Bei der Menge an Passwörtern ist dies jedoch – auch zur eigenen Sicherheit bei Gedächtnisschwund – unvermeidbar. Dann bewahren Sie jedoch das handgeschriebene Papier oder die verschlüsselte Datei in Ihrem Safe außerhalb der Praxis-Räume auf – und nicht in der öffentlich zugänglichen Schublade am Empfang.

8.3   Sicherer Mail-Verkehr

Aus Gründen des Datenschutzes und der Schweigepflicht eignet sich der E-Mail-Verkehr nur eingeschränkt für die zahnärztliche Arbeit. Dennoch: E-Mails sind heute aus der beruflichen und aus der privaten Kommunikation kaum noch wegzudenken (▶ Kap. 2). Zahnarztpraxen sollten daher einige Sicherheitsregeln beachten, um E-Mails ungefährdet zu benutzen.

E-Mails können sowohl als HTML-Mails als auch als Nur-Text-Mails formatiert sein. HTML-Mails bieten die Möglichkeit, Bilder einzubinden, Links anklickbar zu gestalten und ein komplettes Layout zu entwerfen. Allerdings können sich dadurch darin auch kleine Programme verstecken. Diese sind meist ungefährlich und dienen beispielsweise häufig dazu, die Öffnungsraten eines Newsletters zu überprüfen.

Mail-Programme können HTML-Mails aber auch als Nur-Text darstellen. Die integrierte Software kommt dann nicht zum Einsatz. Zahnarztpraxen sollten in ihren Mail-Programmen jene Einstellung wählen, die dafür sorgt, dass alle E-Mails als

Nur-Text angezeigt werden. So werden auch Spam-Mails, die zu sogenannten Phishing-Seiten führen, leichter entlarvt. Beispielsweise erweckt eine E-Mail den Eindruck, von einem Finanzdienstleistungsunternehmen zu stammen, das den Zahnarzt auffordert, sich auf der Website einzuloggen und Korrekturen vorzunehmen. Die Seite, auf die verlinkt wird, gehört aber gar nicht zum Finanzdienstleister. Sie dient dazu, die Log-in-Daten abzugreifen. In einer HTML-Mail sind die Links zur Seite formatiert und mit einem Mouseover versehen. So erweckt der Link den Eindruck, seriös zu sein. In der Nur-Text-Ansicht können User aber sehen, zu welcher Adresse der Link wirklich führt.

Beim Öffnen von E-Mail-Anhängen besteht theoretisch die Möglichkeit, den Computer mit Viren zu infizieren. Zwar sind die meisten Virenschutzprogramme so konfiguriert, dass sie die Anhänge gleich überprüfen und, falls nötig, in Quarantäne stellen – jedoch gibt es immer auch neue Schad-Software, die von den Schutzprogrammen (noch) nicht erkannt wird. Daher sollten Zahnärzte und ihre Mitarbeiter stets darauf achten, nur solche Anhänge zu öffnen, bei denen der Absender bekannt ist oder einen vertrauenswürdigen Eindruck macht.

> **Hinweise auf unseriöse Absender**
> - Die Betreffzeile verspricht schnelles Geld, bietet Rolex-Uhren oder Potenzmittel an.
> - Die E-Mail ist auf Englisch geschrieben.
> - Es ist keine Anrede vorhanden oder die Anrede lautet:„Sehr geehrter Herr Praxis Mustermann"; das deutet darauf hin, dass die E-Mail automatisiert aus den Inhalten der Website erstellt wurde.
> - Sie werden aufgefordert, Passwörter oder Log-in-Daten anzugeben.

Falls solche E-Mails Anhänge enthalten, sind sie umgehend zu löschen.

Im Normalfall sind E-Mails nicht verschlüsselt. Ebenso wie alle anderen Informationen, die über das Internet übertragen werden, können diese von allen Personen eingesehen werden, die Zugang zum Netzwerk und die entsprechende Berechtigung haben. Fast alle E-Mail-Provider bieten aber mittlerweile die Möglichkeit, E-Mails zu verschlüsseln. Diese werden dann beim Empfänger wieder entschlüsselt, sodass sie in der Zwischenzeit unlesbar sind.

8.3.1 E-Mail-Adressen schützen

Nach dem Telemediengesetz sind Zahnärzte, wie andere Website-Betreiber auch, verpflichtet, auf ihrer Website ein Impressum anzugeben, in dem eine aktuelle E-Mail-Adresse verzeichnet ist (▶ Kap. 3). Auch für die Kommunikation mit den Patienten ist es wichtig, die E-Mail-Adresse, etwa zur Terminvereinbarung, auf der Website präsent zu haben, eventuell sogar auf jeder Seite mit den weiteren Kontaktdaten und Sprechzeiten in der Fußzeile. Doch das birgt ein Ärgernis: Sogenannte Spam-Bots durchforsten das Internet auf der Suche nach E-Mail-Adressen. Spam-Bots sind Computer-Programme, die wahllos Internetseiten analysieren und nach E-Mail-Adressen absuchen. Werden Adressen gefunden, kommen diese automatisch in ein Verzeichnis und werden fortan mit E-Mails beschickt, beispielsweise Kaufangebote für Viagra-Tabletten und vermeintliche Rolex-Uhren.

Um dieses Ärgernis zu vermeiden, empfiehlt es sich, die E-Mail-Adressen vor Spam-Bots zu schützen. Die einfachste Methode ist, das @-Zeichen in der Adresse zu ersetzen durch (at). Die Adresse heißt dann also: praxis(at)dr-mustermann.de. Nutzer, die die Praxis anmailen wollen, müssen das (at) dann manuell austauschen. Allerdings verringert diese Methode nur den Spam und verhindert ihn nicht vollkommen, denn viele Spam-Bots kennen diesen Trick und erstellen das @-Zeichen automatisch. Effizienter ist eine Verschlüsselung der Mailadresse, wie sie manche Content-Management-Systeme bzw. spezielle Plugins beherrschen (▶ Kap. 2).

> **Tipp**
>
> Eine effektive Methode, die Praxis-E-Mail vor Spam zu schützen, ist es, die E-Mail-Adresse nicht als Text, sondern als Bild in die Seite zu integrieren.

Schreiben Sie dazu die Adresse auf und machen Sie einen Screenshot der Seite. Schneiden Sie diesen so zu, dass Sie nur ein kleines Bild haben, auf dem Ihre E-Mail-Adresse zu sehen ist. Dieses kleine Bildchen integrieren Sie dann in die Seite. Anstatt Text zu lesen, erkennen die Spam-Bots dann nur, dass es sich um ein Bild handelt. Dies kann zwar theoretisch immer noch durch Texterkennungssoftware (OCR – optical character recognition) automatisiert erfasst werden, doch das machen nur wenige Spam-Bots. Der Nachteil: Ein User kann nicht mehr einfach durch das Anklicken eine Mail an diese Adresse schreiben.

8.4 Surfen ohne Spuren

Im Internet zu surfen erscheint anonym. Gerade wenn Nutzer alleine vor dem heimischen PC sitzen, fühlen sie sich unbeobachtet. Dabei ist es praktisch unmöglich, sich ohne Spuren durch das Internet zu bewegen. Nicht nur der eigene Computer zeichnet permanent auf, was man tut, und meldet es zum Teil sogar an die Software-Hersteller weiter. Auch die Internetseiten registrieren die Zugriffe. Auf einigen müssen Nutzer eigene Daten eingeben. Und viele Webangebote hinterlassen auch noch andere Spuren im eigenen Computer: harmlose und weniger harmlose. Um sicher zu surfen, reicht es, einige Regeln einzuhalten.

Bei vielen Websites müssen Nutzer eigene Daten angeben, etwa um einen Kommentar auf einem Blog verfassen oder einen Newsletter abonnieren zu können. Bei Onlinehändlern ist es oft sogar erforderlich, Konto- und Kreditkartendaten preiszugeben. Die wichtigste Grundregel für jede Eingabe ist: Nur das absolut Notwendige angeben.

Welche eigenen Daten preisgegeben werden müssen, hängt vom jeweiligen Ziel ab. Wollen Sie als Privatperson einen Kommentar in einem politischen Blog abgeben, müssen Sie sich weder als Zahnarzt noch mit vollem Namen zu erkennen geben. Wollen Sie hingegen Ihre Reputation als Experte für ein zahnmedizinisches Fachgebiet steigern, ist es sinnvoll, nicht nur Ihren Namen, sondern auch noch einen Link zur Praxis-Website anzugeben.

Im Internet ist vieles öffentlich. Nutzerdaten – zum Beispiel bei Onlinehändlern – sind meistens aufwändig geschützt, auch wenn dies keine hundertprozentige Sicherheit garantiert. Anders sieht es aus bei Aktivitäten in Foren, Blogs und Social Networks. Diese sind meist frei einsehbar. Wer nicht möchte, dass durch simples Googeln des Namens alles über die eigenen Ansichten und Lebensweise zu Tage kommt, sollte sich gut überlegen, was er im Netz preisgibt (▶ Kap. 5). Eine einfache und effektive Vorsichtsmaßnahme ist die Verwendung eines Pseudonyms. Vor allem in Foren und Kommentaren ist dies sehr verbreitet. Sind Inhalte erst einmal ins Internet gelangt, ist es sehr schwierig bis unmöglich, diese wieder zu entfernen. Selbst wenn die Informationen auf der entsprechenden Seite gelöscht wurden, sind sie häufig noch Monate lang auffindbar, beispielsweise in den Zwischenspeichern der Suchmaschinen und in Internetarchiven.

8.4.1 Zuschauer beim Surfen

Auch das Surfen selbst bleibt nicht unbeobachtet. Die Spuren auf dem eigenen Computer lassen sich noch relativ leicht verwischen. Jeder Browser gestattet, das Verzeichnis der besuchten Seiten sowie den Zwischenspeicher zu löschen. Darüber hinaus bieten die aktuellen Browser, wie Firefox, Microsoft Edge/Internet Explorer und Google Chrome, auch einen privaten Modus, den man extra anstellen kann. Solange er aktiviert ist, werden keine Protokolldaten aufgezeichnet.

Schwieriger und potentiell sogar gefährlich sind Dateien, die von besuchten Internetseiten im eigenen Browser abgelegt werden: sogenannte Cookies. Mit Cookies kann eine Website einen Besucher wiedererkennen. Dies nutzen beispielsweise Onlinehändler, um „Artikel, die Ihnen gefallen könnten", vorzuschlagen. Dabei werden Produkte ausgewählt, die denen ähneln, die beim letzten Besuch angesehen wurden. Davon geht noch keine Gefahr aus. Aber neugierige Seitenbetreiber können durch Cookies auch Einblicke in das Surfverhalten erlangen und im schlimmsten Fall sensible Daten ausspähen. Daher sollten Zahnärzte Cookies regelmäßig löschen. Das funktioniert über den Bereich „Einstellungen" im Browser. Es gibt auch gut funktionierende Freeware-Tools, die auf Knopfdruck

den Computer aufräumen und dabei Cookies und ähnlichen Datenmüll wegfegen.

Jeder Computer identifiziert sich im Internet durch eine individuelle IP-Adresse (IP steht für Internetprotokoll). Diese Adressen sind zwar für andere User nicht ohne weiteres zurückzuverfolgen, aber sie liefern unwiderlegbare Daten, dass von einem bestimmten Computer aus zu einem bestimmten Zeitpunkt eine bestimmte Website aufgerufen wurde. Diese Datenübertragung lässt sich nicht verhindern. Um in Extremfällen trotzdem unerkannt zu bleiben gibt es Proxy-Dienste. Diese leiten die Anfragen an Websites über den eigenen Server. Bei der Website wird also nicht die IP-Adresse der User angezeigt, sondern die des Proxy-Dienstes. Gute Proxy-Dienste sind häufig kostenpflichtig, und die Einrichtung bedarf einigen Aufwands. Dies lohnt sich aber nur, wenn Zahnärzte bei einer Internetrecherche unbedingt unerkannt bleiben wollen oder müssen.

8.5 Umgang mit IT-Dienstleistern

Angesichts der hohen Anforderungen an Funktionalität und Sicherheit kann ein Praxis-Netzwerk kaum von Laien eingerichtet und gewartet werden. Vor allem größere Praxen setzen daher auf Dienstleister, die ihnen diese Arbeiten abnehmen und verantworten (◘ Abb. 8.2). Zahnarztpraxen, die angesichts der vielen IT-gesteuerten Prozesse auf spezielle IT-Dienstleister zurückgreifen wollen, sollten bei der Zusammenarbeit einige Punkte beachten. Das beginnt bei der Auswahl eines geeigneten Dienstleisters.

Am Anfang eines jeden IT-Projekts steht das Pflichtenheft: Darin wird jede einzelne Anforderung, jeder einzelne kleine Schritt in den Funktionsabläufen bei der Nutzung des Systems definiert. Bereits bei einer unspektakulären Adressverwaltung umfasst solch ein Pflichtenheft schnell 20–30 Seiten. Entsprechend voluminöser sind Pflichtenhefte bei der Vernetzung mehrerer Arbeitsplätze, der Anpassung von Standard-Software und individuellen Modulen. Ein Pflichtenheft zu fertigen erfordert viel Arbeit und Zeit. Doch diese Investition ist wichtig. Denn alles, was im Pflichtenheft unscharf oder nicht definiert ist, wendet sich ge-

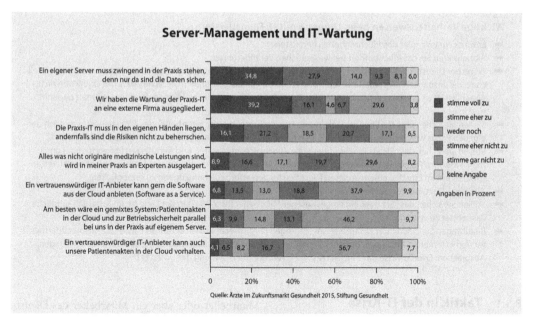

Abb. 8.2 Server-Management und IT-Wartung. (Stiftung Gesundheit)

Kriterien zur Auswahl eines IT-Dienstleisters

- Besteht die Firma schon länger?
- Referenzen: Ist die Firma bereits für andere Praxen tätig?
- Dürfen Sie sich bei den Referenzkunden erkundigen?
- Besteht ein ordentlicher Handelsregistereintrag und stimmen die Geschäftspapiere damit überein?
- Verfügt die Firma über mehrere Mitarbeiter (Vertretungsfähigkeit, Flexibilität)?
- Werden Ihnen exakte Zuständigkeiten und Vertretungsregeln genannt?
- Gibt es eine Notfall-Rufnummer?
- Welche maximalen Reaktionszeiten sind bei Notfällen vereinbart?
- Welcher Servicelevel kann vereinbart werden (SLA, Service Level Agreement)?
- Gewährleistet die Firma für die Dauer des Auftrags Updates von Betriebssystem, Praxis-Software, Backup-Systemen?
- Verkauft die Firma Ihnen Hard- und Software? (Kommende Probleme obliegen dann Ihnen.)
- Oder besteht die Leistung der Firma darin, Ihr IT-System verfügbar zu machen und zu erhalten? (Dann obliegt – im Rahmen des SLA – das „trouble shooting" dem Dienstleister.)
- Dürfen Sie als Kunde angepasste oder neu geschriebene Software auch nach Beendigung der Zusammenarbeit weiter nutzen?
- Wird die Software auskommentiert, dokumentiert und Ihnen ausgehändigt, damit gegebenenfalls ein anderer Programmierer die Pflege und Fortschreibung übernehmen kann?
- Legt die Firma offen, welche technischen Zugänge sie zu Ihrem System hat (Fernwartung)?
- Dokumentiert die Firma, welche Mitarbeiter welche Zugangsrechte und Logins zu Ihrem System haben?
- Kann die Firma eine Vermögensschadens-Haftpflichtversicherung nachweisen?
- Unterzeichnet die Firma eine qualifizierte Datenschutzvereinbarung mit Ihnen?

gen den Auftraggeber: durch Mehrkosten oder – schlimmer noch – durch Fehler im Arbeitsablauf oder ernsthafte Schäden.

Eine Krise kann durch alle möglichen Ursachen auftreten, sei es durch Schad-Software, durch Fehler von Mitarbeitern oder durch Versagen der Hardware. Aber auch die Zusammenarbeit mit IT-Dienstleistern birgt Unwägbarkeiten. Damit es nicht zu Problemen kommt, sollten Sie bestimmte Dinge im Umgang mit IT-Dienstleistern beachten.

Wichtige Verhaltensweisen beim Umgang mit IT-Dienstleistern

- Es muss ein Exemplar des Pflichtenheftes bereitstehen.
- Aktualisieren Sie das Pflichtenheft bei wesentlichen Veränderungen.
- Wenn der Dienstleister Standardprogramme anpasst oder eigenständig Module fertigt, lassen Sie sich den Quellcode, die „lesbaren" Programmierbefehle und -zeilen, aushändigen. Stellen Sie sicher, dass der Quellcode nicht verschlüsselt ist und dass er „auskommentiert" ist, also im Klartext die Funktionen der Komponenten benannt sind.
- Stellen Sie sicher, dass Sie über die Dokumentation verfügen, welche Mitarbeiter des Dienstleisters wie auch der eigenen Praxis welche Zugangsmöglichkeiten haben und mit welchen Nutzerrechten sie ausgestattet sind.
- Stellen Sie sicher, dass Sie als Inhaber über volle Zugangsmöglichkeiten und Benutzerrechte verfügen (Lognamen, Passwort, Administrator-Rechte). Damit sollen Sie nicht selbst versuchen, das System in der Krise zu retten, sondern um im Ernstfall einem anderen Dienstleister den erforderlichen Zugang zu ermöglichen.
- Alle diese Dokumente gehören in den Safe.
- Stellen Sie sicher, dass Sie bzw. ein eingewiesener Mitarbeiter Ihrer Praxis in der Lage ist, im Krisenfall sämtliche Passwörter zu verändern.
- Beauftragen Sie einen Ihrer Mitarbeiter als ständigen IT-Ansprechpartner. Er fungiert als fester Ansprechpartner für den externen Dienstleister. Und Ihr Mitarbeiter hält sich auf dem Laufenden über alle Organisationsfragen, Absprachen, Erfordernisse Ihres PC-Netzes, der Lizenzen, Überwachung der Updates usw.

8.5.1   Taktik in der IT-Krise

Bei Störungen der IT sollten Zahnarztpraxen sofort den Dienstleister informieren. Dabei sind die maximalen Reaktionszeiten zu beachten, die mit dem Dienstleister vereinbart sind. Wichtig ist, dass die „maximale Reaktionszeit" die Frist ist, innerhalb der der Dienstleister mit der Problemlösung beginnt – nicht aber die Zeit bis zur tatsächlichen Lösung des Problems. Hält der Dienstleister das SLA nicht ein, sollten Zahnarztpraxen auch schriftlich darauf hinweisen und eine angemessene Nachfrist setzen. Wenn Schaden entsteht, etwa durch Betriebsunterbrechung, ist der Dienstleister ebenfalls darüber zu informieren. Fruchtet auch dies nichts, ist eine weitere Nachfrist zu setzen, inklusive der Ankündigung, welche Konsequenzen folgen können: Schadenersatz, Kündigung des Vertrags etc.

In der akuten Krise kann es klug sein, den Dienstleister nicht mit den schwersten Geschützen zu erschrecken. Höchste Priorität hat es, die Arbeitsfähigkeit der Praxis wiederherzustellen. Das bedeutet unter Umständen, erst einmal die Zähne zusammenzubeißen, um dann nach der Krise Klartext zu sprechen oder gar den Dienstleister zu wechseln.

Eine IT-Krise muss durchaus nicht in Hard- oder Softwarefehlern wurzeln. Ebensolches Krisenpotential birgt die „Wetware" – die Menschen. Schon bei dem Verdacht, dass einer der eigenen Mitarbeiter oder aber ein Mitarbeiter des Dienstleisters nicht mehr zu 100 Prozent loyal ist, sollten Praxen konsequent reagieren. Über eine mögliche Beweissicherung hinaus sind sofort alle potentiell betroffenen Passwörter zu ändern: bei lokalen Logins am Netzwerk, beim Fernwartungszugang, bei den E-Mail-Accounts, der Internetseite und den Social-Media-Präsenzen.

Interview mit Stefan Winter, Vorstand der VCmed AG – IT-Leistungen für das Gesundheitswesen, Hamburg

Welches sind die typischen Gefahrenquellen im Internet?

„Generell gilt: Das Internet hat sich zu einem eigenen Kosmos mit eigenen Regeln entwickelt. Es ist unmöglich geworden, dieses Terrain nicht zu betreten – für die private Mediennutzung ebenso wie für essentielle Geschäftsprozesse. Der extreme Verknüpfungsgrad potenziert auch die Gefahren. Betrug, Spionage und andere Bosheiten des realen Lebens finden hier ganz neue technische Möglichkeiten. Und die Menschen sind ja nicht strukturell besser geworden."

Was passiert, wenn ich meine Sicherheitsprogramme nicht regelmäßig update?

„Das ist in etwa so fahrlässig, als würde man alle Türen über Nacht offen stehen lassen. Das bedeutet zwar nicht zwangsläufig, dass sofort ein Dieb eintritt und sich bedient, aber das macht es allen potentiellen Angreifern natürlich leicht. Und für Zahnarztpraxen, die verpflichtet sind, die Daten ihrer Patienten bestmöglich zu schützen, gibt es keine Alternative."

Wie bringen Zahnärzte ihre Mitarbeiter dazu, die

Sicherheits-Richtlinien einzuhalten?

„Die anfälligste Schwachstelle in der Sicherheit von Computernetzwerken sind die Menschen, die damit und daran arbeiten – sicher selten aus Arglist, häufig aber aus Achtlosigkeit oder Unkonzentriertheit. Zahnärzte sollten sich dem Thema kontinuierlich und mit viel Zeit widmen. Die Mitarbeiter sind sachlich zu informieren, auch über die Bedeutung und die daraus entstehenden Pflichten. Ganz wichtig ist die Schulung neuer Teammitglieder. Und als fundamentaler Bestandteil des Qualitätsmanagements gehören die Infos, Abläufe, Zuständigkeiten und die Technik natürlich ins QM-Handbuch."

Wie sollen sich Zahnärzte und Mitarbeiter bei Störfällen verhalten? Und kann man gelöschte Daten retten?

„Es ist eine Binsenweisheit, aber meistens reicht bei Störfällen ein Neustart. Wenn das nicht hilft, sollten ungeschulte Mitarbeiter nicht selbst aktiv werden. Zwar kursieren im Internet viele Tipps, wie bestimmte Probleme zu beheben sind, aber die sind häufig von Profis für Profis. Insofern ist es in der Regel besser, den IT-Beauftragten der Praxis zu verständigen und bei schwereren Problemen den IT-Dienstleister.

Ob man gelöschte Daten retten kann? Die klare Antwort ist: Kommt drauf an. Deshalb sind Sicherungskopien so wichtig. Diese sollten natürlich auch hinreichend verschlüsselt sein. Und einmal im Jahr sollte jede Praxis eine Notfallübung durchführen, bei der die Daten von den Sicherungskopien auf das System zurückgespielt werden. Wenn man erst im Notfall merkt, dass man etwas Wichtiges vergessen hat, ist es zu spät."

Was glauben Sie, wie die Entwicklung weitergeht?

„Es gibt schon heute keine Geschäftsprozesse mehr ohne IT. Auch das klassische Marketing geht heute nicht mehr ohne, denn selbst ein Flyer wird in der Regel über einen PC mit einem Graphikprogramm erstellt – Online-Marketing natürlich sowieso nicht. Ob man will oder nicht: Die Fähigkeit, mit Computern und digitalen Medien umzugehen, ist die neue Alphabetisierung. Die Leistungsfähigkeit der Technik wird weiter in rasantem Tempo steigen. Das birgt neue Chancen und neue Risiken."

Serviceteil

A. Köhler, M. Gründer, *Online-Marketing für die erfolgreiche Zahnarztpraxis*,
Erfolgskonzepte Zahnarztpraxis & Management,
DOI 10.1007/978-3-662-48573-6, © Springer-Verlag Berlin Heidelberg 2016

Glossar

Apps Programme für Smartphones und Tablet-PCs, die meist praktischen Zweck oder Unterhaltungswert haben.

Blog Die Abkürzung für das englische Wort „Weblog". Ein öffentliches Internettagebuch oder bei mehreren Autoren eine Art Zeitung im Internet.

Browser Das Programm zum Surfen im Internet, etwa der Internet Explorer, Google Chrome oder Mozilla Firefox.

Captcha Eine Sicherheitsabfrage, bei der die Besucher einen Zahlen- oder Buchstabencode in ein Feld eingeben müssen, um sich als echte Personen zu authentifizieren. So wird maschineller Spam verhindert.

CMS Bei Content-Management-Systemen (CMS) sind die Inhalte und das Layout von Internetseiten getrennt. Damit lassen sich Texte auch von Laien einfach ändern, meist über eine eigene Benutzeroberfläche.

DENIC Die Registrierungsbehörde für alle deutschen Domains, also die mit der Endung „.de".

Domain Der Teil der Internetadresse einer Website, der zwischen www. und der Länder-Endung steht. Bei ▶ www.praxis-mustermann.de ist dies beispielsweise praxis-mustermann.

dpi dots per inch, die Anzahl von Bildpunkten pro 2,54 Zentimeter. Eine Einheit für die Qualität digitaler Bilder.

Homepage Die Startseite eines Internetauftritts.

HTML Hypertext Markup Language. Programmiersprache, in der die meisten Websites programmiert sind.

IP-Adresse IP steht für Internetprotokoll. Anhand dieser IP-Adresse wird der Computer von anderen Computern identifiziert, und so können Daten ausgetauscht werden, etwa die Inhalte von Websites.

Keywords Englisch für Schlüsselbegriffe. Keywords sind Begriffe, auf die Inhalte einer Website im Zuge der Suchmaschinenoptimierung ausgerichtet werden. Dadurch wird es möglich, dass Besucher die Website über bestimmte Suchbegriffe besser finden.

Metatags Metatags sind Hintergrundinformationen im Head der Website, wie zum Beispiel Keywords, Description und Title, die den Inhalt der Website repräsentieren. Diese Kurzbeschreibungen werden in den Suchmaschinen-Ergebnislisten häufig angezeigt.

PageRank Der PageRank-Algorithmus ist ein Verfahren, das Websites anhand ihrer Popularität gewichtet. Die Popularität wird aus der Anzahl und Qualität der Links ermittelt, die aus dem Internet auf eine Website verweisen. Der PageRank-Algorithmus wurde von Larry Page und Sergey Brin, den Google-Gründern, entwickelt. Je höher der PageRank einer Seite, desto mehr Autorität besitzt sie bei Google.

Pixel Ein Bildpunkt mit bestimmten Farbwerten. Aus vielen Pixeln setzen sich digitale Bilder zusammen.

Quellcode Der in Programmiersprache geschriebene Text eines Computerprogramms, bei Websites sowohl die Inhalte als auch alle Befehle zum Aufbau und Layout der Seite.

RSS-Feed Really Simple Syndication (frei übersetzt: wirklich einfache Verbreitung). Eine Technik, mit der Nutzer über Neuerungen auf einer Website informiert werden, ohne selbst die Seite besuchen zu müssen, um nachzuschauen, ob sich etwas verändert hat.

Screenshot Bildschirmkopie oder -foto, die/das direkt über den PC erstellt wird und dann ausgedruckt oder abgespeichert werden kann. In diesem Buch zur Demonstration von Website-Beispielen verwendet.

SEM Search Engine Marketing, englisch für Suchmaschinenmarketing. Anzeigenschaltung bei Suchmaschinen. Die Anzeige wird angezeigt, wenn ein User nach vorher definierten Begriffen sucht.

SEO Search Engine Optimization, englisch für Suchmaschinenoptimierung. Websites werden so gestaltet, dass sie bei Suchmaschinen wie Google für festgelegte Suchbegriffe einen hohen Stellenwert einnehmen.

Sitemap Die Übersichtsseite einer Website, in der meist alle Unterseiten hierarchisch strukturiert auftauchen.

Smartphone Mobiltelefon mit fortgeschrittener Computertechnik. Das bekannteste Gerät ist derzeit wohl das iPhone.

Spam Unverlangt zugeschickte E-Mail-Nachrichten, meist mit werbendem Inhalt, häufig auch mit betrügerischer Absicht. Der Begriff wird auch für massiert auftretende werbende Einträge in Foren, Kommentaren usw. verwendet.

Tablet-PC Tragbarer Computer mit Touchscreen-Bedienung.

Tool Englisch für Werkzeug. In Verbindung mit Computern ein kleines Computerprogramm, das eine einfache Aufgabe übernimmt.

URL Uniform Ressource Locator. Die vollständige Adresse eines Internetdokuments.

Webhoster Anbieter von Webspace bzw. ganzen Webservern.

Webserver Ein Computer, auf dem Websites für den Zugriff aus dem Internet gespeichert werden.

Website Gesamter Internetauftritt, bestehend aus einer Startseite und diversen Unterseiten.

Webspace Der Speicherplatz auf einem Webserver, auf dem eine Website abgelegt ist.

Literatur

Bücher und Artikel

Bahner B (2004) Das neue Werberecht für Ärzte – Auch Ärzte dürfen werben. Springer, Berlin Heidelberg New York Tokyo

Bruhn M (2001) Marketing – Grundlagen für Studium und Praxis, 5. Aufl. Gabler, Wiesbaden

Dettmeyer R (2006) Medizin & Recht – Rechtliche Sicherheit für den Arzt. Springer, Berlin Heidelberg New York Tokyo

Eck K (2008) Karrierefalle Internet. Hanser, München

Eck K (2010) Transparent und glaubwürdig – Das optimale Online Reputation Management für Unternehmen. Redline Verlag, München

Fischer M (2009) Website Boosting 2.0 – Suchmaschinenoptimierung, Usability, Online-Marketing, 2. Aufl. mitp, Heidelberg

Grabs A, Bannour K-P (2011) Follow Me! Erfolgreiches Social Media Marketing mit Facebook, Twitter und Co. Galileo Press, Bonn

Heijnk S (2011) Texten fürs Web – Planen, schreiben, multimedial erzählen, 2. Aufl. dpunkt, Heidelberg

Hoeren T (2007) Das Telemediengesetz. Neue Juristische Wochenschrift 12:801–864

Kielholz A (2008) Online-Kommunikation – Die Psychologie der neuen Medien für die Berufspraxis. Springer, Berlin Heidelberg New York Tokyo

Kotler P, Bliemel F (2001) Marketing-Management – Analyse, Planung und Verwirklichung, 10. Aufl. Schaeffer-Poeschel, Stuttgart

Medienbüro Medizin (MbMed) (2010a) Ratgeber für Ärzte: Recht in der Praxis. Ratgeberverlag, Hamburg

Medienbüro Medizin (MbMed) (2010b) Ratgeber für Ärzte: Marketing in der Praxis. Ratgeberverlag, Hamburg

Ries HP, Schnieder K-H, Althaus J, Großbölting R, Voß M (2007) Arztrecht – Praxishandbuch für Mediziner. Springer, Berlin Heidelberg New York Tokyo

Schmidt I (2005) Corporate Identity in der Unternehmensführung. GRIN Verlag, Norderstedt

Schwarz T (2007) Leitfaden Online Marketing – Das kompakte Wissen der Branche. Marketing Börse, Waghäusel

Weinberg A (2001) Corporate Identity – Großer Auftritt für kleine Unternehmen. Stiebner Verlag GmbH, München

Wöhe G (2000) Einführung in die allgemeine Betriebswirtschaftslehre, 20. Aufl. Vahlen, München

Internetadressen

http://www.ard-zdf-onlinestudie.de/
https://www.bitkom.org/Marktdaten/Marktdaten/index.jsp
http://www.bzaek.de/fileadmin/PDFs/recht/mbo050216.pdf
http://www.bundesaerztekammer.de/page.
    asp?his=0.7.47.6188
http://www.bundesverfassungsgericht.de/SiteGlobals/
    Forms/Suche/Entscheidungensuche_Formular.
    html?language_=de
http://www.ggma.de/studien/

http://www.gesetze-im-internet.de/bdsg_1990/
    BJNR029550990.html
http://www.seo-united.de/sitemap.html
http://www.stiftung-gesundheit.de/forschung/studien.htm
http://www.stiftung-gesundheit.de/zertifizierte-websites/
    zertifizierte-websites.htm
http://www.stiftung-gesundheit-blog.de/
http://www.gesetze-im-internet.de/sgb_5/
www.internisten-im-netz.de/de_news_6_0_278_arztsuche-
    im-internet.html
http://www.gesetze-im-internet.de/tmg/BJNR017910007.
    html
http://www.gesetze-im-internet.de/urhg/BJNR012730965.
    html
http://www.gesetze-im-internet.de/uwg_2004/
    BJNR141400004.html
www.laekb.de/10arzt/60Arztrecht/10Online_
    Recht/05Homepage.html, aufgerufen am 25. Mai 2011.
www.openstreetmap.info

Stichwortverzeichnis

Printed in the United States
By Bookmasters